ドイツ強制執行法と基本権

石川　明　著

信山社

はしがき

本書は『ドイツ強制執行法研究』（成文堂、一九七七年刊）および『ドイツ強制執行法の改正』（信山社、一九九八年刊）につぐ、私のドイツ強制執行法研究の第三作品である。

従来、強制執行法というのは、極めて技術的な法領域であるという考え方がなきにしもあらずといえようか。しかし、執行に債権者の執行債権、債務者の執行対象財産という財産権が関係し、それらは憲法二九条の財産権という基本的人権に係る問題である。苛酷執行はしばしば憲法一三条の債務者の人間の尊厳に係る問題である。それは例えば、最も典型的には、住居の明渡執行に関連して問題になる。動産執行のために執行官が債務者の住居に立ち入り、対象財産である動産を捜索することが債務者の住居の平穏という基本権を害することになる場合もあるであろう。これは強制執行が基本権に係るほんの一例に過ぎない。

強制執行のなかで利害関係人の基本的人権がいかに保護されるかという問題はかねてより私の大きな関心事であった。

第一編の各章は、本書のタイトルに見られるようなグローバルなテーマに関してドイツの研究者がそれぞれの関心から執筆した論文を参考にして書かれている。読者は、そのために本書の各所において、しばしば同種・同一の問題が重複して取り上げられていることに気付かれるであろう。重複を避けて調整することも一つの方法とは考えたが、あえて本書ではこの調整を避けた。それは以下の理由による。それらのテーマが重複して取り上げられているということは、そのテーマがドイツの訴訟法学者の間で重視されていることを意味するであろうし、重複の頻度は問題の重要性を示す目安になるものと考えられるからである。

一九九九年、朝日大学より短期留学の機会を与えられ、Alexander von Humboldt-Stiftung の援助もあり、ドイツ連邦共和国のSaarland大学法経学部（Rechts-und Wirtschaftwissenschaftliche Fakultät der Universität des Saarlandes）のHelmut Rüßmann教授の下で本書のテーマについて夏の三ヶ月間研究に従事することができた。本書の主要な部分はこの留学の成果をまとめたものである。

上記のUniversität des Saarlandes並びに私の度重なる質問に迅速且つ適切に解答を与えて下さり、更には資料の収集に労を惜しまれることなく援助して下さったRüßmann教授に心から感謝したい。

また一九七五年のAlexander von Humboldt-Stiftungの再招聘により、故Gottfried Baumgärtel教授が所長をつとめられたKöln大学手続法研究所（Institut für Verfahrensrecht）に滞在し、それ以後再三にわたって同財団の招待を受けて、主としてKöln大学およびSaarland大学において研究の機会を頻繁に与えられた。この間に私は主として強制執行における日独比較法的研究に従事することができた。私は特にここで本研究のため一九九九年夏に留学の機会を与えて下さった朝日大学およびHumboldt財団に深い謝意を表したい。

さらに、本書の出版にあたり、資料収集の点で、明海大学の河村好彦助教授、桐蔭横浜大学の笠原毅彦助教授、平成国際大学の草鹿晋一講師、東北文化学園大学の鈴木貴博講師のお世話になった。本書の刊行について出版助成を賜った朝日大学、本書の出版を快諾して戴いた信山社ならびに同社の渡辺左近氏に感謝したい。

二〇〇二年九月

石川　明

目　次

第三編　翻　訳

〔初出一覧〕

序章　憲法と民事執行法（判タ九六四号、一九九八年四月）

第一編　論　文

第一章　ドイツ強制執行法における基本権の保護――その素描――（Toward Comparative Law in the 21st Century（中央大学比較法研究所）一九九八年三月）

第二章　強制執行と憲法上の財産権の保障（民事紛争をめぐる諸問題（信山社）一九九九年四月）

第三章　ZPO七六五条aの苛酷執行条文について（法学研究七二巻一一号、一九九九年一一月）

第四章　強制執行と比例原則――序論的考察――（平成法政研究四巻二号、二〇〇〇年三月）

第五章　金銭債権執行における対象財産の選択（朝日大学法学論集二五号、二〇〇〇年一〇月）

第六章　金銭債権執行における対象財産の選択順序（法学研究七四巻一号、二〇〇一年一月）

第七章　住居の不可侵性と住居明渡執行（清和法学研究六巻二号、二〇〇〇年三月）

第八章　住居明渡執行における債務者の保護――特にZPO七二一条、七九四条aおよび七六五条aの判例紹介――（法曹時報三二巻四号、一九八〇年四月）

第九章　ドイツの動産執行における交換差押制度について（民事執行実務一五号、一九八五年二月）

第一〇章　ボン基本法の基本権と強制執行法の交錯――Gerhard Lüke 教授の論文を読んで――（法学研究七三巻六号、二〇〇〇年六月）

第一一章　ドイツ倒産法の改正とボン基本法（法学研究七四巻三号、二〇〇一年三月）

第二編　小　論

第一章　強制執行における比例原則――ドイツと比較して――（判タ一〇二一号、二〇〇〇年四月）

第二章　不動産競売の最低売却価額と財産権の保障（判タ九七六号、一九九八年九月）

第三編　翻　訳

初出一覧

第一章　執行における憲法上の近時の諸問題〔Eberhard Schilken 著〕（法学研究七三巻九号、二〇〇〇年九月）

第二章　ドイツ民訴法における作為・不作為執行の今日的諸問題〔Eberhard Schilken 著〕（法学研究七四巻一〇号、二〇〇一年一〇月）

〔凡　例〕

1　本書の引用文献中ドイツの体系書、注釈書等は各章発表時の版による。本来ならば新版をもって引用すべき処であるが、本書の出版は二〇〇二年度の朝日大学の出版助成金によるものであり、二〇〇二年度内に出版する必要があった。そのため本書の全般にわたって新版を引用し直すことが時間的に不可能であった。
本書に引用したドイツの注釈書・体系書の版は現在以下のとおりである。

Münchkommentar zur ZPO, Bd. 3. 2. Aufl. 2001.
Stein-Jonas-Münzberg, Kommentar zur ZPO, 21, Aufl. seit. 1993.
Baumbach-Lauterbach, ZPO. 60. Aufl. 2002.
Thomas-Putzo, ZPO, 24. Aufl. 2002.
Palandt, Kommentar zum BGB, 61. Aufl. 2002.
Rosenberg-Gaul-Schilken, Zwangsvollstreckungsrecht, 11. Aufl. 1997.

2　日本国憲法の「基本的人権」はボン基本法上「基本権」と表記される。本書においても随所に「基本権」なる用語を用いた。

3　本書におけるドイツの貨幣単位表示はドイツマルク（ＤＭ）によっており二〇〇二年一月一日からＥＵの統一通貨として用いられているEuroによっていない。これは本書収録の諸論稿がそれ以前に執筆されたことによる。

4　Zweites Gesetz zur Anordnung Zwangsvollstrecklicher Vorschriften（2. Zwangsvollstreckungsnovelle）vom 17. 12. 1997（BGB1 2998）は、「強制執行法第二次改正法」と表記する。

5　略語は以下のとおりである。

(1)　ドイツ法
ＧＧ（ボン基本法）　ＺＰＯ（民事訴訟法）　ＺＶＧ（強制競売強制管理法）　ＢＧＢ（民法）　InsO（新倒産法）
ＫＯ（旧倒産法）　BVerfG（連邦憲法裁判所）　ＢＧＨ（連邦通常裁判所）

(2) 文献

石川明著『ドイツ強制執行法研究』(成文堂、一九七七年)は、石川『研究』

石川明著『ドイツ強制施行法の改正』(信山社、一九九八年)は、石川『改正』

中野貞一郎著『民事執行法〔新訂四版〕』(青林書院、二〇〇〇年)は、中野『民事執行法』

中野貞一郎訳『ドイツ強制執行法』(法曹会、一九七五年)は、中野訳。本書中特にことわらない限り、条文の引用は中野訳による。

シュワープ他著・石川明＝出口雅久編訳『憲法と民事手続法』(慶應通信、一九九八年)は、石川＝出口編訳

鈴木忠一＝三ケ月章編『注解民事執行法(1)〜(8)』(第一法規、一九八四〜一九八五年)は、鈴木＝三ケ月編『注解』

香川保一監修『注釈民事執行法』(金融財政事情研究会、一九八三〜一九九五年)は、香川監修『注釈』

Dike International 3 (Eunomia, 1996) は、Dike

序章　憲法と民事執行法

民事執行法ないし民事執行手続には憲法と関連する問題が数多い。私はかつて、カルル・ハインツ・シュワープ他著『憲法と民事手続法』（石川明＝出口雅久編訳、一九九八年慶応通信刊、現在「慶應義塾大学出版会」）を出版した。このなかに執行手続における憲法問題に関するドイツの研究者の若干の論稿の翻訳が含まれている。また近時アテネ大学 Kostas E. Beys 教授の編集された "Grundrechtsverletzungen bei der Zwangsvollstreckung," Eunomia Verlag, 1996, Dike International 3 が出版された。同書はドイツ Bonn 大学 Hans Friedhelm Gaul 教授に捧げられたもので Syros 一九九五年のシンポジウムの報告原稿を編集したものである。ドイツの論稿が一三編、オーストリーが七編、ギリシャが五編、ハンガリーが二編のほかブルガリア、フィンランド、イタリア、ノルウェー、ポーランド、日本、スイス、トルコの各一編が収録されている。それらは主として憲法と執行法の関係を論じた論稿である。またそれだけに同種のテーマについて数多くの執筆者が寄稿しているドイツの緒論稿相互間にかなりの重複も目立つ。それにもかかわらず、本書はこれだけ両法の関係に関する論稿を収録した論文集としてまさに圧巻ともいうべきものである。因みに本書は一九九七年一一月二一日 Bonn 大学で行われた Gaul 教授七〇歳記念論文集の献呈式の後に開催された誕生祝賀会の席上 Beys 教授より Gaul 教授に献呈された。Rosenberg-Gaul-Schilken, Zwangsvollstreckungsrecht（現在は一一版、一九九七年）の改訂を一時期担当され、強制執行法の分野に多くの極めて秀れた業績を残された Gaul 教授にとっては右両論文集の献呈は二重の喜びであったと推測される。更に申し添えれば、この席に、Gaul 教授の指導教授であり Zeitschrift für das gesamte Familienrecnt の創刊者であり、御老齢ながらなお御壮健な Bosch 教授が出席されていた（同教授は残念なことにその後逝去された）。右記念論文集は編集者の一人 Bonn 大学法学部長（当時）Schilken 教授から Gaul 教授に献呈された。一つの Schule が三代にわたって右の会に出席されたことは誠に慶賀すべきことであって、すべての出席者に深い感銘を与えたのである。

ところでドイツの連邦憲法裁判所は、ボン基本法が一九四九年五月二三日に施行されて以来、約三〇年弱の期間は強制執行の分野における憲法判断を示さなかった。一九七六年から七九年にかけて次々と土地の競落をめぐり不当廉売と債務者の所有権の侵害との関係の問題に憲法サイドからの判断を示すようになった。

この種の問題のほかにも、動産差押えに先立ち行われる、債務者の住居に立入ってなされる差押えの目的である動産の捜索の憲法問題がある。この点については、現在連邦参議院をパスして連邦議会で審議中のドイツ強制執行法第二次改正法案（法案は法律となり一九九九年一月一日施行された）のなかに、連邦憲法裁判所の判断、すなわち捜索命令（許可）なしに債務名義のみで捜索することの違憲性の判断（GG一三条の住居の不可侵性との関係）にそった規定が取り込まれている。この点については、拙著『ドイツ強制執行法の改正』二〇頁以下を参照されたい。さらに、宣誓に代る保証（ZPO八〇七条・八八三条二項）の強制が個人の自由に関する基本権（GG二条二項二文・一〇四条二項）の制限につながること、同じことは強制拘禁あるいは秩序拘禁による作為又は不作為執行についても問題となること（ZPO八八八条ないし八九〇条）等々も指摘される。少額債権を満足させるに足る動産ないし債権があるのに不動産に執行をかけることも、優先主義の下では債務者の財産権の侵害と評価されることもある。執行債権との関係で対象財産の差押えの順序が問題になるのであって、その順序を誤って、いきなり高額の財産を差し押えることが債務者の財産権の憲法上の保障を侵害することになるというのである。

債務者の住居における動産執行にあたり、超過差押えや無益な差押えの禁止の範囲内で差し押えるべき動産の選択は執行官の裁量に委ねられるといわれる。原則的にはそれを肯定してよいと思われる。しかし例外的にその裁量を制限する原理として比例原則の適用を考えるべきなのではないか。例えば、極めて少額の執行債権の動産執行において、その債務額を十分カバーできる動産があるにもかかわらず、別のはるかに高価な動産を差し押える必要性があるのであろうか。かかる場合、執行方法の異議が認められてよいであろうし、交換差押えも認められてしかるべきである。

はるかに高価な動産の差押えは、比例原則からみてそれを違法と考えるべきであって、住居中の動産執行の対象動産の選択について執行官の裁量権を認めるとはいってもそこに自ら限界があり、その限界を超えた差押えは違法になると考えるべきであろう。

金銭債権執行の種類の選択に顕われる比例原則の適用の有無は、優先主義をとるか平等主義をとるかにかかるという側面をもつ。なるほど優先主義をとるドイツ法の下では論じる意味があるものの、平等主義をとるわが国の民事執行法の下では問題にならないのではないかという疑問が考えられる。しかし執行開始の段階で手続中における他の債権者の手続参加は後発的事情であって差押え時に既に予定されているというわけではないので、超過差押えの禁止の超過性は執行債権を前提とすることの比較から考えても、平等主義が執行開始時に比例原則の適用を排除する理由とはならないものと考えられる。したがって平等主義の下でも金銭債権執行における対象財産の種類の選択に比例原則が適用されてしかるべきであろう。

差押禁止の範囲、苛酷執行等は社会的法治国家の理念と関係する面をもつ。超過差押えの禁止、無益な差押えの禁止等も債務者の財産権の保障と関係づけて考察することが可能である。

わが国では、判決手続の憲法問題が声高に議論されるようになったのはそう古いことではない。それ以前にも判決手続における憲法問題がなかったわけではないが、それらの問題は特に憲法と関連づけられることなく、判決手続内の訴訟理論によって取り扱われ、議論され、解決されるにとどまっていた。それらの問題が近時憲法との関連において取り扱われるようになってきたのである。

ドイツではＧＧ一〇三条に法的審問請求権の保障の規定があったために、判決手続についても憲法問題が基本法制定当初から議論されてきた。連邦憲法裁判所も古くからこの点に関連する判例を数多く下してきた。これに反して執行に関していえば、法的審問請求権はともかくとして、基本法施行以来、執行に関する憲法判断を多くは出さなかった。

わが国においても、憲法との関連の問題が判決手続におけると執行手続におけるとで、異なる取扱いをうけることは止むを得ない面もないではないが、そろそろ執行手続に関連して憲法問題が議論や裁判の対象として登場してきてもよいのではないかというのが私の率直な感想である。

私は石川『改正』第一編第二章においてそのような問題意識から、動産差押えに先行する債務者の住居における差押物の債務名義のみによる捜索について、裁判所の命令ないし、休日又は夜間の執行に必要とされる執行裁判所の許可に準じるような許可を必要とするのではないかという提案をしてみたのである。しかし、この提案についてはこれまで殆ど反応がなかった。たしかに右の提案を容れれば差押手続は加重され、執行裁判所の負担は増加し、それだけ執行手続が遅延するであろうことは目に見えているといわれるかもしれない。何よりもまず従来債務名義のみで動産差押えについて執行官が債務者の住居に立ち入るにあたり憲法違反を主張する債務者はいなかったのではないかとの意見も予想される。そこでそのような無駄な命令ないし許可を要求することにはにわかに賛成しがたいという反論も聞こえてくることが予測される。たしかに、執行裁判所の命令ないし許可なしにする債務者の住居における差押動産の捜索が憲法違反であるとする連邦憲法裁判所の判決もドイツにおいて素直に受け入れられたわけでは決してないのである。連邦憲法裁判所の判事の多くは民事訴訟法を熟知していないという批判を、私も多くのドイツの訴訟法学者から聴かされてきた。しかし、連邦憲法裁判所の右の判決の拘束力からしてこれには実務も逆うことができずに、実務は訴訟法に規定のないままに右の判決に従った取扱いをせざるを得なかったし、現に右判決の趣旨はドイツの強制執行法第二次改正法に規定される結果となったのである。

従来民事訴訟法や民事執行法の枠内で議論され処理されてきた問題をわざわざ憲法サイドから取り上げる必要

があるのかという率直な疑問もないわけではない。しかしながら、第一に、法律学の体系を考えた場合たとえそれが現に手続法かぎりで処理されている問題であっても憲法との関係での体系的位置づけを論じておく必要性は認められる。第二に、手続法の枠内における処理が適切であるか否かを問うとき、その基準は最終的にはこれを憲法に求めざるを得ないのであって、現実に訴訟法学者がこの種の問題を手続法の枠内で取扱う場合も、潜在的には憲法を評価基準としていることは否定できない。そうであるとすれば、単にプラグマチックにこの種の問題を論じるにとどめるのではなく、憲法との体系的関連性を明確に意識しつつ議論することが、対処の仕方としてははるかに健全なのではないかと思われる。

判決手続に憲法サイドからの照射がなされるようになったように、将来の問題として、執行法についても同様の傾向が発展することを私は切に望みたい。そのことが、将来執行法学のより健全な発展を促進することになるのではないかと私は考える。

なお、執行に関して憲法判断をした最高裁の判決としては以下のものがある。すなわち民執法一〇条一項・一一条・一二条一項と憲法三二条との関係について最高裁判決（判タ五一〇号一〇八頁）は、一〇条一項・一二条一項が憲法三二条に違反しない旨を判示している。さらに最決昭和六三年一〇月六日（判時一二九八号一一八頁、判タ六八四号一八一頁）がある。この決定は、公開の法廷における口頭弁論を経ないで不動産引渡命令およびこれに対する執行抗告を棄却する決定をしても、それらは憲法三二条・八二条に違反しない旨判示している。これについては、判タ六九一号四七頁以下に栗田隆氏の判批、法学セミナー四一七号一一二頁に栂善夫氏の紹介がある。

第一編　論　文

第一章　ドイツ強制執行法における基本権の保護

——その素描——

1　序　説

強制執行によって憲法上の基本権の侵害ないしその保護が問題になるのはいかなる場合か、すなわち強制執行と基本権の接点いかんという問題がある。換言すれば、基本権と関連のある強制執行法規はいずれかという点が問題になる。従来、強制執行は技術的要素を極めて強くもっているため、憲法との関係ないし接点がそれほど強く意識されて論じられてこなかった。しかし、同じく技術的な色彩の強い法といわれる判決手続において、近時憲法問題が当事者権を中心にして比較的密度が高く論じられるようになったことは周知の通りである。これに対して、強制執行の領域にあっては直接・間接に債務者の権利領域に執行機関が立ち入るという面があるにもかかわらず、判決手続におけるほど憲法との関係がやかましく論じられることはなかった。しかしながら、強制執行と基本権との関係に限っても、それを論じることは三つの意味を持つものと思われる（なおこの点に関連して本書序章を参照）。すなわち、第一に、強制執行において基本権と関連する諸問題の考察に憲法上の基礎を与えること、第二に、執行以外の領域における基本権保障の範囲、逆にいえばその制約とを比較することによって執行における基本権の制約の範囲を画することが容易になること、第三に、現行民事執行法における基本権保障規定の欠落を明らかにして、解釈による補充ないし立法論を展開できることの三点である。これら三点のうち特に第一点、第三点は執行法プロパーの問題として重要である。本章は、これらの問題点を論ずる前提として論じられたものである。

憲法と強制執行法との関係について、石川＝出口編訳『憲法と民事手続法』がある。また、石川『改正』第一編第二章は、債務者の住居における動産差押えに関する憲法問題をドイツ法を中心に論じたものである。

私はかねてより、これらの論稿にみられる強制執行と憲法との関係をめぐる諸問題を一度鳥瞰してみる必要があると考えていた。たまたま、一九九六年ギリシャのアテネ大学、Kostas E. Beys 教授により、〝Grundrechtsverletzungen bei der Zwangsvollstreckung〟(Dike International 3, 1996 Eunomia Verlag) を贈呈された。同書には比較法的問題意識にたって強制執行と基本権に関するヨーロッパを中心とする各国法の論文が数多く収録されている。特に、ドイツ語圏の研究者による論稿が多くみられる。

なかでも、Tübingen 大学 Egbert Peters 教授の論文「強制執行における基本権の侵害」(Grundrechtsverletzungen in der Zwangsvollstreckung) が、極めて要領よく問題点を拾い上げている。この論文自体はわずか一〇頁の短い論文で、特に理論的体系的に目新しい思想を提供しているとは言い難い。このことは、同論文がシンポジウムの報告原稿であることからくるやむを得ない制約と思われる。しかし、冒頭提起した問題を執行法の全般にわたって包括的に概観しているという点では注目されてよいと考えられる。

そこで、以下本稿において右 Peters 論文を中心にしてドイツ法の論点を紹介し、最小限の範囲で日本法との比較を試みてみたい。それが以後私の問題意識を展開するうえで、有用であると考えたからである。以下の論述はドイツ法が中心となるので、特に断らないかぎりドイツ法の解説である。

なお本章は、憲法と執行法との接点の鳥瞰図であり、本書の総論的部分に該当するものであるから、各論的部分は、後に続く個別問題の各章を参照されたい。

2　憲法と強制執行法との理論的接点

1　総　説

執行は一方では債権者の債権すなわち財産権という基本権の実現であるのに対して（憲法二九条。GG一四条一項では財産権ないし所有権の保障という形で規定されている）、他方では債務者の一連の基本権を侵害する危険性をはらんでいる。後者の保護のために執行に一定の制限を設ける必要がある場合がある。すなわち、債務者の人間の尊厳（GG一条、憲法一三条）及び社会的相当性（Sozialverträglichkeit）は、執行の指導理念の一つでなければならない。これらの理念は執行において債務者の人格の尊重を要求する。(1)執行においてはこれら二つの理念が等しく尊重されなければならない。換言すれば、執行が債権者の財産権の保障であることを考えると、債権者、債務者すなわち両当事者の権利ないし利益がしかるべく相当に尊重されなければならない、すなわち両当事者の利益の均衡のとれた調和が必要とされることになる。以下、まず第一にPeters論文にしたがって本節において両者の調和が問題になる理論的問題点を列挙する。

2　具体的接点

これを債務者側についてみると、特に以下の基本権が尊重されなければならないということになる。(2)

れる。

(1)　財産権の保障（ＧＧ一四条二項、憲法二九条）

債務者所有の被差押財産の合理的価格による売却が保障されなければならない。すなわち不当な廉売が禁止さ

わが国の民事執行法は不動産の最低売却価額が定められる旨の規定があり（六〇条）、不動産の最低売却価額の決定が違法である場合、利害関係人から執行異議の申立てができるとされること、また債務者は不動産の売却許可決定にあたり民執法七〇条による意見陳述ができることおよび民執法七四条の執行抗告の申立てができることにより、債務者の法的審問請求権や財産権が保障されることになる。ただし、動産執行にあっては最低売却価額に相当する制限はなく、執行官や評価人が当該動産を評価することはあるものの（民執法一二八条一項、民執規一〇二条二項、同一一一条）、右評価額を下回る売却も許されるとされている。(3) 動産については廉売禁止の規定はない。しかし相当な売却価額による売却ができない場合は、売却の見込みなしとして、執行官は差押えを取り消すべきことになろう。(4) 著しく不当な廉売は違法であり国家賠償の原因になる。(5) 仙台地判昭和五八年八月三〇日「総覧」上三七八頁によると、執行裁判所の定めた最低競売価額が不当に廉価であるとしても裁判官が違法又は不当な目的をもって最低価額を決定したなど、その付与された権限の趣旨に明らかに背いてこれを行ったものと認め得るような特別の事情がない等として国の賠償責任が否定されている。なおこの点については、石川『強制執行法研究』一七三頁以下参照。

(2)　人間の尊厳（ＧＧ一条、憲法一三条）及び人格の自由な発展を求める権利（ＧＧ二条一項）の保障

執行は債務者の最低限度の生活を脅かすものであってはならないし、債務者の人間に値する生活の手段を奪うものであってはならないとされる（いわゆる苛酷執行（Kahlpfändung）の禁止、(6) 動産執行および債権執行の制限）。

(3)　債務者の人身（行動）の自由（ＧＧ二条二項）の保障

それは不代替的行為義務及び不作為の強制手段としての開示保証を強制するための拘留（Haft）によって侵害

されることがある（ＺＰＯ八〇七条――債務者の責任財産に関する宣誓に代わる保証の一般規定――・八八三条――特定動産の引渡執行にあたり当該動産が見あたらないとき、債務者が当該動産を所持せずその所在も知らない旨の宣誓に代わる保証の規定――・九〇一条――宣誓に代わる保証をしない債務者に対する拘留命令に関する規定――以下）。予防拘留（Beugehaft）（ＺＰＯ八八八条――不代替的作為義務で作為を強制するため罰金または拘留を課する規定――・八八九条――民法による宣誓に代わる保証の強制手段としての拘留――）及び秩序拘留（ＺＰＯ八九〇条――作為義務または受認義務に違反した場合の拘留――）等は強制金（Zwangsgeld）及び秩序金（Ordnungsgeld）が効果を発揮せずあるいは効果的でないことが予測できる場合原則として補充的手段（subsidiär）としてのみ課することができるにとどまるものとされる。(7) 執行手段としての拘留制度は日本の民事執行法上は存在しないので、⑶の項目は日本法上特に問題にならない。

⑷　配偶者及び家族関係（ＧＧ六条――婚姻及び家族の保護――）

婚姻の一方当事者に対する執行は他方当事者及び子に一定の影響を与える。例えば、債務者に対する執行は他の家族の財産関係（例えば夫婦の共有財産）にも一定の影響を与えることがある。(8) 他の家族の状態も債務者保護策の立法ならびに解釈にあたって同時に配慮されなければならない。

⑸　住居の不可侵性（ＧＧ一三条一項――住居の不可侵――・二項――住居の捜索につき必要とされる裁判官の命令――、憲法三五条――憲法三五条は直接には刑事手続に関する規定であるが行政手続にも類推されている。これを民事執行手続に拡張して類推適用することができないわけではないと思われる――(9)（ＺＰＯ七五八条ａ）。

連邦憲法裁判所の判例により、動産差押えの実施のため住居の捜索をなすに際して、執行が遅延する危険がある場合を除いて執行官は裁判官の命令を必要とするものとされている（ＺＰＯ七五八条ａ）。憲法三五条は直接には刑事手続に関するものであるが、住居の平穏の保障がその根底にあると考えられる。(10)

(6)　社会的法治国家原理（ＧＧ二〇条一項、憲法二五条）

およそ執行法は社会的法治国家において尊重されるべき価値を基準にして執行手続を構成しなければならない。社会的法治国家は社会的弱者の保護を必要とするものとされる。[11]　差押禁止財産の規定、苛酷執行禁止規定等は社会的法治国家理念に由来する。[12]

憲法二五条も同様の思想に立つものであって、民事執行法の差押禁止規定や、規定されてはいないものの苛酷執行を違法執行とする考え方はこれに由来する。[13]　日本法上苛酷執行の禁止はむしろ明文化することが望ましい（本書第一編第二章参照）。

(7)　比例原則（ＧＧ二〇条）

ドイツで比例原則の根拠は社会的法治国家性に求められている。比例原則によれば執行はそれが必要であって且つ相当性がある（angemessen）ものでなければならないことになる。すなわち、執行は手段と目的との関係において合理的なものでなければならない（過度性の禁止――Übermäßverbot――[14]、比例原則については本書第一編第四章参照）。

(8)　法的審問請求権（ＧＧ一〇三条一項、憲法三二条[15]）

執行の第一段階すなわち差押え、掴取――Pfändung, Beschlagnahme――は債務者の事前審問なしになされうるのに対して、債務者はそれ以降の手続にあっては、ある裁判がなされるにあたり、裁判前に当該手続において常に法的審問請求権が保障されなければならない。方法異議（Erinnerung）及び抗告（Beschwerde）（ＺＰＯ七六六条――方法異議――・七九三条――即時抗告――・PflG 一一条――司法補助官の処分に対する異議――）等の法的救済手続においてのみならず、その他の裁判、例えば交換差押え（ＺＰＯ八一一条ａ・ｂ――日本法に該当規定は存しない――この点については本書第一編第九章参照）、土地の評価（Festsetzung des Grundstuckswerts）（ＺＶＧ七四条ａ、民執法五八条）等の裁判に先立って法的審問請求権の保障を必要とするものとされる。

これに対して、民事執行法は競売不動産の評価にあたり、債務者の審問を必要としていない。評価は債務者の利害に重大に関係するのであるから、最低売却価額の不当に低い決定に対しては執行異議を申し立てることができるし、債務者は不当に低額の売却について民訴法七〇条の意見の陳述ができ、さらには、その種の売却許可決定に対して、民執法七四条・七一条一号ないし七号により執行抗告を提起することができる（中野『民事執行法』四〇九頁参照）という形で法的審問請求権が保障されることになることは既述のとおりである。

3　理論的接点に対する立法上の対応

1　本章2節において述べた理論上考えられる問題点の立法にあたって、執行における基本権の保障の要請は尊重されなければならない。憲法上、立法者は強制執行法の立法にあたり基本権の保障を義務づけられている（GG一条三項、憲法九八条・九九条）。ZPO、ZVGは基本法以前に制定されたものであるが、基本法制定後のその改正にあたって立法者は基本権の要請に応えてきたということができる。すなわち、債務者保護を生活関係の発展的向上に適応させることは立法者の使命であった。その一例としてドイツ法上賃金差押えにあたり差押禁止の限界を賃金ないし生活水準の上昇にしたがって引き上げたことを指摘しておきたい[16]。

2　事実基本法制定当時の執行法上の規定はほとんど完全に基本法上の要請にかなうものであったといわれている[17]。具体的に問題となるのは以下の諸点である。

(1)　ドイツでは実務上多い金銭債権執行にあって、人間の尊厳（GG一条）、人格の自由な発展を求める権利や社会的法治国家の原理（GG二〇条一項）は執行における一般的債務者保護規定によって保障されているといわれる[18]。すなわち以下のとおりである。

(a)　動産執行にあって債務者の基本権はZPO八一一条――動産執行における差押禁止規定――により保障されている。すなわち、一号により債務者の生活、生計維持が保障される。ことに個人の生業を続けるために必要な物（Ausstattung）の差押禁止（五号）は重要であるとされている。

(b)　ZPO八五〇条cおよびeによる賃金債権の保護について、差押禁止の上限は債務者にその生活維持を保障している（ZPO八五〇条a――給与の差押禁止――、日本法では民執法一五二条、日本法上はこの他恩給法一一条三項、厚生年金保険法四一条一項、生活保護法五八条、健康保険法六八条、労基法八三条二項など参照）。このほか差押えの制限について（ZPO八五〇条b――給与の差押制限――、SGB――社会裁判所法――五四条・五五条）等を参照されたい。

(c)　ZVG三〇条a（土地の強制競売の事情による一時停止の規定）による土地の強制競売の一時停止の規定がある。競売の停止は、債務者に弁済または債権者との協議によって競売を回避する可能性を与える。この場合、債権者の利益を不当に害しない限り執行を強行する必要はない。

民事執行法にはこの種の規定を欠くが、執行裁判所の執行手続において即決和解に準じるものとしてこの種の和解の可能性がある以上、民執法六四条三項による売却期日をある程度先に指定するとか、延期・変更する等して、[19]事実上競売を一時停止できるものと解することができようか。ただし、その条文上の根拠はない。

以上の諸規定に加えて、一般保護規定であるZPO七六五条a――苛酷執行の禁止――、債権差押えにおける保護規定であるZPO八五〇条f一項による労働所得に対する執行の差押限度額の引上げ的変更がある。日本法について民執法一五三条一項による保護がある。

ZPO七六五条aに相当する規定は日本の民事執行法上存しないが、その趣旨は苛酷執行が違法執行であるとされることによって貫かれることは既に述べたとおりである。わが民事執行法上も苛酷執行の禁止は基本的人権に関連する問題なので立法論として明文の規定を設けることが好ましい（この点については本書第一編第三章参照)。

(2)　債務者の配偶者及び家族の保護についてみると(GG六条)、動産執行にあっては債務者及びその家族の生計維持が尊重される(ZPO八一一条一・二・三・四・四aの各号)。賃金債権の差押えについてみると、債務者の扶養義務者の人数により差押禁止額が高くなる(ZPO八五〇条c)ことがある。

ZPO八一一条の上記各号に相当するのは民執法一三一条の各号であるが、例えば一・二・一一・一三の各号は「債務者等」としてその家族を含めているし、①三号も家族を含めているものと解される。②民執法一五三条一項はZPO八五〇条cのケースを含めているものと解してよい。したがって、民執法上も債務者の配偶者、その他の家族の生活保障がなされている。

(3)　債務者の財産権の保障(GG一四条一項)は、差押物の相当な価格による換価によってなされる。したがって、以下の取扱いがなされている。

(a)　動産執行にあっては競売の目的物の評価――鑑定人によりなされることがある――(ZPO八一三条)、執行官による競売(ZPO八一四条以下)、最低競売価額(目的物の価額の最低半額、ZPO八一七条a)の維持、より高価な換価代金を求めてする競売以外の換価(ZPO八二五条)によって、債務者の競売目的物たる動産に対する所有権が保護されることになる。

わが国の民事執行規則一一一条(差押物の評価)、同一二一条(任意売却)、同一二三条(相場のある有価証券の売却等)、同一二四条(貴金属の売却価額)等は、憲法二九条との関係からすれば法律事項と解すべきではないかと思われる。ことは債務者の執行対象動産に存する財産権の保障に関係するからである。

(b)　差押債権が条件付である等の理由により取立てが困難な場合、移付以外の方法による換価命令が認められている(ZPO八四四条、民執法一六一条)。ZPO八四四条では、その場合債務者の審訊が規定され、これによって債務者の法的審問請求権や財産権が保障される。

民事執行法上は譲渡命令における譲渡価額の決定および売却命令における売却価額の決定について債務者審訊の機会は与えられているが（民執法一六一条二項）、売却命令について最低売却価額の定めはなく、若干の問題を残す。[20]

(c)　土地競売についていえば、時価の評価は、実務上常に鑑定人の意見を聞いて裁判所によってなされる（ZVG七四条a五項、民執法五八条では評価人による、ドイツ法上司法補助官による競売についてはZVG三六条以下・六六条以下）こと、時価の少なくとも半額に達しない競落の不許（ZVG八五条a）最高価競買申立てによる競落等によって不動産競売における債務者の所有権保護がなされている。[21]ZVG一一四条aもこの点で注目に値する。

民執法五八条一項によれば、不動産の評価は評価人の意見を聞いて裁判所がこれをなすものとされるものの、同六〇条は最低売却価額の最低限度を特に定めていない。著しく相当性を欠いて低額に決定された最低売却価額による売却が債務者の財産権を侵害することになるといえる。かかる低額な最低売却価額の決定に対し、利害関係人は執行異議を申し立てることができるし、売却許可決定に対して執行抗告を申し立てることができることは既述のとおりである。

(4)　住居の不可侵（GG一三条一項）について、ZPO七五八条（執行において必要のある場合における債務者の住居ないし保管場所の捜索、威力の行使に関する規定）は特別な保護を与えているわけではない。同条によれば、執行官は動産執行の枠内で債務者の同意なしにその住居に立ち入り、差し押さえるべき動産を捜索し且つ保管場所を開かせる（Behältnis zu öffnen）ことができるとされているからである（民執法一二三条参照）。これに反してGG一三条一・二項は住居の立入りにつき遅滞のおそれのある場合を除いて、裁判官の事前の捜索命令を必要としている。[22][23]連邦憲法裁判所の判例によれば、GG一三条は動産の差押えのための捜索についても適用されるものと解されている（この点については、石川『改正』第一編第二章参照）。裁判官がその命令を出す要件いかんという点について右判例は必ずしも明らかではない。連邦憲法裁判所判例集 BVerfGE 五一巻九七頁・一一三頁は執行の形式的要件の他、命令を出し得ないような比例的「苛酷性」（unverhätnismäßige Härte）がないことを挙げている。ＺＰＯ七六五条ａの要件の審査すなわち捜索が例外的に「公序良欲に反する苛酷性」（Sittenwidrige Härte）をもたらすか否かの審査が考えられているものと思われる。[24] 例えば重病で病床にある債務者を精神的に悩ますとか、場合によってはその病状を悪化させると思われるような場合がその例と考えられているものと思われる。この点については本書第一編第七章第八章を参照されたい。

(5)　比例原則は債務者保護規定の多くに現れてきている。[25] 二重保護（Doppelversicherung）の禁止（ＺＰＯ七七七条――債権者が質権または留置権により十分な担保を有する場合、その目的物以外の財産に対する執行に対する方法異議――）、超過差押えの禁止（ＺＰＯ八〇三条一項二文、民執法一二八条）、無益な差押えの禁止（ＺＰＯ八〇三条二項、民執法一二九条）、家具の無益な差押えの禁止（ＺＰＯ八一二条、民執法一二九条参照）がこれである。

いわゆる少額債権（Bagatellforderung）の執行に対して比例原則を適用し、すべての執行処分を不相当な苛酷性という理由をもって否定することはできないとされているが、これは当然であろう。[26] 国はたとえ少額債権であっても債権者の債務名義のある債権を実現する義務があり、それをしなければ少額裁判における財産権の保障（ＧＧ一四条一項）及び債権者の権利保護請求権は不完全なものになるからである。[27] 少額訴訟について権利保護の必要が欠けるわけではないから、国家はその執行の責任を負うとされるのである。

比例原則との関係で最後に問題になるのは、各種の執行の順序である。債権者は例えば債権及び権利の差押えを第一にすべきであり、第二に動産差押えをなし第三に不動産の競売をなすという順序をつけるべきかどうかという問題である。財産開示制度はあるものの債権者としては常に債務者の資産状況を熟知しているわけではないのであるから、対象財産に関する執行の順序について比例原則を適用することは困難である。その順序を比例原則との関係で抽象的に決することはできないとするのがドイツの通説である。[28]

少額債権に見合う財産があることが明白であるにもかかわらず、不相当に高価な財産から差し押さえるような特殊の事例は別にしても執行の種類を抽象的に定めるということはできないといえよう（本編第五・第六章参照）。

民執法上も超過差押えの禁止に関する一二八条のほか、一四六条二項の精神は生かされなければならないものの、ドイツ法と同様の解釈が原則的には通用するものと考えられる。いわんやわが国の場合財産開示制度がないので、これが比例原則の適用や執行対象財産の抽象的順序づけの困難性を助長していることは確かである。

(6)　次に法的審問請求権（ＧＧ一〇三条一項）を取り上げよう。その保障のためにそれを認める特段の明示規定がなくても、例えばＺＰＯ七六六条——方法異議——・七九三条——即時抗告——・五六七条——受命裁判官・受託裁判官の裁判の変更を求める申立て——以下・Rpfl Ｇ 一一条——司法補助官の処分に対する異議（Erinnerung）——ないし即時抗告（die sofortige Beschwerde）が一般に認められなければならないとされている。[29]

ＧＧ一〇三条一項はすべての争訟事件の裁判手続に適用される。執行手続でなされる裁判についても適用されるし、且つその場合両当事者に法的審問請求権が保障される。

法的審問請求権が明文上認められている場合もある。例えばＺＶＧ三〇条ｂ二項（債権者の同意による強制競売の一時停止）・七四条（競売終了後の利害関係人の審訊）・八一三条ａ五項（換価の一時停止）・八四四条二項（債権換価のその他の方法）がこれである。しかし、ＺＰＯ、ＺＶＧそれぞれに明文の規定のない場合であっても、右法的審問請求権は多くの場合に保障されなければならない。例えば、八一一条ａ（交換差押え）・八一一条ｃ（予行的差押え）・八二五条（動産のその他の換価方法）・八五〇条ｄ（法定扶養請求権による差押え）・八五〇条ｆ（差押許容額の裁判所による変更）・ＺＶＧ七四条ａ（不動産の一定価額以下における競落不許可）等がこれである。[30] ＺＰＯ八五〇条ｂ三項（給与の差押制限の裁判に先立つ利害関係人の審訊）は、一定の要件の下で差押可能な債権の差押えに関し、妥当性にしたがってなすべき裁判以前に当事者を審訊する（soll）と規定しているが、ＧＧ一〇三条一項との関係で、同項の soll は改正され muß 規定に強化されなければならないとの見解が主張されている。[31]

ドイツ執行法における法的審問請求権の保障の規定は、民事執行法一〇条が執行抗告を明文のある場合に限って認めるにとどめ、その他の場合は一一条で一審限りの異議を認めるにすぎないのと対照的である。法的審問請求権を重視して幅広く不服申立てを認めて執行の適正をはかるのか、あるいは不服申立てが濫用されることによる執行の遅延を防ぐのかという価値判断の問題であろう。後者を重視する民執法の規定の方法には憲法上の疑義がないとはいえない。

4 執行実務上の問題

立法上以上のような基本権配慮の規定が制定されているにもかかわらず、Petersによれば、ドイツでは実務上は多くの点で基本権侵害が行われていることが指摘されている。[32] その理由は各種の執行につき各様であるように思われる。[33] Petersの指摘にしたがって順次みていこう。

1 動産執行についていえば以下のとおりである。動産の差押えにあっては差押禁止規定によって債務者保護は十分になされている。生存の最低限が保障されているにとどまらず、相当な生活維持（Lebensführung）のための生計維持（Haushaltsführung）（例えばＺＰＯ八一一条一号）が保障されている。それにもかかわらず執行実務上、例えばカラーテレビないし冷蔵庫の差押可能性等、限界事例にあっては債務者の尊厳は必ずしも十分に遵守されているとはいえないというのがPetersの意見である。[34] これに対して、ベッド、衣装タンス、熱調理具（Küchenherde）等生活に不可欠な用具の差押えは行われていないようである。

わが国でもテレビ、電気冷蔵庫、電気洗濯機、電気釜、ベッド等は限界事例と思われる。贅沢品か否かの区別基準、最低の生活維持に必要な動産か否かの区別基準と一般家庭への普及度とは必ずしも直接関係するものではないにしても、最低限度の生活水準も時代とともに変化するものであることを考えれば、グレイゾーンの動産は差押禁止物とすべきであるように思われる。この問題については債務者の身体的状況、生活保護の基準となる生活水準や知る権利との関係も基準として考えるべきである。

2　債権差押えについていえば以下のとおりである。すなわち、ZPO八五〇条c（労働所得に関する差押制限）・e（差し押えうる労働所得の計算規定）にみられる一般的差押禁止規定があるにすぎない。その禁止範囲の変更をめぐる紛争（ZPO八五〇条d・f）または一定の条件の下でのみ差押可能な債権の差押え（ZPO八五〇条b——給与の差押制限——）をめぐる紛争の処理はグレイゾーンであるが、ドイツの実務の現状は基本権侵害とまではいえないとされている。(35) 同条一項は一定の給与（例えば一号では身体又は健康の侵害につき支払いを受くべき定期金を規定している）を差押禁止としているが、二項では一定の要件の下に差押禁止を解除している。

わが国の民執法一五三条の判例については中野・『民事執行法』五七七頁、注（9）を参照されたい。

3　不動産の競売にあっては、第一回競売期日において最高価買受申出価額が土地価額の半額以下にとどまり、且つそれゆえに競落が拒否され新競売期日が指定された場合（ZVG八五条a一項）、財産権の保障（GG一四条一項）の侵害及び比例原則（GG二〇条）が問題になる。この種の場合、競落は新競売期日において上記半額の限界を考慮することなく認めることが許される（ZVG八五条a二項）。結果的にこの場合当該土地は完全に不相当な価額で競売され、これによって債務者の基本権たる財産権は侵害されることになる。

しかしながら、その場合、実務上ZPO七六五条a（苛酷執行）に該当する旨の主張により債務者は競落を拒否し、さらに別の競売期日の指定を求めることができる。(36) 必要な場合には、憲法抗告（GG九三条一項四a号）を提起できるものとされている。(37)

わが国の民事執行法では苛酷執行の規定がないが、不当に低い最低売却価額による売却については本章2節2

(1)及び後掲本節５に述べたところにより債務者は救済されることになろう。

４　明渡執行、特に住居の明渡執行（ＺＰＯ八八五条――この点については本編第七章参照）。即時明渡しが債務者または家族の例えば自殺の恐れがある等[38]生命健康に有害である場合[39]、あるいは債務者の妻が分娩の直前または直後である場合等[40]においては、執行裁判所は原則として短期の明渡猶予を与えることにより、基本権を保護しなければならない。債務者はＺＰＯ七六五条ａ（苛酷執行）の申立てにより保護される[41]。

民事執行法上は住居の明渡執行が苛酷にわたる場合、当該執行は違法執行として債務者の救済をはかることになる[42]。

５　最後に、法的審問請求権（ＧＧ一〇三条一項）の侵害について考察する。法的審問は、執行手続においても重要な要素である。場合によっては裁判官ないし司法補助官が誤って債務者の意見の聴取を怠ることがありうる。あるいは裁判官が裁判を、司法補助官がその処分をなすにあたり、債務者の意見聴取を不要と確信することが考えられる。例えば、取引価額に関する鑑定意見を債務者に示さない（ＺＶＧ七四条ａ五項。土地の価額は執行裁判所が必要な場合鑑定人を審訊した後に確定する旨規定するにとどまり、右確定前債務者にこれを示すべき旨の規定はない）とか、あるいは債務者が意見陳述につき十分な時間が与えられないまま鑑定意見が示されるような場合がこれである。これら法的審問請求権の侵害は、通常法的救済が与えられ、その最終手段は憲法抗告である（ＧＧ九三条一項四号）といわれる[43]。

民事執行法にあっては不動産の評価にあたり、評価人が評価前に債務者に陳述の機会を与える規定もないし、また裁判所が最低売却価額の決定にあたり債務者を審訊する機会も保障されていない。しかしながら、不当に低い最低売却価額の決定に対しては、債務者が執行異議を申し立てうると解することによって法的審問請求権の保障がなされると解すべきであろう（本章2節2(1)参照）。さらにまた、最低売却価額が不当に低額であることは民執法七一条六号により売却不許可事由となると考えられるので、債務者には同七〇条の意見陳述をする機会が保障されていることになる。これも債務者の法的審問請求権保障の一方式であると考えられる[44]。

5　結　語

以上の考察からみると、ドイツ法上基本権の保障との関係からドイツ民訴法に規定の欠落がみられる。それと同時に、そしてそれ以上にわが国の民事執行法では基本権の保障との関係で欠落している規定が数多くみられる。規定の欠落は解釈論で補足すべきであり、さらには立法で欠落を補充するのがより適切といえよう。ことは基本権に関する問題だからである。どの事項を明文の規定をもって補充し、どの規定を民事執行規則から民事執行法に移し、どの事項は解釈論に委ねてよいのかという問題について、検討する必要がある。本章がその振り分けの準備作業としての意味を持てば望外の幸せである。

（1）Bruns / Peters, Zwangsvollstreckungsrecht, 3. Aufl. 1987, § 22 II und § 25 II.
（2）その詳細については、Vollkommer, Verfassungsmäßigkeit des Vollstreckungszugriffs, Rpfl. 1982, 1 ff. ; Rosenberg / Gaul / Schilken, Zwangsvollstreckungsrecht, 10, Aufl. 1987, § 3 I und II. なお、Vollkommer 教授の上記論文は、石川＝出口編訳一三五頁以下に訳出されている。
（3）中野『民事執行法』五四六頁。
（4）中野『民事執行法』五四六頁。
（5）石川『強制執行法研究』（酒井書店、一九七七年）一八九頁以下。
（6）苛酷執行については石川『研究』一七頁以下、および石川『改正』第一編第二章および本書第一編第二章参照。

（7）Bruns / Peters § 44 III 1 ; Münch Kommentar. / Schilken § 888 Rdn 13, § 890 Rdn 20. 注（6）の拙稿参照。

（8）石川『改正』第一編第一章参照。

（9）注（6）の拙稿はこの点を強調している。

（10）この点については石川『改正』第一編第二章参照。

（11）BVerfGE 49, 220, 226.

（12）苛酷執行については注（6）参照。

（13）石川『研究』所収前掲箇所においてはこの趣旨が展開されている。

（14）強制執行と比例原則の関係については、Peter Arens「強制執行における相当性の原則」石川＝出口編訳・一七七頁以下に収録。

（15）法的審訊請求権については以下の文献がある。

①鈴木忠一『非訟事件に於ける正当な手続の保障』、同『非訟・家事事件の研究』三〇四頁（有斐閣、一九七一年）。

②紺谷浩司「審問請求権（Anspruch auf rechtliches Gehör）の保障とその問題点」民訴雑誌一八号一六三頁（一九七二年）。

③中野貞一郎「民事裁判と憲法」講座民事訴訟①一四頁（弘文堂、一九八四年）。

④中野貞一郎「公正な裁判を求める権利」民訴雑誌三一巻一頁以下（一九八五年）。

⑤新堂幸司＝小島武司編『注解民事訴訟法⑴』五九頁（中野貞一郎）（有斐閣、一九九一年）。

⑥三ケ月章「訴訟事件の非訟化とその限界」鈴木忠一＝三ケ月章監修『実務民事訴訟講座七』四六頁（日本評論社、一九六九年）。

⑦Fritz Baur（鈴木正裕訳）「ドイツにおける審尋請求権の発展」神戸法学雑誌一八巻三・四合併号五一二頁（一九六九年）。

（16）E. Peters, Dike, S. 55.

（17）E. Peters, Dike, S. 55.

（18）E. Peters, Dike, S. 55.

(19) 延期・変更について中野『民事執行法』三一〇頁。
(20) 中野『民事執行法』六一八頁。
(21) これに反して取引価額の一〇分の七以下の最高価競売申立てによって満足を受けられない債権者は競落を拒否し新競売期日指定を申し立てる権利があり、この権利は債権者の利益を守ることになる。
(22) BVerfGE 51, 97 ; 57, 346.
(23) その詳細については、Peters, Festschrift für Baur, 1981, S. 549 ff. 参照。
(24) Peters, Festschrift für Baur S. 556 f. ; Vollkommer, a. a. O., S. 6.
(25) 執行における比例原則については、Peter Arens 石川＝出口編訳一七七頁以下の論文参照。
(26) BVerfGE 51, 97, 113 は、裁判官による捜索命令についてこの見解をとる。
(27) Peters, Festschrift für Baur S. 550 ff. ; Vollkommer a. a. O., S. 8 f. ; Münzberg, Entwicklungen im Zwangsvollstreckungsrecht seit 1949, 40 Jahre Bundesrepublik Deutschland 40 Jahre Rechtsentwicklung, 1990, S. 106 ; Rosenberg / Gaul / Schilken § 3 III 5c.
(28) 例えば、Böhmer BVerfGE 49, 220, 238 f. 参照。否定説をとるものとして Peters, a. a. O., S. 552 ff. ; Vollkommer a.a. O., S. 8 ; Rosenberg / Gaul / Schilken § 3 III 5b ; Münberg, a. a. O., S. 106 ; KGNJW 1982, 2326 がある。
(29) E. Peters, Dike, S. 59.
(30) E. Peters, Dike, S. 60.
(31) E. Peters, Dike, S. 60 ; Münch kommentar. / Smid § 850b. Rdn. 18.
(32) E. Peters, Dike, S. 60.
(33) E. Peters, Dike, S. 60.
(34) E. Peters, Dike, S. 60. Peters の見解は差押不許可と思われる。私見も Peters の見解に賛成である。
(35) E. Peters, Dike, S. 60.
(36) Vollkommer, a. a. O., S. 6.
(37) E. Peters, Dike, S. 60.

(38) BVerfGE 52, 214 ; OLG Köln MDR 1990, 257 ; OLG Frankfurt / M. NJW RR 1994, 81.
(39) BVerfGE NJW 1991, 3207 ; 1994, 1272, 1719.
(40) OLG Frankfurt / M. RPfl. 1981, 24 ; LG Bonn DGVZ 1994, 75.
(41) Bruns / Peters § 48 III 5. この点については本書第一編第八章参照。
(42) この点について、鈴木＝三ケ月編『注解⑸』五三頁以下〔鈴木重信〕、香川監修『注釈⑺』二二一頁〔内田龍〕。
(43) E. Peters, Dike, S. 53 f.
(44) 香川監修『注釈⑺』二〇頁以下〔近藤崇晴〕のほか、鈴木＝三ケ月編『注解⑶』六三頁〔三宅弘人〕も参照。

第二章　強制執行と憲法上の財産権の保障

1　執行と執行当事者の財産権(1)

金銭債権執行は原則として債務者の財産領域に対する執行機関の干渉である。すなわち日本国憲法二九条、およびGG一四条との関係において、金銭債権執行でいえば一方では債権者の執行債権という財産権、他方では債務者の執行目的財産の財産権に関するしかるべき利益調整が必要であり、とくに債務者の執行対象財産の財産権の憲法上の保障が問題になる。(2)しかるが故に執行にあたり債務者の財産権についてもしかるべき保護を必要とする。しかしその保護のために執行を不当に制限することは、逆に執行債権の実現を妨げることになる。それは債権者の財産権を不当に侵害する結果につながる。したがって執行にあっては債権者の執行債権の保護と債務者の執行の対象たる目的財産の保護とのバランスの考慮を必要とするといえよう。

この場合、財産権の保障をめぐって第三者効（Drittwirkung）は直接には問題にならない。執行は国家機関により行われるものであって執行の当事者は国家の執行権力に服するからである。すなわち執行の直接の法律問題は主として国家対債務者との間の権力関係であって、債権者対債務者の関係ではない。しかしながら実質上は直接に国家は自らの利益において執行を行うのではなく、債権者の執行債権実現のために執行するのであるから、その範囲では第三者効が間接的に問題になってくるに過ぎないものと思われる。

わが国において、執行と執行当事者特に執行債務者の財産権の保障について論じられることは少なく、問題は殆ど例外なく執行法の枠内で処理されてきたのである。私は本稿において執行当事者の財産権の保障を執行法の枠を越えて憲法の観点からみた場合の問題点を、ドイツ執行法学上の問題提起を紹介しつつわが国の解釈論に参考資料を供したいと思う。

以下、本稿ではさしあたり金銭債権執行を中心に説明する。

2　執行債務者の権利の保護

執行は債権者に財産権としての執行債権を効果的に実現することを目的とするのであるから、債権者としては、執行債権の迅速且つ完全な実現を要求しうるとの原則がまず立てられなければならない。

差押制限としては差押禁止財産のほか民事執行法上は、動産差押えについて一二八条が超過差押えの禁止について規定し、同一二九条が無剰余差押えの禁止を規定している。超過差押えや無剰余差押えの禁止は執行債権実現の制約ではあるが、これを執行債権の侵害として捉えることはできない。むしろそれらは結果的に債務者の財産権の保障にもつながる執行の利益の問題として捉えられるべきである。また、民事執行法上は、六〇条一項により不動産の最低売却価額は定められるものの、そもそも最低売却価額の最低限度は定められていないし、また同条二項によって必要がある場合、最低売却価額を変更することができる旨定めているものの変更によりどこまで最低売却価額を下げられるかについて特段の定めがない。この点で債務者の財産が不当に廉売される危険がないとはいえない。不当廉売は執行債権の実現の保障という観点を一応別にしても債務者の財産権の侵害につながる危険がある。ドイツでは動産競売における最低売却価額の定めに関するZPO八一七条aがある。すなわち、有体動産執行の競売における最低競売価額を時価の半額としている。これに対して民事執行法についてみるとどうであろうか。動産執行にあっては最低売却価額の定めはないので不当廉売の恐れがないわけではない。動産競売については民事執行規則に差押動産の評価規定（一一一条）、相場のある有価証券の売却価額規定（一二三条）、および貴金属の売却価額規定（一二四条）があるにすぎず、それらは単に規則の規定であるにとどまり法律の規定になっていない。

ドイツ法上、ZPO八〇三条一項二文は動産の執行について超過差押えの禁止を規定し[(3)]、同条二項は、無益な差押えの禁止[(4)]を規定している。しかしながら日本法上もドイツ法上も不動産執行にあっては超過差押えの禁止規定はない。ドイツでは少額債権による不動産執行の適法性について問題視されている。

ドイツ法上は不動産の価額に相当する競買申出がない場合、申出があるまで最低売却価額を下げて売却を続けることが許されるかという問題は不当廉売禁止（Verschleuderungsschutz）の観点から問題である。この点についてわが国の民執法には特段の規定がない。ドイツ法上は、動産執行に関するZPO八一七条a（最低売却価額の規定）は不動産執行[(5)]におけるZVG八五条a（後述、時価の半額以下における競落不許の規定）より強い保護を含むものと考えられる。というのは、ZPO八一七条aの不当廉売禁止の保護はすべての競売期日に適用されるが、これに対してZVG八五条aは第一回競売期日においてのみ適用されるにすぎない（ZVG八五条a二項）からである。他面ZPO八一七条a三項の目的物である金銀物については実価以下の売却の絶対的禁止（Wertunterschreibungsverbot）についての規定であるが、この種の絶対的禁止は土地の強制競売には適用されない。執行における土地所有権の保護がこのように必ずしも強くないことはＢＧＢにおける土地のより強い保護[6]と比較するとまさに対照的である。このことから不動産執行についてボン基本法の所有権保護との関係で執行法上の比例原則の射程距離を検討する必要性が出てくるものと思われる。[7]

3　比例原則[8]

比例原則は債権者の執行債権の実現との関係で考察されるべきものである。債権者にとり、執行による摑取の原則的自由は比例原則等による例外的な制約を受け無制限では決してないはずである。

現状では、わが国の執行法の解釈にあたり、比例原則の適用が一般的且つ意識的に取り上げられているというわけではない[9]（この点、本章注（8）参照）。これに対してドイツでは比例原則からみて債権者の執行による摑取の自由は無制限のものとはいえないといわれている。執行の目的財産の選択については優先主義をとるか平等主義をとるかにより事情は異なることを考慮しても、平等主義の下でも比例原則の適用を否定しきることはできない。比例原則の下では、実体法学者はドイツ民法上はＢＧＢ二四二条の信義誠実の原則の枠内で干渉が軽微であるにもかかわらず、これと比較して不相当に過度な権利回復が無制限に許されるというわけではないと説いている。[10]かような観点から見れば、請求権行使の手段である強制執行も一定の制限を受けることは当然であると考えられている。債権者が国の強制手段を利用するという点からみると、その権利行使は単に執行外の権利行使より強い制限を受けるものとも考えられる。執行法における比例原則は、不相当な権利行使の私法上の制限より、より厳格に適用されなければならないという見解が提唱されることになる。

ドイツ法上、[11]執行裁判所が比例原則をＺＰＯ八〇三条一項二文――超過差押禁止[12]――を類推して職権で顧慮すべきであるのか、あるいは七六五条ａにより債務者の申立てをまって顧慮すべきかという問題がある。しかしこの問題は、ZPO一三九条（裁判官による釈明の規定）が執行法上も適用され、なさるべき釈明との関係を考えれば重要な意味を持たないとの見解がある。確かに債務者が同七六五条aの苛酷執行排除の申立てはしていないが執行が苛酷に渉る場合、執行機関は債務者に対して苛酷執行の救済につき釈明するのが通常と考えられるので、比例原則の適用について職権によるべきか、あるいは同七六五条aの申立てを待つべきかという見解の対立はあまり大きな意味をもたないといえるかもしれない。(13) しかしながら、私は、比例原則に反する執行は当然に違法執行になるものと考えられるので職権で顧慮すべき問題であるように思う。

民執法の解釈としてもこの点同様に考えるべきであろう。

4　超過差押えの禁止

金銭債権執行にあたり、動産、債権、不動産のいずれから執行をなすべきか、その順序について特段の定めがあるわけではない。したがって不動産から差し押さえていくことも原則として違法ではない。不動産については日本法上、超過売却に関する規定はあるものの（民執法七三条）、動産執行によって十分な満足をえられる執行債権について、不動産執行ができるかという点について民執法に規定がない。少額債権による不動産競売がなされる場合について動産執行における超過差押えの禁止（民執法一二八条）の趣旨を類推して、これを不適法とすることができるのではないかと考えられる。(14) 優先主義をとるドイツ法の場合と平等主義をとる日本の場合とで相違は認められよう。しかし日本法上でも換価によって十分満足の得られる動産、債権等がある場合、不動産執行から始めるのは特段の事情のないかぎり比例原則に反するといえそうである。たしかに基本的にいえば債権者は少額債権をもって、債務者のいかなる責任財産に対しても執行をなしうるという前提がとられよう。(15) しかし比例原則に反するような債務者の財産権の侵害は憲法二九条の財産権保護の観点から許されないはずである。ドイツでも基本法の財産権保障規定との関係からそれが許されない旨説かれている。[16] 執行裁判所は国家の強制手段を行使するものであるから比例原則に拘束されて、よりマイルドな方法があればそれをとるべきであるといわれている点[17]は参考に値する。

１　これを不動産執行についていえば、競売と比較してよりマイルドな方法としては債権者がしかるべき期間内に強制管理をもって満足を得られるであろう場合には強制管理を選択すべきであると考えられる。[18] また動産執行によれば満足が可能な場合、不動産執行をなすべきではない。[19] よりマイルドな種類の執行を職権で考慮することは執行裁判所の職責ではないにしても、[20] その可能性があることを執行裁判所に明らかである場合はマイルドな方法を選択すべき可能性を釈明により示唆することは執行裁判所の職務義務であると思われる。[21] 債務者が別にその差押えにより十分満足を得べき動産があることを執行異議により証明すれば特段の事情のないかぎり当該不動産の差押えは違法になるであろう。近い将来、例えば、将来の収入が確実に予測されるというように履行が期待できるような場合、執行債権額とも関係するものの、とりあえず不動産執行ではなく動産執行によるべきであろうし、不動産執行による場合も強制競売ではなく強制管理を選択することを先行させる必要がある。ドイツ法でいえば、かかる場合に執行債権の担保として強制抵当権を設定して将来の収入を待つという方法をもって満足すること（ＺＰＯ八六七条）、あるいは強制執行を一時停止することが考えられる[22]（ＺＶＧ三〇条ａ）。よりマイルドな執行を考慮するということは、Böhmer の主張[23]やスイス法[24]にみられるように抽象的な執行の順序（gradus executionis）という考え方に通じるもの[25]と考えられる。すなわち、債権者は債権者および債務者の個人的事情からみて不必要に苛酷な執行を避けることの必要は認められてしかるべきである。このことは一歩譲って、抽象的にとはいわないまでも個々のケースにそくして具体的にある程度の執行の順序を認めることになる。

２　さらに加えてよりマイルドな執行が成果をあげない場合には、直ちに少額債権による不動産の強制競売がなされることになるのかという点が問題になる。例えば債務者がその土地に任意に担保を設定して弁済に協力するなどして、債務者の協力的態度がみられるがごとき場合に、民執法三九条一項八号の弁済猶予を拡大解釈して執行の一時停止をする、あるいは売却期日を延期するなどの方法がとれないものであろうか。[26] 債務者がこのような可能性を活用しないとか、債権者の履行のために適切な措置をとらないかぎり、少額債権による当該不動産の強制競売がなされることは止むを得ない。競売にあたっては債務者が当該家屋に居住しているか否かという点も考慮すべき要素である。[27] 不動産の強制管理にあたりＺＶＧ一四九条一項は土地の差押えについて規定しているが、居住のために不可欠な（unentgeltlich）土地について、債務者に必要な空間を使用できる旨を規定している点も[28]民事執行法の解釈にあたり参考になる。すなわち家屋の差押えに当たり競売に至るまで生活に最低限必要な部分の一時使用を無償で認めることは必要である。

ドイツではわずか四三八マルクの執行債権のために強制競売により高額な土地の所有権を失うことは、極端な例外であるといわれている。[29][30] ＺＰＯ八六六条三項は五〇〇マルク以下の債権の執行のための強制抵当権の設定を認めていないが、極めて少額の債権を執行するために強制抵当の設定よりはるかにきつい競売が許されるとの結論は当然には出てこないと解されるからである。ＺＰＯ八六六条三項は執行債権が極めて少額である場合その抵当権が過剰に登記されることを避けることを目的とした規定であるが、[31] 逆にその限りでのみ少額債権の保護がなされるに過ぎないのであるとの見解が提唱されている。[32] 以上は少額債権による不動産執行の適否に関するドイツの議論である。要するに、少額債権による不動産執行を比例原則からして認めるべきか否かという点が問題になっているのである。

他に差し押さえるべき動産、債権があれば別であるが、それがない場合に限って考えた場合、不動産執行を否定すれば、それは当該執行債権の法的救済を否定することになりそのことは原則的にみて妥当ではないというのが一般的見解であろう。しかしながら狭義の比例原則（本書第一編第四章参照）の解釈論としても執行債権額と不動産の価額が著しく乖離するとき、たとえ競売不動産が唯一の財産であっても許されない場合があり得るということも指摘しておこう。

5　無益な（無剰余を含む）執行

1　日本の民事執行法には動産について一二九条に無剰余差押えの禁止の規定がある。また不動産についていえば、六三条に無剰余競売申立ての取扱いに関する規定がある。したがって一般に無剰余の売却による債務者の目的物に対する違法な財産権侵害は防止されている。したがってこれらの範囲内では無剰余の差押禁止による債務者の財産に対する執行の違憲性という憲法上の問題は生じない。

2　無益な差押えの禁止に関していえば、ドイツでは動産執行に関するZPO八〇三条二項（無剰余差押えの禁止）を不動産執行に類推する必要性がないといわれている。その理由はZVGが保護規定を設けている点に求められている。[33]優先権と執行費用を超える買受申出がない場合、ZVG四四条一項（最低競買申出価額）は同七七条（買受申出の欠缺と執行の一時停止）と相まって競売不許の原因になるからである。

これに反して、①売却代金に僅かの剰余が認められるに過ぎないときは、強制競売ZPO七六五条a（苛酷執行）により債務者の申立てにより停止されなければならない場合がある旨説かれている。[34]そしてその場合、剰余が少額であるか否かはすべての事情を考慮して決まるものとされる。すなわち、売却不動産の保護に関していえば、優先権の負担があるにもかかわらず債務者になお存する所有権の残存価額と競売をしないことにより受ける債権者の損害とが比較される。[35]②再度の競売によっては前回より、より高い剰余が期待できるような場合に手続の一時停止がなされることになる。③債権が強制管理によって満足せしめられる十分な蓋然性がある場合、競売の取消し（Aufhebung der Versteigerung ——競売開始決定を含む競売手続の取消し——）も視野に入れられることになる。[36]④さらには債務者の財産権保護の利益を考える場合、債権者が剰余を期待できる代金について十分な利益

を得られないことが明らかな場合は、競売の取消しができることになる旨説かれている。(37)

わが国の民事執行における無益執行の禁止に関しても上記ドイツ法の解釈は参考になるものと思われる。ドイツ法上「競売の取消し」といっている場合について日本法上の取扱いとしては、競売開始決定に対する異議申立て、あるいは売却許可決定に対する執行抗告などのいずれかによることになるであろう。

6　不当廉売禁止

憲法による不動産の所有権保護という観点からみて競売における目的物の不当廉売は禁止されていると考えてよい。(38)この点では日独共通の解釈がとられるであろう。ドイツ法上、ZPO八一七条a——動産競売の最低売却価額（物の通常の売却価額の半額）——、不動産についてはZVG七四条a——競落不許の申立て——、八五条a——最低売却価額が低額である場合の競売不許——により、その趣旨は具体化されている。しかし土地の強制競売にあっては第一回期日についてのみ、不当廉売禁止の趣旨が規定されているにすぎない（ZVG七四条a四項・八五条a二項）。

1　ドイツ法が不動産競売について不当廉売禁止を第一回競売期日に制限することは財産権保障の観点からみて適切ではないように思われる。そのような制限をもってしては憲法上の財産権保護は十分とはいえないからである。ZPO八一七条aのごとき規定は不動産執行については存在しないのであるから（ZVG四四条——無剰余の競買申出の不許——、および四五条参照）、GG三条違反の疑問が生じてくる。(39)ZVG八五条a二項二文で不当廉売禁止を第一回期日に制限していることに違憲の疑いがあるとすれば、不動産執行における財産権保護は苛酷執行を制限するZPO七六五条aによってなされるべきであるということになる。(40)動産執行に関するZPO八一七条aにおけると同様に不動産執行においても次の考え方を取らなければならないとする見解もある。すなわち不動産の強制競売における通常の取引価値の半分以下の売却は原則として憲法の財産権の保障を侵害するという見解がこれである。[41] 連邦憲法裁判所はこの問題について判決を出していないが、別の問題――すなわち課税(Besteuerung)――に関連して、五〇％が所有権保護の重要な基準である旨を判示している。[42] 廉売禁止は債務者の財産権保護の問題に止まるものではない。執行債権者に劣後する権利も、それが代金から満足を受けられない場合、ＺＶＧ五二条・九一条一項により満たされることになるので、廉売禁止に利害関係を持っている。更にいえば廉売禁止は土地市場における価額安定に役立つというメリットがある。これら関連諸利益を考慮するならば、廉売限度は五〇％迄と考えるべきであろうといわれている。[43]

通常期待しうる取引価額を前提として、取引価額の五〇％の買受申込みがあるまで売却を待つことが債権者に期待される。期日を何回開いても買受の申出はあってもそれがこの額に達しないとき、すなわち、買受申出が取引価額の五〇％に達しない場合、債務者の当該競売は、職権でＺＶＧ八五条ａにより競売の不許決定をする代わりに、ＺＰＯ七六五条ａ、又はＺＶＧ三〇条ａの申立てによって手続は停止されなければならない。[44] 但し、極めて例外的にそれが債権者に重大な不利益をもたらす場合に限って、五〇％以下の価額による競落が認められるという場合が考えられないわけではないとも説かれている。[45]

２　ＺＶＧ八五条ａとは反対に、ＺＶＧ七四条ａによれば、土地の価額の一〇分の七を下まわる場合、有する請求権の全部又は一部が右価額によって償却されないが、土地の価額の一〇分の七に当る額の競買申出があれば償却されることが予想される権利者は競落不許を申し立てることができるものとしている。条文上は所有者としての債務者がＺＶＧ七四条ａを利用することはできるような規定になっていない。[46] 土地所有者たる債務者の保護が債権者の保護以上に小さいものであってよいわけではないという点からみて、債務者はＺＰＯ七六五条ａにかかわらず、土地取引価額の一〇分の七に達しないときは、売却不許の申立てをすることができるものと解されている。[47] 債権者が最高価競買申出価額が一〇分の七に達しない場合であっても競売を不許の申立てをしない場合、債務者としては取引価額の半額に至るまでの間で定められた最低売却価額による競落許可に甘んじなければならないことになる。(48)

3　わが民事執行法について考えてみよう。私見によれば、不動産については、民執法六〇条の最低売却価額は二項によって変更する場合もドイツ法同様に五〇％を限度とすべきであるように思われる。この点については法律で明文を設けるのが適切であるように思う。

不動産競売において最低売却価額に達する買受申出がなく売却を許可できないとき売却を繰返すことになるが、三回売却を繰返して売却の見込みがない場合の措置については民執法六八条の三が設けられた。

動産については民執規一二三条（相場のある有価証券の売却価額）・一二四条（貴金属の売却価額）により売却価額の制約が規定されているものの、その余の動産については同一一六条一項但書により買受申出額が不相当と認められる場合に限って買受許可をしないことを規定しているに止まる。

ところで、動産についても財産権の保障の観点から、一括売却、軒下競売といった慣行を考慮に入れても、せめて執行官によってでもよいが、最低売却価額を決定する制度を設けるべきではないかと思われる。相場のある有価証券や貴金属の売却についても、既述の通り、これら目的物の買受価額は債務者の財産権の保障に関係するものであるから、法律事項として民事執行法中に規定すべきものであって、民事執行規則に規定するにとどめれば足りるというものではないように考えられる。

以上、私は財産権の保障という憲法的視点から日独両国の民事執行制度を比較してみた。その結果財産権の憲法的保障という極めて重要な観点からみて日本の民事執行制度に多くの問題点が含まれていることが明らかになったように思う。それらの諸問題は解釈論で補えば足るべきものと立法論にわたるものとに分類できるように思う。今後の更なる検討が必要とされよう。本稿は問題点の指摘にとどめたことをおことわりしておく。

（1）本章におけるドイツの学説状況については主として、Manfred Wolf "Eigentumsschutz in der Zwangsvollstreckung" Dike, S. 201 ff. による。
（2）執行は執行債権実現を目的として債務者の財産に対する摑取をなすものであるが、だからといって債務者の執行対象財産に対して無制限な摑取を認めるものではないといえる。この点については、Vollkommer, Verfassungsmäßigkeit des Vollstreckungszugriffs, Rpfl. 1982, 1 ff. がある。同論文は、石川＝出口編訳一三五頁以下に訳出されている。
（3）Münch Kommentar / Schilken, 1992, § 803, Rz 41.
（4）Stein / Jonas / Münzberg, ZPO Bd. 6, 21. Aufl. 1995, § 803, Rz 34.
（5）Wolf, a. a. O., S. 203.
（6）この点についてはＢＧＢ三一三条および九二五条参照。
（7）Wolf, a. a. O., S. 204.
（8）執行において、債権者の利益のみならず債務者の利益にも目配りしているものとして、中野『民事執行法』八頁・五四七頁がある。論文としては伊藤眞「消費者債務の取立に関する規制⑶・（4完）」ジュリスト七二九号一〇一頁以下、同七三〇号六六頁以下、竹下守夫＝鈴木正裕編『民事執行法の基本構造』（西神田編集室、一九八一年）二八頁〔竹下守夫〕。
（9）Rosenberg / Gaul / Schilken, Zwangsvollstreckungsrecht, 11 Aufl. 1997, § 3 III 56 ; Münch Kommentar / Arnold § 765 Rz39, Vollkommer, a. a. O., 1, 8.
（10）Palandt / Heinrichs, BGB, 54. Aufl. 1995. § 242 Rz. 53 f.
（11）Böhmer in BVerfGE 49, 233, 236.
（12）BVerfGE 42, 64.
（13）Wolf, a. a. O., S. 204.
（14）Wolf, a. a. O., S. 205.
（15）Egbert Peters, Festschrift für Baur, S. 549, 551.
（16）Wolf, a. a. O., S. 205.

（17） Wolf, a. a. O., S. 205.
（18） Wolf, a. a. O., S. 206. わが国の場合強制管理は管理の負担のゆえに殆んど行われないようである。
（19） Wolf, a. a. O., S. 206. ; Böhmer in BVerfGE 49, 233, 238. ただし通説はこれと異なる。例えば、Rosenberg / Gaul / Schilken. a. a. O., § 3 III 5b, c.
（20） Egbert Peters, Festschrift für Baur, S. 549, 551. これに対して反対説をとるものとして Böhmer in BVerfGE 49, 233, 236. がある。
（21） Wolf, a. a. O., S. 206.
（22） Wolf, a. a. O., S. 206.
（23） Böhmer in BVerfGE 49, 233, 236. 反対説として Egbert Peters, Festschrift für Baur, S. 549, 532 ff.
（24） スイス債務取立並びに破産法九五条。
（25） Wolf, a. a. O., S. 207.
（26） Wolf, a. a. O., S. 207. BVerfGE 48, 396, 401.
（27） Wolf, a. a. O., S. 207.
（28） Unentgeltlichkeit については、Steiner / Hagemann, ZVG, 9. Aufl. 1984, § 149 Rz 11.
（29） LG Frankenthal, Rpfleger 1979, 433.
（30） なお Stein / Jonas / Münzberg, ZPO, § 765a Rz. 6 Fn. 27 ; Münch Kommentar / Arnold § 765 Rz 39.
（31） Münch Kommentar / Eichmann, § 866 Rz 2.
（32） Wolf, a. a. O., S. 207.
（33） Wolf, a. a. O., S. 208.
（34） Wolf, a. a. O., S. 208 ; OLG Hamm Rpfleger 1989, 34.
（35） Wolf, a. a. O., S. 208.
（36） Wolf, a. a. O., S. 208.
（37） Wolf, a. a. O., S. 208.

(38) BVerfGE 46, 325, 334 ; Vollkommer, Rpfleger 1982, 1, 5.
(39) Wolf, a. a. O., S. 209.
(40) Wolf, a. a. O., S. 209.
(41) Wolf, a. a. O., S. 209.
(42) Wolf, a. a. O., S. 209.
(43) Wolf, a. a. O., S. 209. 日本における不動産の最低売却価格の決定については、鈴木＝三ケ月編『注解(2)』二七四頁以下〔竹下守夫〕、香川監修『注釈(3)』二四七頁以下〔大橋寛明〕、石川＝小島＝佐藤編『注解』上巻六二八頁以下〔原敏雄〕、東京地裁民事執行実務研究会編著『不動産執行の理論と実務』一七九頁以下、浅生重機「地価下落期における最低売却価額」判時一四〇四号三頁以下、同「地価下落期における最低売却価額」金融法務事情一三一一号四頁以下、高木新二郎「バブル経済崩壊がもたらした民事執行についての諸問題」ジュリスト一〇三〇号三五頁以下参照。
(44) Wolf, a. a. O., S. 210.
(45) Wolf, a. a. O., S. 210.
(46) Stein / Stolz, ZVG, 9. Aufl. 1984, § 74a RZ 1824.
(47) Stein / Stolz, ZVG, 9. Aufl. 1984, § 74a RZ 24 Wolf, a. a. O., S. 210.
(48) Wolf, a. a. O., S. 211.

第三章　ＺＰＯ七六五条ａの苛酷執行条文について

1　序　説

苛酷執行の禁止に関するＺＰＯ七六五条ａは、以下のように規定している（改正部分を除いて中野訳）。

第七六五条ａ　(1)　強制執行の処分が、債権者を保護する必要を十分に尊重しても、なお全く特殊な事情のため善良な風俗に合致しない苛酷なものであるときは、執行裁判所は、債務者の申立てにより、処分の全部もしくは一部について取消し、禁止または一時停止することができる。（ここまでは中野訳）執行裁判所は七三二条二項に規定した命令を発することができる。処分が動物に関するものであるとき、執行裁判所は、自ら考量をなすにあたり動物に対する人の責任を考慮しなければならない。（新設）

(2)　執行裁判所に対して一項一文の要件が疎明され且つ執行裁判所に対して債務者が適時の申立て（Anrufung）をすることができないとき、執行官は物の引渡しを実施するため、処分を執行裁判所の裁判にいたるまで、一週間をこえない範囲で延期することができる。（二項は中野訳と変わるところは殆どないが、「二項」

が一項の改正によって「一項一文」となっている。）

⑶　明渡事件において一項の申立ては、確定明渡期限の遅くとも二週間前にしなければならない。但し、申立ての基礎になる理由が、この時点以降に成立したものであるか、あるいは債務者が適時の申立てを妨げられたときはこの限りではない。（三項は新設）

⑷　執行裁判所は、事実状態の変更を考慮して必要があると認められるときは、申立てにより、その決定を取消し、または変更する。（中野訳。但し中野訳の三項が四項に移行。）

⑸　一項一文および三項の場合においては、執行処分の取消しは、決定の確定をもってその効力を生じる。（中野訳によるが、旧四項が新五項に移行し、「一項」の後に「一文」が追加されている。）

ところで私はかつて、石川『研究』に法曹時報二四巻九号に掲載した「苛酷執行について」と題する論文を収録した。この論文は、法制審議会強制執行法制度部会において民事執行法の制定作業が進行中執筆されたものであって、執筆の動機はＺＰＯ七六五条ａのごとき条文を民事執行法中に規定する必要性を感じたことに求められる。

今日のドイツにおいては強制執行法への比例原則の導入が、有力な学者の反対はあるものの、とくに連邦憲法裁判所によって説かれており、私見によればそれはまた正当なものと評価されるのであるが、執行における比例原則との関係でも七六五条ａの占める役割は高く評価されているといってよい。すなわち、学説上比例原則との関係で七六五条ａがしばしば登場するのである。つまり七六五条ａの適用範囲が従来主として、不動産の明渡執行を対象として説かれていたのであるが、その適用範囲が比例原則の導入によって拡大されたようにみえるのである。それだけに、わが国の民事執行法の中にこれを導入すべきであると考えた私見は、必ずしも誤りではなかったのではないか、と考えている。

以下、ドイツの強制執行法において七六五条ａを不動産の明渡執行以外の執行にも適用しようとする傾向についてその若干の事例を示しておこう。

2　若干の事例

1　一九七八年六月二〇日の連邦憲法裁判所の決定（BVerfGE 48, 396ff. なおこの決定については Morgenstern, NJW 1979, 2277 参照）についてみてみよう。

ＺＰＯでは、八九九条以下の財産開示義務は、不代替的作為義務の一部と見られており、そのことは同八八八条一項三文の規定からみても明らかである。すなわち、同八八八条一項は不代替的作為義務の執行の執行方法として強制金（Zwangsgeld）又は強制拘留（Zwangshaft）を課する旨を規定しているが、同項が、財産開示に関する同八九九条以下の拘留に準用される旨を規定しているのである。

わが国の法感情からすると、財産開示のための宣誓に代わる保証を強制するために強制拘留を課するということは、いささか厳しさに過ぎるものがあると思う。しかしながら連邦憲法裁判所は、財産開示のための宣誓にかわる保証（九〇一条――中野訳後改正）を強制するための強制拘留の合憲性を二回にわたって肯定しているのである。第一の決定が一九七八年六月二〇日の決定であり（前掲決定――以下、第一決定という）、第二の決定が一九八二年一〇月一九日の決定（BVerfGE 61, 126 ff.）である（以下、第二決定という）。

第一決定では、一六マルクと四六マルク五〇ペニッヒの少額債権のために財産開示のための宣誓に代わる保証をしない債務者に対して強制拘留を課した事件について、強制拘留を課するに十分な理由付けに欠けると判示したのであるが、他方、比例原則によって「少額金銭債権による強制拘留がそもそも禁止されているわけではない」旨判示しつつ、強制拘留が比例原則に照らして著しく不当な場合、開示保証命令に対する不服申立て（九〇〇条四項。中野訳後改正）や七六五条ａの執行制限の申立てにより救済が与えられる旨判示したのである。

第二決定も、開示保証における拘留の合憲性を肯定する旨を判示している。すなわち、財産開示のための宣誓に代わる保証に伴う拘留命令の付与につき規定するＺＰＯ九〇一条の規定は、比例原則にも反しないし、またＧＧ二条二項の人身の自由に関する規定にも違反しない。けだし、宣誓に代わる開示保証をなすことによって、いつでも拘留を回避することができるからである旨判示しているのである。

既にみたように、連邦憲法裁判所は前記第一決定において債務者に与えられた補充的な、あるいは競合的な救済方法として七六五条ａの救済を認めているのである。

なお、財産開示については、沖野威「ドイツ民事訴訟法上の開示宣誓 Offenbarungseid 監置 Haft 及び債務者名簿について」『会社と訴訟（下）』（昭和四三年、有斐閣）一〇六九頁以下、石川『研究』一頁以下、内山衛次「強制執行における債務者の財産開示(一)(二)」大阪学院大学法学研究二五巻一号（平成一〇年九月）二号（平成一一年三月）参照。

２　ＺＰＯ八八五条の土地又は船舶の引渡執行において、当該不動産又は船舶中に執行の目的物ではない動産がある場合——債務名義には当該動産についての記載は当然のことながら表記されていない——、同条二項は執行官によるその除去について次のように規定している。すなわち、「強制執行の目的物でない動産は、執行官が除去し、債務者または債務者不在のときは債務者の代理人若しくは債務者の家族に属する成長者若しくはその家族に雇われている成長者に引き渡し又はその処分に任せる」（中野訳）と規定している。

この二項の規定は、第三者が当該住居に居住するときは、場合によってはＧＧ一三条の第三者の住居の不可侵性に関係してくることがありうる。更には右の場合もまた第三者の物が当該空間（不動産の中に）あるような場合、ＧＧ一〇三条一項の規定する第三者の法的審問請求権を侵害する可能性も生じてくる。

連邦憲法裁判所一九九一年一月一六日の決定（BVerfG NJW 1991, 1101. なおこの決定を批判するものとして

Münzberg, Festschrift für Gernhuber, 193, S. 781 ff., S. 790 ff. がある）によれば、両親に対する住居明渡しの債務名義による同居している成年に達した子に対する排除も違憲ではないとされている。そしてこの場合、成年に達した子の法的審問請求権は、執行方法に関する異議（ＺＰＯ七六六条）、又は場合によっては七六五条ａの執行制限手続のなかで保障されるので問題はないとしている。ここでも執行方法に関する異議という執行法上一般的な救済方法に加えて、七六五条ａ（勿論その要件が存在することが必要であるが）が登場してくる。

なお明渡執行については本書第一編第八章・第九章参照。

3　ＺＰＯ八〇三条一項二文は、動産執行における超過差押えの禁止を規定しているし、同条二項は無益な差押えの禁止を規定している。執行官は超過差押えや無益な差押えに該当する場合は職権で差押えをしてはならないのであるが、執行官がその種の差押えをする場合には、債務者としては、なされた差押えに対して執行方法の異議をもって救済を求めうることになる。この場合、債務者は七六五条ａ一項の申立てによって救済を求めることもできるという見解が提唱されてきている（Manfred Wolff "Eigentumsschutz in der Zwangsvollsreckung" Dike S. 204 ff.）。同項の文言である「全く特別な事情のために債権者の保護を十分考慮しても認められる」善良な風俗と一致しない苛酷性の判断については比例原則が重要な判断基準になることはいうまでもない。

この関係でいえば、比例原則との関係から差押えの目的財産の選択（具体例としては例えば少額債権の執行の対象に動産ではなく不動産を選択する）あるいは不動産の執行方法の選択（具体例としては、不動産の強制管理で十分債権回収の見込みがあるのに競売を選択する）上の問題が生じるが、執行法上の救済方法である開始決定に対する即時抗告（わが国の場合は執行抗告）が許されるほか、ＺＰＯ七九三条、七六五条ａの救済も併せて認められるとする（Manfred Wolf, a.a.O., S. 206）。ここでも七六五条ａの適用による救済の余地が登場してきている。

なお金銭債権執行における執行対象財産の選択については本書第一編第二章**3**・**4**および同第五章・第六章を参照。

4　目的財産の不当廉売の禁止については、動産競売についてＺＰＯ八一七条ａが規定し、不動産の競売についてはＺＶＧ七四条ａおよび同八五条ａ（中野訳にない新規定）があり、後者の二項二文は以下のように規定している。「新競売期日において、競落は一項の理由からもまた七四条ａ一項の理由からも不許とされてはならない」とするのである。このように不動産競売の廉売禁止が第一回競売期日に限定されることを憲法違反と考えるならば、第二回期日以降不動産執行における債務者の所有権保護をＺＰＯ七六五条ａによって拡大することが考えられるとされている（Manfred Wolf, a.a.O., S. 209)。
なおこの点については本書第一編第一章・第三章・第四章参照。

3　日本法への導入

以上のように、若干のケースについて検討しただけでも、七六五条ａの適用範囲が、従来、主として不動産の明渡執行について考えられていたが、同条が総則規定であるが故に他の種類の執行についても適用される傾向にあることがわかる。勿論、本来的に認められている違法執行に対する救済方法である即時抗告（七九三条）（民執法では執行抗告）や方法異議（七六六条）は最終的に違法執行の取消しを求めるものであるのに対して、七六五条ａは、執行の一時停止を求めるに過ぎないという点で、その効果の差はあるものの、この拡大適用傾向は注目に値する。日本法に七六五条ａを導入した場合、不動産の明渡執行以外にどのような場合にこれを利用できるかという点は検討すべき課題である。この点は別にしても、七六五条ａについてドイツ法のように適用拡大傾向が考えられるとすれば、同条の日本法への導入の必要性はますます高くなるといえよう。特にこの点は、比例原則との関係で検討されなければならない問題であり、今後のドイツの判例学説の展開に注目したい。

〔補注〕

ＺＰＯ七九三条二項は追加条文であるがその後削除された。また、ＺＶＧ八五条ａは中野訳にはない新規定であるので、ここに訳出しておく。

ＺＰＯ七九三条〔即時抗告〕二項

地方裁判所が抗告について裁判したときは、法律に別段の定めが存しないかぎり、即時再抗告をすることができる。

ＺＶＧ八五条ａ〔最高申出価額が少額過ぎるときの競落不許（Versagung bei zu geringen Meistgebot)〕

⑴　申出のあった最高申出価額（das abgegebene Meistgebot）が売却条件によれば、残存する権利の元本価値（Kapitalwert）を含み土地の価値の半額に達しないときは競落は不許とする。

⑵　七四条ａ三項、五項を準用する。新競売期日において、一項の理由によっても、また七四条一項の理由によっても競売は不許とされない。

⑶　最高申出価額が当該土地から満足を受ける権利者によって申し出られたものであって、申出が、売却条件によれば残存する権利の元本価値（Kapitalwert）を含み、売得金の配当にあたり最高価申出人に与えられる額と併せて、当該土地の半額に達するときは、一項を適用しない。

第四章　強制執行と比例原則

——序論的考察——

1　序　説

最近のドイツの執行法学においては、後述するような有力な反対説はあるものの公法上の比例原則を用いて、執行制限の問題を論じることが多くなっている。そのことは既に石川＝出口編訳に収録された諸論稿（特に、Arens, Vollkommer 論文）をみても明らかである。公法上の比例原則に関連する日本の文献については別に掲記しておく。(1)

ところでわが国では憲法学上比例原則理論は右の注（1）掲記の田上論文「基本的人権と公共の福祉」によってその導入が提唱されたにもかかわらず、奥平教授の批判を受け、必ずしも定着したとはいえない。これに対して、同原則は行政法学上は基本原理として承認されているように思われる。憲法学と行政法学においてこのような比例原則理論の取扱上の相違が何故生じたのかという点について、ここでは論じない。これに対してドイツでは憲法学上も比例原則は定着した原理である。

少なくともわが国において、行政法学上比例原則が定着している点を認めるとすれば、強制執行が非訟的であること、換言すれば、準行政的機能を果たすことを考える以上、執行における比例原則の適用を考察することは必要なことと思われる。

ところで石川＝出口編訳はMax Vollkommer論文（一三五頁以下）およびPeter Arens論文（一七七頁以下）を訳出したが、これは比例原則をわが国の執行法学において導入すべきであると考えたからにほかならない。しかしながら同書の出版後もわが国の執行法学のなかで極く一部の例外を除けば比例原則が正面から説かれるということはなかった。これに対して私は、今日でも依然として、わが国の執行法学のなかに比例原則を導入する必要を感じている。いかなる範囲でこれを導入するべきかという範囲の問題はなお慎重に検討することを必要とすることはいうまでもない。

そこで、本章では民事執行における比例原則の序説的考察をしてみたい。

なお、小山剛「基本法下におけるドイツ基本権論の展開」比較法学研究一〇号（一九九八年）三六頁は、比例原則を比喩的に以下のように説明している。理解し易いので引用させていただく。「つまり、（広義の）比例原則は①適合性（Geeignetheit）の原則、②必要性（Erforderlichkeit）の原則、③狭義の比例原則（Verhältnismäßigkeit im engeren Sinne）という三部分の原則から構成される。これを薬に例えるならば、副作用のみで治療効果のない薬は、適合性に違反し、その副作用を正当化し得ない（適合性）。また同程度の治療効果を有する薬が複数存在する場合には、副作用の少ない薬が選択されなければならない（必要性）。軽微な疾病を治療するために重大な副作用のある劇薬を用いてはならない（狭義の比例性）、ということになる」と説明している。

石川＝出口編訳はここでいう「比例原則」を「相当性の原則」と訳している。すなわち、同書でいう「相当性の原則」とは比例原則のことである。同書八五頁以下、特に一九三頁以下は、広義の比例原則の三つの下位原則に言及している。すなわち第一は、適合性の原則（特に一九七頁以下）、第二は必要性の原則（二〇七頁以下）であり、第三は狭義の比例原則（特に二一五頁以下）である。そして、そのそれぞれの内容および具体的事例については、同書一九三頁以下に記載されているので、ここでは繰り返し説明することは避けたい。

ただし、ここで付言しておくが、Arens 教授の挙げた事例一（一九三頁）は適合性の原則の問題であり、事例二（一九四頁）および事例三（一九五頁）は、狭義の比例性の問題であり、連邦憲法裁判所の Böhmer 判事の少数意見（一九五頁）は必要性の問題であると思われる。

このほか狭義の比例原則違反の若干の事例を挙げておこう。

例えば、執行債権が一〇万円、目的不動産が時価三〇〇〇万円で、これが一五〇〇万円で競売された場合、債権者は一〇万円の満足を受けるものの、債務者は一五〇〇万円の損害を蒙っている。このような場合には、債権者の得た一〇万円の利益と債務者の受けた損失一五〇〇万円とを比較して、「その損害が利益より明らかに重大である」(die Nachteile ersichtlich schwerer wiegen als Nutzen) とみられ、比例原則違反の競売として競落を許可すべからざるものと判断されるであろう（狭義の比例原則違反）。一九七八年九月二七日の連邦憲法裁判所の判例[(2)]は、執行債権額九九〇マルク、土地の地価五〇〇〇〇マルク、売却代金二一〇〇〇マルクのケースについて比例原則違反（狭義の比例原則違反）を認めている。

また少額債権が動産執行をもって十分満足せしめられるにもかかわらず、不動産執行をかけるというような、いわゆる債権者の執行対象財産の選択権に制限をかけることも比例原則の一適用場面である（必要性の原則違反、民執規一〇〇条参照。同条は債務者の財産権の保障に関係するので法律事項と考えるべきであろう）。

これらの場合に、ドイツでは比例原則を適用して債権者・債務者双方の利益の調整をはかっている判例がしばしばみられる。

2　執行制限の比例原則による統一的説明の必要性

現在、ドイツでは比例原則を用いて執行制限を説明すべきところを、わが国では債権者の債務者に対する執行による権利行使における権利濫用・信義則違反ないしは執行の違法性の問題として処理してきたように思う。例えば、権利濫用とか信義則とかいった原則的には私法上の一般条項を用いて執行の違法性を論じたとしても、それらの一般条項の適用の仕方いかんによっては、比例原則を用いる場合と結論は大きく変わらないことがあるかもしれない。しかし、明文規定違背を別にして執行の違法性を論じる場合、執行の違法性を決める統一原理、根拠原理が必要である。ドイツの一部の学説・判例はその原理を比例原則に求めているのである。すなわち執行は債権者対債務者間における債権者の権利実現に向けた手続であるが、これを司るものは、国家の執行機関であって、執行機関対債権者ないし債務者の関係は、まさに公法的関係なのであるから、この公法関係における執行制限の問題は、債権者対債務者間の権利濫用とか信義則といった私法原理により解決されるべきものでなく、公法上の原理である比例原則によって解決されるべきものであるとする見解がみられる。(3) 公法上の比例原則からすれば、国家機関としての執行機関の行為が必要な範囲に（erforderlich）とどまるべきであるし（必要性の原則）、相当な（angemessen）範囲（狭義の比例原則）にとどまるべきであるという、執行権力発動の限界を遵守しなければならないとの要請が、執行機関に執行制限として課せられることにならざるを得ないとされている。(4) 必要な範囲とは、執行の種類および方法が当該執行債権実現のために有用な手段（brauchbares Mittel）であるか否かという問題である（必要性の原則）。必要な範囲というのは、より以上に債務者に負担をかけない選択肢によっているかという問題であり、換言すれば、当該執行が債務者に必要以上の負担をかけない執行の種類ないし手段であるということである。さらに、相当性とはある執行処分によって追求された目標が両当事者の執行に関係する利益を考量して、利害関係人にとり（für den Betroffenen）当該執行に伴った負担と不相応な関係にない（nicht im Mißverhältnis zu der Belastung nicht besteht）ことを意味する。

3　比例原則の検討

ところで執行による各基本権侵害の個別事例の検討は必要であるが、それに先だって、比例原則についてもう少し検討しておく必要がある。

比例原則は、ＧＧ二〇条に規定された法治国家の要請（Rechtsstaatsgebot）に由来するものであるといわれている。(5) 比例原則については、その内容の明確化に順位をつけるとすれば、第一に適合性の原則、第二に必要性の原則、第三に狭義の比例原則ということになる。とくに狭義の比例原則にいたっては必ずしも明確な輪郭をもたない一般条項的原則であり、その強制執行法上の諸問題に対する影響、すなわち適用の範囲はケース・バイ・ケースで判断されているというのが現状であろう。勿論判例の蓄積および判例の批評が将来適用基準を明確化することになるものと予測される。比例原則は、基本権それ自体の中から既に導かれる原則なのであるから、いわば各基本権に深くかかわる問題であって、その内容は、関連する基本権相互の利益考量に影響されるべきものなのである。これを執行手続についてみると、その中心的問題は、執行手続の中で国家が場合によっては、一方で債権者の執行債権ないし執行請求権を犠牲にしてまで、他方で債務者の基本権への干渉（Eingriff）の制限を、いかなる範囲で考慮しなければならないかという点にある。(6)

具体的にみると、比例原則を実定法上明確に示しているＺＰＯの諸規定については問題が少ない。(7) すなわちそこでは規定のなかにすでに比例原則が包含されているからである。例えば無益な差押えの禁止というように、目的の達成しえない差押えは禁止されており（ZPO八〇三条一項二文・八一一条a・八一二条）、この禁止は比例原則の一つの具体化といえる。換言すれば、無剰余差押えの禁止の明文規定は比例原則（適合性の原則）に由来するものとして解してよい。これに対して、債権者は執行にあたり、その目的財産の選択の自由があるといわれているが、それについてZPOもわが民事執行法もなんらの規定をおいていない。(8)わずかに動産執行について民事執行規則一〇〇条があるがそれは規則中の規定である。債権者がもつ執行対象財産の選択の自由を制限すべきであるという側面で生じる問題は、執行により確保される債権者の財産的満足と、債務者の基本権（例えば執行の対象財産に関する財産権）に関して債務者が蒙る不利益との利益考量の問題になるのである。ここで通説が、ZPOが執行債権の金額の最低限度を設けていないがゆえにいかに少額な債権であっても債務者のいずれの財産に対しても執行をなしうること、執行対象財産相互間に執行順序を設けていないこと、という現行法の原則にこだわるとするならば、そのことによって比例原則に従った解釈学ないし立法論の進歩は否定されたことになる。(9)

比例原則適用説は、現行法の基本原則からして債権者が一定の執行処分をそもそもなしえないとか（適合性の原則）、あるいは当該執行処分をなすには、執行対象財産の選択権が債権者の専権であるとはいってもおのずからそこに一定の制約があり、順序があるのではないか、そして、その順序に従って執行が許される（必要性の原則）と解するとしても、債権者はGG一四条一項により保護された財産権が基本的に侵害されるということにはならない、と主張するのである。(10)

狭義の比例原則の適用の結果として場合によっては、執行債権額が極めて少額な事件について強制執行がなされないことがありうるとするならば、少額債権の不払いの可能性を認める結果になるという問題が生じる。しかし比例原則からすれば、それはそれでよいことになる。理性的な見方によれば、方法・対象の選択の自由を制限しなければならないような場合、債権者が少なくとも債務者に対して格別に重大な損害を与えるとか、または復讐という本来なら執行の主目的にならない目的を追求することが明らかであるような場合であっても、債権者が執行の方法における完全な執行の目的財産の選択の自由をもつことが許されるかという問題と比較すれば、前記少額債権の不払いの問題性ははるかに小さい問題であるともいえるというのである。[11]

いずれにしても、比例原則適用説からすれば、比例原則を適用する限り債権者の執行の可能性を制限することになるが、この点については問題がないということになる。所有権（財産権）の内容及び制限に関する連邦憲法裁判所の著しく踏み込んだ判例を通覧すると、債権者にはより高い価値のある基本権を認めながらも、他方では社会的平和を守るためにその事例に対応した寛大な手段を選択し、場合によってはその債権の実現を一時的に中止しなければならないことまでを要求することになるとしても、その点について基本的疑問は生じてこないということになるものと考えられるのである。[12]

連邦憲法裁判所は比例原則から諸々の帰結を導いているが、その Böhmer 判事は、BVerfGE 四九巻二二〇頁における少数意見のなかで、[13] 比例原則を全体的にみて、寛容的執行（eine schonende Vollstreckung）と表現している。事実、例えば四一〇〇〇マルクの価値のある土地が一〇〇〇マルク弱の債権によって二一〇〇〇マルクで競落されたという事例は寛容的執行の理念に反するというのである。加えてこの場合、事実関係は、債権者（債務者の家の貸主）が復讐（Rache）を目的としている点が明らかであった。このような執行は比例原則ないしは寛容な執行という観点からみて許されるべきものではないといえなくもない。[14]

Böhmer は、執行対象財産の選択が債務者の所有権への干渉になるか否かが問題となった事例の裁判のなかで、基本法が具体的事例で許している基本権の制限、特に所有権の内容及び制限に関する規定にあっては、その方向性が基本法と一致する法律によってのみ可能であるとの命題を立てることが当然であるとしている。その点から執行に関するすべてのＺＰＯの規定の適用にあたり過度性の禁止（Übermäßverbot）・比例原則（必要性の原則および狭義の比例原則）を計測基準としなければならないとの見解を打ち出している。そしてこの立場からすると執行対象財産選択権（動産・債権・不動産・その他財産権等の選択）が債権者に委ねられるとしている執行法は、この要請に必ずしも適合していないということになる。というのは、専ら債権者の選択権を認めたのでは、債権者の中立てによって強制力を行使する国家は利益考量の義務を負うに適さない機構であるということになってしまうからであるというのである。[15]

ドイツ強制執行法においては、基本法にその効力において後れる一般の法律であるにすぎない強制執行法を、基本法に適合するように解釈することによって、この誤った状態を排除することについては、原則的にこれを否定する要因はないといえる、とするのが執行における比例原則適用説の立場である。なかんずく、土地の強制競売については、問題提起をしているケースが多いといえる。すなわち、周知のとおり強制競売手続で債務者に実勢価額以下の売得金により経済的損害が生じる。債務者自身が居住している住居の土地が執行の対象になっているとすれば、更に問題は深刻化する（その場合GG一三条——住居の不可侵——も問題になる）。そこで、Böhmer は、土地の強制競売には、債務者の基本権である財産権の最も重大な干渉になる場合があるとみているし、そのことによって、比例原則によって要求されている手段＝目的との調和があるか否かの分析（Mittel-Zweck-Analyse）を重要な手段（ultima ratio）であるとみている。[16]

この命題を更に進めて論じるならば、最も弱い干渉としての債権差押えから動産の差押えを経て（この順序は検討を要するが）、不動産の執行——そして最も重大な不利益をもたらす居住用不動産の執行——へという執行の順序が生じてくることになるものと考えられる。[17] 通説的訴訟法学説はこの命題を必ずしも十分に重視していないように思えるのである。[18] いったいそのようなことでよいのであろうかという疑問が生じてくる。Böhmer の命題は現行ドイツ執行法と原理的に対立するものではなく、むしろ現行執行法を形式的に解釈適用した場合、基本法上の比例原則が無視される結果になることを回避しようとするものであるということができるであろう。あるいは、かような難点は徐々に立法者が排除していかなければならないものであるということもできそうである。Rauscher によると、Böhmer のたてた命題は現行手続法上採用しえないものではないとされる。たしかに裁判所が執行に適した債務者の財産選択の適否を職権で釈明しなければならないという考え方もでてくるであろうし、そこまではいわないまでも、債務者が債務者にとって明らかに負担の少ない執行方法を示したときは、それが債権者にとって具体的事例において若干不利益であったとしても、債務者の異議が比例原則からみて認められる範囲にとどまるものである限り、裁判所は債務者のその異議を認めなければならないということになる。そこで登場する債務者は、これによって、一定の財産に対する執行に反対する絶対的権利をもつわけではないが、比例原則からみて債務者に不当な損害を与えることになる債権者の絶対的自由が制限されることになるのであるといわれる。[19] この点で動産執行のみを対象とするにとどめ、且つ規則のなかに規定するにとどめられた（それは本来法律事項であって規則事項にとどまるべきものではない）民執規一〇〇条の規定は不十分なものであるというべきであろう。

4 強制執行における比例原則の適用に対する批判

ところで、強制執行における比例原則の適用については、色々な側面からこれを批判する見解も強い。以下それらについて紹介し検討してみたい。[20]

強制執行における比例原則の適用に対しては、以下のような批判がある。

1 第一に、比例原則は、実体法には存在しない原則であるから、実体権の強制的実現方法である強制執行についてまでそれを適用すべきものではない、との批判がある。[21] この批判に対しては、実体法は、債権者による強制執行の利用に際して、債務者のうけるいわゆる副次損害（sekundäre Vollstreckungsschäden）についてまで考慮していない、しかるがゆえに債務者の副次損害を回避するために執行について比例原則を適用すべきである、と反論することができる。この見解の対立の解決は、執行によって特に執行上生じ債務者がうける副次損害を債務者に帰せしめることが妥当か否かという点の検討にかかっているといえよう。そしてその妥当性に欠けるとする前提にたてば、比例原則の適用の必要性が生じてくるのである。

なお念のために付言すれば、ここで副次損害とは、例えば、時価五〇〇〇万円の土地が競売され売却代金が三〇〇〇万円とした場合の両者の差額二〇〇〇万円を指す。

2　第二に、実体法は履行義務の履行に関して生じるありとあらゆるすべての犠牲（jedes erdenkliche Opfer）を要求するものである（例えば日本民法四八五条の弁済の費用の債務者負担）がゆえに、副次的執行損害も無制限に債務者が引き受けるべきものであり、したがって、それを比例原則の適用によって救済すべきものではないという議論がある。(22) これに対しては以下の反論が成り立つように思う。すなわち、実体法は債権者に債務者が支払うべきものを求めるにすぎず、義務を履行するために考えうるすべての犠牲を債務者に負担させるべきであるというところまでを要求しているわけではない。実体法は執行において債務者に求められる犠牲について規定しているわけではないので、副次的執行損害のすべてを債務者が引き受けるべきであるということにはならないという反論がこれである。

3　第三に、比例原則の当否は、比例原則によって執行が終局的に妨げられることになることがありうるがゆえに疑わしいという批判もある。(23) すなわち、執行債権が、比例原則の適用の結果もはや強制的に実現されえないとするならば、債務者は任意履行への準備もしなくなるのではないかという批判がこれである。換言すれば、法秩序が実現しえない請求権を認める限りでは、執行が法的紛争を終局的に解決するという、執行自身の使命をもはや果たすことができないということになるのではないかという批判である。

しかし問題となるのは何が重要かという点である。すなわち執行債務者が比例原則に反する執行によって比例性に反してまで蒙る損害を肯定することが必要なのか、あるいは比例原則の適用によって執行がなされない場合ないし制限される場合に債権者が受ける債権の部分的縮減（Lähmung）があってはならないと考えるべきなのかという問題なのである。この問題の解決はそう簡単なものではない。債務者としては義務を履行しさえすれば強制執行において比例原則に反する損害も受けずに済むことは明らかであることを考えれば、反比例的損害（比例原則を適用しない場合に生じる副次損害で同原則を適用した場合生じる損害との差額）も受忍すべしということになるかもしれない。他方、法が執行も含めてその使命を適切に果たそうとすれば、比例原則に適った強制執行をする以外の可能性はないと考えるべきであるともいえる。いずれの考え方を強調すべきかという点が問題になるのである。(イ)第一の解決として次のようなものが考えられる。第一に債務者がその義務に反して履行をあえて拒否し、それが比例原則に反した執行を正当化するような場合、例えば、債務の弁済が容易であるにもかかわらず、正当な理由もなく債務の弁済を拒んでいるような場合、第二にこの種の執行なしには権利が終局的に部分的であれ阻害されるであろうような（partiell gelähmt wäre）事情がある場合に、これらの事情は狭義の比例原則を排除するとの考えである。いずれにしても、一歩譲って、強制執行が終局的に妨害される場合には、比例原則は放棄されなければならないと考えたとしても、よりマイルドな執行方法を採用すべしとする内容の比例原則の適用は肯定されてしかるべきであろうと考えることができる(24)。しかしながら第二のケースでもなお、必要性の原則とともに狭義の比例原則を適用すべしとの見解は残る。

(ロ)第二の解決に以下のものが考えられる。すなわち、前記第一、第二のいずれの場合についても、狭義の比例原則の適用を認めるべきであろうとする考え方である。その適用によって債権者の権利の実現が部分的に阻害されるとしても、それは執行債権の実現に伴って債権者が受忍すべき危険であると解する見解である。この見解によれば、よりマイルドな執行方法を採用すべき旨の比例原則の適用のみならず、狭義の比例原則の適用も肯定されることになる。

以上のように、第一、第二いずれの見解によろうと、広狭の相違はあるにしても、比例原則の適用を肯定することになるといえよう。

4　比例原則の適用による執行の単なる一時的排除は執行債権の部分的な縮減（partielle Lähmung）であると評価されてはならないのであろうか。仮にそれを部分的縮減と考えるならば、この点からも執行債権を部分的とはいえ縮減すべき理由はないというのが比例原則否定論の立場である。[25] もし縮減が相当な理由のあるものであっても、それを認めることは許されないとするならば、執行法は、強制執行を一時的ではあれ妨げるようないかなる規制も設けることは許されないことになる。執行法のすべての規制は執行の一時的障害になりうるのであるから、いかなる執行法上の制限は、そもそも許されないということになってしまうであろう。したがって比例原則が執行を一時的に妨げるものであるということは、比例原則自体が合理性をもつかぎり、執行をなんら不当に妨げるという性質のものではないといえるのであって、この批判も成り立たないということになる。[26]

5　Jauernig は次のように述べている。すなわち、執行によって国家が債権者に自力救済を禁じているがゆえに国家が自ら介入するにすぎないのであって、執行は、これを基本的にみれば、債権者対債務者の関係であるにすぎないとみて、比例原則という公法上の原則は、この関係に適用しえないものであるというのである。[27]

しかしそうはいうけども、国家が債権者に代わって執行を行うとき、国家は国家として、高権的に行為をするのであるから、憲法の原則に従うのは当然であるとの反論が、比例原則適用説の側からなされる。同説の立場からは、更に、加えて、比例原則に反する執行は、それが国家について許されないのと同じ理由から債権者についても許されないはずである、けだし利益と同量の損害を与える執行は不条理であり（sinnlos）、利益以上の損害を与える執行はより以上に許されない（widersinnig）と説かれている。[28] 私見は比例原則を認める立場であるが、この立場に立っても私見によれば、ここまで言い切ってよいか疑問は残る。そこまで断言することは狭義の比例原則適用説以上に債務者を保護する結果になるのではないかと思われるので、同原則の過度の適用ということになるであろうという疑問は残る。

この点は別にしても、ＢＧＢ第二草案理由書（die Protokolle zum 2. Entwurf des BGB（Mugdan I, S. 807））はすで

に、「自力救済行使のために公権力の利用が許されること以上の手段は権利者に認められていないのである」と説明しているが、この公権力の行使に比例原則が適用されるのであるから債権者対債務者間の執行関係について比例原則が適用されるということにならざるを得ない(29)。そして、理由書は、更に加えて、したがって債権者は、債務者に対して、負担した債務の履行のために不当な強制（Torturen）をもって債務者に履行を強制することは許されないこと、換言すれば、それは履行の強制における比例原則違反の禁止を意味する旨を付記しているのである(30)。一方では緊急避難の要件を規定しているＢＧＢ二二八条一文によると、損害が危険に対して反比例的関係にない（und der Schaden nicht außer Verhältnis zu der Gefahr steht）としているものの、他方では自力救済の限界を定めたＢＧＢ二三〇条一項が自力救済を「必要であること」（erforderlich）のみを要件として認め、比例性を要件としていないので、ＢＧＢは、債権者に、一見したところ反比例的自力救済を求めているようにもみえる。しかし債権者が、権利濫用にわたる行為をすることが許されないこと、反比例的自力救済は、少なくとも de lege ferenda（立法論として）にすべての場合、禁止されていると解するのがＢＧＢの一貫した態度である、と解すべきではないのか。自力救済についても比例原則が適用されることになるのであるなら、債権の実現手続である執行手続においても比例原則が適用されてよいということになる。

緊急状態（Notstandsituation）において権利者がその防御の比例性を判断することを期待されたとしても（ＢＧＢ二二八条一文）、さらには権利者は、自力救済状態においてその攻撃（Angriff）との関係で比例性を判断すべきであるとしたとしても、それらの判断をなすことをもって過剰な要求である（überfordert）とはいえない。したがって執行において比例性の判断を要求することをもって、執行機関に過剰な要求であるということはできないであろう。

６　Fahland は、以下のように説明している(31)。すなわち、比例原則からＺＰＯならびにＺＶＧ中の執行法規の適用の制限ないし排除を認めるものであるとすることは、原則として適切な考え方とはいえないという。しかし執行法規に欠陥があるとか、あるいは執行法規が基本法に違反しているようなときは、比例原理が間接的(mittelbar)に執行に影響することになるであろうと説明している。これは比例原則適用肯定説ともいうべきものであろう。比例原則に関する、このFahlandの説明は、比例原則が憲法適合的解釈をとおして執行法の解釈――殊にZPO七六五条aのような一般条項の適用をとおして――に間接的に影響を与えること、あるいは執行機関の法形成または法律の改正を導くということについて異論を唱えているわけではない。彼によれば、比例原則は原則として無制限にのみ適用されるものではない。すなわち無制限適用ということになると、比例原則は執行法を修正してしまう恐れが生じることになるからである(aus den Angeln zu haben drohen)という。これがFahlandの見解である。Fahland説は比例原則の適用を制限的なものと解しているが、具体的適用例を検討すれば、適用肯定説と結果は同一になるのかもしれない。肯定説より比例原則の適用範囲が現実に著しく狭いということになれば、狭められた部分については、以下のように反論できる。すなわち右に指摘された比例原則による執行法修正の恐れはしかしながら既に示されたように理由がないといえる。すなわち比例原則が十分な根拠をもつ限り、その適用によって執行法規は問題のある箇所では補充され修正されうるのであると考えられるからである。[32]

執行は私的利益の実現(Durchsetzung)に奉仕するということから、比例原則の適用を否定するというような議論は許されないとするのが比例原則適用説の考え方なのである。

7　更に別の見解によると、債務者は、ここで指摘された副次的損害を「財産の廉売」(Vermögensschleuderung)の限界にいたるまで受忍すべしとする。[33] けだし執行は各債務者の履行拒否に起因して行われるものであり、かつ債権者はしばしば長期にわたりその債権の履行を待たされているのであり、債権者は――債務名義の取得後に――早期迅速な執行を当然のことながら求めているからであり、執行は、債務者による義務違反にあたる債務不履行の結果にすぎないのであるから、その結果債務者は副次執行損害を自ら負うべきものである、と。この議論は比例原則の適用に対する一種の批判である。しかし国家は副次執行損害を与える執行権の直接の担い手である。執行機関も国家機関であるから執行によって受ける債務者の損害を最小限に抑えるという比例原則の適用を受けることが必要であり、したがってこの損害は公権力行使の関係からみれば軽視してもよいというものではない。したがって、たとえ僅かであっても副次執行損害の不相当な拡大は、それ自体、法的にみて望ましいものではない。少なくとも副次損害と取り立てられる給付とを比較した場合、その差が債務者の受忍を期待できる線を越えてはならない程度に小さなものでなければならないということになる(34)。また、債権者は既に長い間（そうでない例外的な場合もある）その債権の履行を待たされていたのであるということはあるものの、例えば、当該差押財産の廉売以外に執行の方法があれば、当該財産の廉売が許されてよいということにはならないことはいうまでもない(35)。

8　Stürner は、比例原則に基づく具体的考量が新たな法的紛争を発生せしめ(36)、法的安定性を阻害する結果になるという考え方に基づいて、次のように説いている。すなわち、比例原則による具体的考量は、重大な違法が明らかである場合にのみ留保されるべきであるというのである。この見解も比例原則適用否定説ではないが制限適用説とみてよいであろう。Stürner 説に対しては以下の批判がある。すなわち、副次的執行損害は、判決手続で顧慮されるべきものではないのであって、この種の法的紛争は執行手続の中で当面解決されるべきものなのであるから執行とは別の手続で解決されるべき紛争が生じるわけではないとの批判がこれである。もともと執行機関においては、債務者側に負の要素があるのであるから、Stürner 説のように、比例原則違反が明白な場合に限って比例原則を適用するものと考えたとしても、それが債務者に不当に不利益になるものではないと考えて、Wieser は Stürner 説に賛成している(37)。

連邦憲法裁判所も、冒頭に述べたように、狭義の比例原則について、債務者の損害（副次損害）が、債権者の受ける利益より明らかに重大であるときにかぎり、その適用を認めているのであるから、同裁判所の判例の説くところと Stürner 説との間には大きな相違があるようには思えない。

5　証　明　度

執行行為に関する比例性の判断にあたり、当該執行行為に伴って、おそらく発生するものと思われる損害の証明度が問題になる。すなわち、損害の発生の蓋然性いかんという点が問題になる。例えば、土地の明渡執行にあたり債務者が自殺の可能性をほのめかしている場合がある。Gerhardt はこのような場合について、「自殺のほとんど完全な確実性」(eine nahezu völlige Sicherheit) を必要とすると主張し (ZZP 95, 488)、「そうしなければ自殺の威嚇の波が執行機関に殺到する」(daß sonst eine Welle von Selbstmorddrohungen überschwemmen würde) ことを危惧しているのである。しかしながら自殺の危険の立証のために職務医の証言 (Amtsärztliches Zeugnis) が必要とされるとすれば、債務者による自殺の威嚇はぎりぎりの範囲にとどめられることになるであろう (in Grenzen halten)。連邦憲法裁判所は、明渡執行における債務者の自殺は「慎重に顧慮すべきもの」(ernsthaft zu besorgen) という表現をしている (NJW 97, 2607 r.)。また別の決定では、病気の被告が死、または重い健康障害の殆ど確実性に近い蓋然性 (bei einer an Sicherheit grenzenden Wahrscheinlichkeit) にいたってはじめてというのではなく、「いずれにせよ確実性に近い蓋然性以下であっても些細なものではない蓋然性」(bei einer Wahrscheinlichkeit, die jedenfalls nicht unerheblich unterhalb der an Sicherheit grenzenden Wahrscheinlichkeit verlaufe) があれば、それで十分であると説明している。他方、蓋然性の限界以下の単なる可能性 (eine unterhalb der Wahrscheinlichkeitsgrenze liegende bloße Möglichkeit) では十分ではないと判示している (NJW 79, 2350 f.)。

６　結　語

以上において、強制執行における比例原則の適用、特に冒頭に述べた第二、第三原則の適用の妥当性について言及した。これら比例原則の執行における適用については、おそらくわが国においては強い批判が予想される。特に狭義の比例原則の適用については第二原則の適用以上に強い反論が予測される。連邦憲法裁判所は一九七〇年代より狭義の比例原則を適用した判例を重ねてきている。その適用に対する批判に応えるためには、それらの判例の分析が必要になるものと思われる。次の課題としたいと考えている。

(1)　日本における憲法および行政法における比例原則については以下の論文がある（教科書類を除く）。田上穣治「基本的人権と公共の福祉」一橋大学創立八〇周年記念論集下巻所収（一九六四年刊）、田村悦一「比例原則」自由裁量とその限界（一九六四年）、田上穣治「行政作用法における比例原則」行政法講座六巻所収（一九六六年）、奥平康弘「警察権の限界」行政法講座六巻所収（一九六六年）、宮田三郎「行政上の比例原則」法学教室〈第二期〉七号（一九八一年）、阿部泰隆「行政裁量と行政救済」（有斐閣）二二三頁以下（一九八四年）、青柳幸一「基本権の侵害と比例原則」憲法訴訟と人権の理論―芦部信喜先生還暦記念―所収（一九八五年）、山下義昭「『比例原則』は法的コントロールの基準たりうるか――ドイツにおける『比例原則』論の検討を通して(1)」福岡大学法学論叢三六―一～三（一九九一年）、同「『比例原則』は法的コントロールの基準たりうるか――ドイツにおける『比例原則』論の検討を通して(2)」福岡大学法学論叢三六―二～四（一九九四年）、同「『比例原則』は法的コントロールの基準たりうるか――ドイツにおける『比例原則』論の検討を通して(3)完」福岡大学法学論叢三九―二（一九九五年）。

日本の学説上強制執行における比例原則について「比例原則」という概念は用いないものの、中野『民事執行法』九頁が以下のように述べられているのが注目される。すなわち、

今日の社会では執行を担当する国の機関が「債権者側の事情と債務者側の事情との双方を衡量して、どのように権

利の実現を図るのが正義に適うかを個別の事件ごとに判断し」、それに従って「最適の執行」を実施していくことが要請される。

　と記述している。このほか、竹下守夫＝鈴木正裕編『民事執行の基本構造』（一九八一年、西神田編集室）二八頁（竹下守夫）、伊藤眞「消費者債務の取立てに関する規制」ジュリスト七二七号〜七三〇号等も同趣旨の論稿である。

（2）BVerfGE 49, 220.

（3）執行に比例原則を適用することについてドイツでは、訴訟法学者の一部から反論が提起されている。これについては本章**4**参照。

（4）Thomas Rauscher "Grundrechtsverletzungen bei der Zwangsvollstreckung" in "Grundrechtsverletzungen bei der Zwangsvollstreckung" Dike. 220.

（5）Rauscher, a. a. O., 220.; Böhmer in BVerfGE 49, 220, 228, 232.

（6）Rauscher, a. a. O., 220.

（7）Rauscher, a. a. O., 220.

（8）Gaul, JZ 1974, 284 ; Behr, Rpflger 1981, 418.; Vollkommer, Rpfleger 1982, 8.

（9）Rauscher, a. a. O., 220.

（10）Rauscher, a. a. O., 221.

（11）Rauscher, a. a. O., 221.

（12）Rauscher, a. a. O., 221.

（13）Rauscher, a. a. O., 228 ff.

（14）Rauscher, a. a. O., 222.

（15）Rauscher, a. a. O., 222.

（16）Böhmer in BVerfGE 49, 220, 228, 238.

（17）Rauscher, a. a. O., 223.

（18）Jauernig, Zwangsvollstreckungs-und Konkursrecht 20. Aufl., § 24 und § 1. X. ; Vollkommer, a. a. O., 8.

(19) Rauscher, a. a. O., 223.

(20) Wieser, “Der Grundsatz der Verhältnismäßigkeit in der Zwangsvollstreckung” ZZP 98 Band Heft 1. 57 ff.

(21) Vgl. Wieser, a. a. O., 57.

(22) Vgl. Wieser, a. a. O., 57. 結果的に同様の見解をとるものとして Stein / Jonas / Münzberg 21 Aufl., § 765 a Rdn. 8.

(23) Vgl. Wieser, a. a. O., 58.

(24) Wieser, a. a. O., 58.

(25) Vgl. Wieser, a. a. O., 58.

(26) Wieser, a. a. O., 58.

(27) Jauernig, a. a. O., § 1X, § 31.

(28) Wieser, a. a. O., 58. ; Lippross, Vollstreckungsrecht. 4. Aufl., 173 ; Arens, Effektivität des Rechtsschutzes und verfassungsmäßige Ordnung, herausgegeben von Gilles, 1983. 295. 反対するのは、Gaul, JZ 74, 248 r.

(29) 私法における比例原則については Medicus, Der Grundsatz der Verhältnismäßigkeit im Privatrecht, AcP 192, 35-70. がある。

(30) Wieser, a. a. O., 59.

(31) Fahland, VOP 81, 329 f.

(32) Wieser, a. a. O., 59.

(33) Lippross, a. a. O., 130; Wieser, a. a. O., 60.

(34) Wieser, a. a. O., 60.

(35) Wieser, a. a. O., 60.

(36) Stürner, ZZP 99, 305.

(37) Wieser, a. a. O., 60.

第五章　金銭債権執行における対象財産の選択

1　序説――ドイツ連邦憲法裁判所 Böhmer 判事の少数意見――

公法上の広義の比例原則が三つの原則から構成される点については石川＝出口編訳一七七頁以下収録の Peter Arens「強制執行における相当性の原則」のうち、特に一九三頁以下および本書第一編第四章ならびに第三編第一章において説明した。第一原則は、適合性の原則であり、第二原則は必要性の原則であり、第三原則は狭義の比例原則である。

ところで、これら比例三原則と執行の関係を整理すると以下のようになる。

① 手段の適合性の問題（第一原則）　この問題は金銭債権執行では特に問題にならない。というのは、執行はいずれの場合にも債務名義を実現するについて適合した手段だからである。

② 手段の必要性の問題（第二原則）　国家の設けた手段のうちで、別の且つ有効性という点では同等の、

しかし国民の基本権を制限しない、あるいは、制限がより少ない手段が国家に残されていないときは、それによってよいことになる。つまり必要性の原則というのは、最も穏当な手段を採用すべき旨の原則（Prinzip des mildesten Mittels）であるといえる。

③　狭義の比例原則（第三原則）　狭義の比例原則は、手段＝目的＝関係（Mittel-Zweck-Relation）を手掛かりとして究明される。処分が債務者への干渉と完全に比例的でない、すなわち反比例的であるときは許されない。ある処分が債務者に対する干渉と比例関係にないときは、それは狭義の比例原則に反することになる。その場合問題になるのは、すべての不均衡ではなく、債務者に負担を期待できない程度の大きさの不均衡である。狭義の反比例性の効果は、ある処分がたとえ適合性（前記第一原則）、必要性の原則（前記第二原則）は充足していても許されないという点にある。

ところで今第一原則は別にして、強制執行における比例原則は第二原則である必要性の原則に限るべきなのか、あるいは第三原則である狭義の比例原則にまで拡大すべきなのであろうか。連邦憲法裁判所は執行における第三原則を適用した決定をしばしば下している。これに対して第二原則にその適用を制限すべき旨の見解も考えられないわけではない。ドイツにおける Götte は特に第二原則について説いている。(1)

わが民事執行法の基本原則の一つとして、金銭執行の執行対象財産（動産・債権・不動産その他財産権）の選択権が債権者に帰属するとの原則があることは周知のとおりである（但し特に動産執行に限定して民執規一〇〇条がある）。執行債権額いかんにかかわらず、原則として債権者は動産執行・債権執行・不動産執行のいずれでも選択することができる。原則として債権者に選択権を認めることについて理論上問題点はないといわれている。債権者は通常の場合、最も債権の満足に低廉且つ簡易迅速な方法を選択することになる。この点からいうと不動産執行はその費用が高額で長期にわたるため、債権額が多額でないときには動産執行や債権執行がより適した執行方法であるといえる。今日債権者の高価な財産としての不動産は、その執行債権額によるものの、経済的側面からみた場合、債権者にとっては、通常は執行の最終財産とみられ、動産執行や債権執行をもって満足がはかれる場合には、これを行わないというのがドイツの現状である。それにもかかわらず、法規上には、債権者としては、比較的少額の債権のために、債権額の何倍あるいは何十倍もの土地を執行対象とすることも原則として禁止されているわけではない。

連邦憲法裁判所一九七八年九月二七日の決定（BVerfGE 49, 220 ff）はこの種の問題を取扱ったものである。事例は以下のごときものであった。債権者は債務者に対して九八八マルク四二ペニッヒの債権を有していた。債権者は他の執行方法（例えば動産執行）を試みることなく、いきなり時価四六、〇〇〇マルクの取引価額の執行債務者の土地に対する不動産執行の申立てをなしたのである。当該土地は第一回競売期日に最高価競買申出の二一、〇〇〇マルクで競落が許可された。この数字だけからみると、この競売はＺＶＧ八五条ａ一項――すなわち、第一回競売期日の最低売却価額は時価の半額以下であってはならないとする規定――に違反することになる。この点は今問題にしない。債務者は、当該土地の強制競売という方法の選択、すなわちそのやり方がＧＧ一四条一項、一〇三条一項に違反する旨の主張をした（BVerfGE 49, 220 ff. 223）。連邦憲法裁判所は担当司法補助官の手続上の瑕疵に基づいて憲法抗告を認容したのである。

本章のテーマにとってみると、この連邦憲法裁判所による決定の多数意見もさることながら、同決定に付された Böhmer 判事の少数意見のほうがはるかに興味深いものがあるということができよう（BVerfGE 49, 220 ff. 特に 228 ff.）。Böhmer によれば、相対的に低額な債権をもってする執行の開始にあたって債務者の最も高価な財産を執行対象として換価したことが憲法上の比例原則（必要性の原則）に反する旨説いているのである（BVerfGE 49, 220 ff. 特に 232 ff.）。Böhmer の見解によると、本件の場合不動産執行を行う以前に債権者はまず動産執行をなすべきであるとし、目的財産の選択を債権者に委ねる原則を制限して、比例原則からして、執行の種類（対象財産の選択）についての順位を設けることによって債務者の保護を図るべきであるとしているのである。

たしかに執行の種類、あるいは対象財産の種類のこのような順位付け（以下本章では執行順位制と呼ぶ）は、ドイツ法の歴史において、しばしば存在していた。ドイツ普通法上は、この点についていわゆる gradus executionis（一定の執行順序）の原則がみられた。ドイツ各州の一八世紀における州民訴法（Partikularprozeßordnung）には、執行における順位を設ける制度（das Institut der Executionsgrade）が採用されていたのである。(3) 執行順位制度は、一九世紀においてドイツの全州で廃止された。そしてＣＰＯの立法者も gradus executionis の導入を意識的に否定したのである。(4)

今日なおドイツでは債務者の利益保護という観点からみて、歴史上かつて存在したことがあり、且つ近時 Böhmer が提起した執行の種類のある種の（あるいは一定範囲での）順位制を要求し、その結果、少額債権をもって債務者の最も価値ある財産を差し押さえさせないようにすることが許される否かという点が問題であるとされている。Böhmer の問題提起からみると、動産執行と不動産執行の順序、換言すれば執行対象財産選択の順序を憲法上の比例原則との関係において検討しておく必要があるといえよう。まず憲法がそもそも私権の実現手段である強制執行に直接適用されうるのかという点が問題になる。仮りに比例原則が適用されないというのであれば、債権者の選択権は、憲法の比例原則からではなく、執行法上の法政策的理由から制限され、その結果執行の種類の順序に規制をかける必要が生じるということになる(5)（本書第一編第四章参照）。

2　問題の検討

Böhmer の少数意見の中核をなすものは、執行法上の問題の解決に憲法上の比例原則を持ち出したという点にある。Böhmer はここに憲法上の原則である比例原則を持ち出すことについて、格別の疑問を差し挟んでいない。というのは、Böhmer は、強制執行が全面的に公法に属すると考えたからである（BVerfGE 49, 220 ff. 特に 231 ff.）。

すなわちBöhmerによれば、国家機関としての強制執行機関は原則として債務者の財産権に干渉し（Eingriff）、これらの干渉のすべてがＧＧ一四条（財産権の保障）の要件にも関係し、比例原則適用の要件の一つを充足しているとされるのである。

このBöhmerの見解は、学説上ドイツにおいてJauernig, Rimmelspacher, Gerhardt、およびStürner等[6]の有力な訴訟法学者によるはげしい批判を受けた（この点については本書第一編第三章**3**参照）。これらの批判は以下のようなものである。すなわち、たしかに執行法は国家により認められた国家による干渉権の独占を規定するものであり、公法に属するものである。しかしそれ以上の帰結をそこから引き出すことはできない。何故ならば、さもなくば強制執行における国家の地位が以下に述べるような特殊なものであるという点が、しかるべく顧慮されない結果になるからであるという。国家は法的安定性を守るために強制執行を管轄するのであり、私的債権の強制的実現の適法な過程を保障するのであって、執行のなかで債権者の利益・債務者の利益とは無関係な国家固有の利益を追求するものではなく、執行の申立ては執行法という公法の適用を求めるのではあるが、所詮私的利益の実現というこの目標設定こそが重要なのであるとされる。換言すれば、公法は、一般的にいえば、国家が自己の利益を求め追求する場合適用されるのであるという点を重視すべきであるのに対して、執行順序の導入にあたって問題になる執行における債務者保護のなかで、国家は第一次的に自己の利益を追求するために行為するわけではないのであるから、公法の原則である比例原則の適用もまた要請されていないと主張する。もっともここで定立された命題、すなわち、国家は第一次的に執行法上自己の利益を追求するものではないという命題については、比例原則適用説の立場からみて争いがないとはいえない。すなわち、国家は執行法規をもって高度に社会政策的利益をも追求するものであるといえないこともないからである。すなわち、債務者が苛酷な差押えをうけ（kahlpfänden）そのことによって人間の尊厳を害されることを認めるわけにはいかない。しかるがゆえに比例原則を適用すべしとの反論がなされうるのである[7]。

Münzberg は、国家は執行において債務者を反社会的法治国家性に反する結果から守らなければならないという視点は、近時ＧＧ一条一項・二条一項・二〇条・二八条一項の下で自明のことであると説いている。[8] もちろんボン基本法制定以前にもこのような指摘はなされていた。[9] 今日このような見解の根拠としてボン基本法が引用されるのである。ＧＧ一条三項によれば、立法は基本法に拘束される。ＧＧ一条一項・二条一項、およびＧＧ二〇条・二八条の社会的法治国家原理はすでに債務者に人間の尊厳を可能にする最低限の生活を保障している。債務者のための執行制限を設けるということは、立法者がこの領域で、ＧＧ一条・二条一項・二〇条・二八条によって示された限度を尊重しなければならないことを意味している。債務者保護のためになされる執行制限は、債務者に生活の最低限を維持させるように規制されなければならないことになり、この種の執行制限の背後には国家的利益が存在していると考えるべきなのである。換言すれば、執行は国家が国家自らの利益をもたない (selbstlos) 債権者保護の為の制度であると言い切ることはできないということである。私見によれば、この点からみると国家は執行制限法を以て、自らの利益をも併せて追求しているということができると考えるべきである。しかしながら前記の訴訟法学者側からの批判は執行制限の問題を完全にとらえきれるものではないというべきなのである。以下その理由を若干回りくどくなるが説明しておこう。[10]

ＧＧ一条一項・二条一項・二〇条・二八条から生じる社会政策的保護を国家は執行制限法によってのみ顧慮するというわけではない。国家のこの使命を実現するためには、主として社会立法を必要とする。[11] すなわち、就中連邦社会補助法 (Bundessozialhilfsgesetz) に規定された国家の役割と執行制限法制による執行の本来的限界との関係が、執行制限法制の目的との関係で問われなければならないことになる。一つには、上記の意味で国家が執行を貫徹することによって債務者の生活保障を社会保障 (Sozialfürsorge) の手に委ねてしまうことが許されるかという点が問題になる。もし債務者の生活を社会保障に委ねることが許されるとするならば、債権実現のために執行制限を緩和して、その結果国は貧窮者に対し、社会保障を提供しなければならないことになるのである。[12]

Grünberg[13]はこのようにして、差押制限の目的は「貧救援助負担の過度の増大に対する一種の予防的制限（eine Art präventiven Schutz gegen ein übermaßiges Anwachsen der Armenlasten)」に求められるといっている。

執行制限法に関するGrünbergのごとき解釈に対しては、この種の国庫の利益を守るという要請、すなわち社会保障予算の負担軽減の要請（Entlastung des Sozialhilfe）が債権者の満足を後退させることになってはならないとの批判がなされている[14]。すなわち執行制限法制の構成にあたって、国家の財政的負担の軽減だけを強調することは、ＧＧ一四条の保護をうける債権者の財産権すなわち執行債権と調和しないという主張がこれである。しかし、財政的利益ないし財政的負担軽減を差押制限の根拠としないといって、そのことが執行制限制度における全公共利益の否定につながるわけではない。執行制限は、結果的にみれば、国家の財政負担の軽減になるからである。しかし、そうはいっても財政的負担軽減は債務者の人権尊重の反射的利益なのである。むしろＺＰＯ八一一条・八五〇条以下の執行法上の執行制限規定においては、本来的にそもそも人間の尊厳の維持に関する国家的利益が顧慮されているのである。債務者における人間の尊厳の尊重という国家的利益と債権者の債権という財産権の保障との比較考量がなされることになるのであるが、ここでいう国家的利益の中身は債務者の人格の尊厳の尊重なのであるから、ここでの比較考量は実質的には債権者・債務者間の利益考量であって、国家の財政的負担の軽減と債権者の利益との比較考量ではないといわれているし、そう考えることが筆者としても正しいと解する。他人の（例えば債権者の）私的利益とは無関係に個人の人間の尊厳を守ることを目的とした保障が社会保障（Sozialhilfe）である。社会保障（Sozialhilfe）と執行制限という二つの領域はその効果の点からみて、むしろ相互に補完しあう（ergänzen sich）という性質のものである[15]。

以上述べたところからみて、Götteは以下のように説くのである。すなわち、国家が執行制限法において国家自身の財政的利益を追求するのか否かという問題は、実質的にこれを見た場合、否定されなければならない。というのは、執行制限法においては、典型的な干渉行政（Eingriffsverwaltung）とは異なり、国家自身の行政目的に直接立ち返るということは禁じられているからである。債務者の人格の尊厳の維持と債権者の財産権の保障との比較考量から得られた成果が役立てられるのである。Böhmer は、[16]その少数意見のなかで憲法上の比例原則を援用して執行制限を説いているのであるが、このような観点からみると、公法特に憲法を執行制限上の諸問題の解明に持ち出すということは著しく疑問であるというのが、一連の訴訟法学者の立場からの批判なのである。[17]かくして Götte は Böhmer 説に反対し、一連の訴訟法学者と同様に執行制限を憲法上の比例原則から説明することに消極的立場をとっている。これに対して私見は比例原則から執行制限を説明すべき旨随所に述べたとおりである。

3 執行の順序の再導入の根拠――執行法上の比例原則か実体法上の比例原則か――

Götte は以下のように説いて、民事実体法上の比例原則によって金銭執行の対象財産の優先順位の導入を説明しようとしている。以下は Götte の説明である。[18]

債務者の有する不動産に対する債権者の自由な干渉が過度に渉ると思われるときは、執行対象財産に対する債権者の自由な選択権は、立法論（de lege ferenda）として制限さるべきではないのかという疑問がないわけではない。[19]しかし、執行制限の制度を債権者対債務者の関係において適切に調整するために、債権者の権限のこの種の制限は、公法からではなく実体法である民法の解釈論として正当化されなければならないという。そして彼はその根拠を信義則に関するＢＧＢ二四二条に求める。[20]同条は私法全般にわたる一般原則を規定しているのであるから、同条は強制執行による私権の行使についても適用されるという。国家は執行制限について、国家自身の利益を追求するものではなく、債権者対債務者間に存する実体関係が重要であるという上記のテーゼによると、ＢＧＢ二四二条から導かれる不適法な権利行使に関する規制を、執行法上有益なものにするために、執行は、債権者の一種のモディファイされた権利行使（modifizierte Rechtsausübung）とみる考え方に共鳴するというのである。[21]

彼によれば、権利行使というものは、債権者が国家を通じてその請求権を実現をする限りで修正されることもあるが、国家のこの中間介入（Zwischenschaltung）は、債権者対債務者間の実体的関係をなんら変えるものではないという。[22]

Götte は更に続けて以下のように説く。すなわち、権利行使が取引慣行からみて公序良俗に反するときは、不適法である。ＢＧＢ二四二条の目的は腫瘍を切除すること（Auswüchse zu schneiden）、すなわち、権利の社会倫理的制限を明白にこえた権利行使を制約するということである。[23] かかる方法で、[24] 私権に自己の利益の過大な評価（Bewertung）を妨げるべき社会的制限が加えられることになるのであるとして、[25] 個々の領域における不適法な権利行使の原則を以下のように細分化すべき旨指摘している。[26]

(a)　ぶしつけな権利行使（die ungehörige Rechtsausübung）

(b)　矛盾した行為（widersprüchliches Verhalten-venire contra factum proprium）

(c)　正当な利益の欠如（Fehlen eines berechtigten Interesses）

そして債権者のもつ執行対象財産の自由選択権の問題は、上記(c)のグループに入るという。更にそれを分析すれば私法上の権利行使における比例性の問題ということになり（執行対象財産の選択制限は比例原則のなかの必要性の原則に由来する）、比例性の問題は、債権者の選択権を制限し、それが、過度の執行を妨げるという目的にのみ奉仕するがゆえに決定的に重要な問題であると説くのである。[27]

終局的に目標が同一であるというのであれば、公法上の比例原則から私法上の比例原則へという複雑な廻り道をする必要性があるのかという疑問が登場してくるが、この点について Götte は以下の説明をしている。すなわち外見上は二つの原則は同一の目的に帰着するが、しかしこれを詳細にみるならば、両者間には実は重大な相違があるといえるというのである。公法上の比例原則は、憲法に由来するのに対して、私法上の比例原則は、不適法な権利行使の一現象形態（eine Erscheinungsform der unzulässigen Rechtsausübung）を示すものである。両者のこの相違は、上記の廻り道（Umweg）を正当化するものである。すなわち、同じ比例原則といっても憲法上のそれと民事法上のそれとは依って来る根拠が異なるのであるから、廻り道が必要であると説くのである。

Götte によれば、民法上の比例原則によれば、なるほど正当な利益が存在するが、しかし債務者に損害の与え方が少ない別の方法によっても債権者の権利が満足せしめられるときは、損害の与え方の大きい権利行使は不適法であるといえるという。そしてこのように理解された比例原則は、私法上の比例原則の一部としての必要性の原則であるという。すなわち、彼は、より強力な手段を以て攻撃する以前に、まずもってより緩和された可能性が尽くされるべきであるというないわゆる（強力手段）回避原則（Ausweichprinzip）という基本思想に基づいているというのである。(28)

そして、さらに続けて Götte はこの点を以下のように説明している。すなわち、民事法上の比例原則はＢＧＢ二四二条の意味における不適法な権利行使の具体化として理解される。個々人のそれ自体適法な権利は認められるにしても、相手方の権利との関係においてのみ、それ自体適法な要求が例外的に信義則に反して違法になることがある。その際に注意すべきことは、民事法上は、いかなる契約当事者も、相手方の利益の尊重とはいっても、相手方の利益を自らの利益以上に尊重する義務を負わないという点である。これに反して、憲法上は国家にとって個人の利益について一方的尊重の義務が規定され、特に基本権についてそれが規定されている。私法関係ではこの種の義務が欠けているので、私法上は各人の権利行使は、相手方の保護の正当性（Schutzwürdigkeit）の主張が真に止むを得ないと考えられる限度にとどめうる。個々人がその正当な利益をもはや実現できなくなる場合に相手方の利益尊重の要請が後退するものと解される。かような点に憲法上の比例原則と私法上の比例原則との間に相違があると Götte は説くのである。(29)

民事法における比例原則は干渉を最小限で許す原則（das Prinzip des geringstmöglichen Eingriffs）のみをその内容とし、ある権利の、例えば債権者の権利の排除を含まない。それは、債権者の請求権の満足が著しく危殆に瀕している場合、債権者の攻撃の制限は正当化されないことを意味する。かかる前提に立って順調な満足（eine zügige Befriedigung）という債権者の利益が阻害されることなく、債権者の請求権の実現のため債務者の不動産に対する直接の攻撃よりもよりマイルドな可能性が存在するか否かが更に検討されなければならないという。

以上に紹介したGötteの説明によると、憲法上の比例原則にあっては、国民の人権の尊重が原則であって、例外的にそれを公共の利益によって制限することが要請されるにとどまるのに対し、民法上の比例原則は原則としては債権者の債権の実現が尊重され、比例原則によって例外的に相対的に債務者の利益が考慮されるにとどまるという点に根本的な相違があるというのである。

かくして私見をもってGötteを解釈すれば、執行における比例原則は必要性の原則の範囲内にとどまり、狭義の比例原則の適用を肯定するにいたらないと解釈することができようか。

4　Götte説に対する若干の批判

既述のとおりJauernig, RimmelspacherやStürnerなどの訴訟法学者は、執行における国家の高権行為は、国家固有の権利の実現ではなく、執行債権者の私的債権の実現を目的とするものであって、いわば私権の行使を内容とすることを理由に、執行における比例原則の適用を否定した。Götteも同様の立場から、執行における比例原則の適用、特に必要性の原則の適用の根拠を公法上の比例原則にではなく信義則に関するＢＧＢ二四二条に求めた。

私はこれに対して以下のように考えている。すなわち、執行における比例原則に関する訴訟法学者からの批判には賛成し難いものがあると考える。執行は執行債権の実行という実体法的側面をもつことは当然であるし、国家はその実現によって自ら直接利益をうけるわけではないが、それを執行法という公法をとおして行うという側面があることも確かであるし、この側面を否定することはできない。本書第一編第四章**3**および**4**において述べたように、前記諸見解はこの側面を軽視しているものと考えられる。この点で私見は執行法における比例原則の適用を否定することはできないものと考える。上記諸見解の問題点は執行の公法的側面を軽視した点にあるものと思われる。

5 結　語

比例原則（特に第二原則である必要性の原則）から、執行対象財産について認められる債権者の選択権になんらかの制限を加えるべきであると私は考える。問題は、第二原則による制限にとどまるべきか、あるいは第三原則による制限までもなしうるのかという点である。ドイツの連邦憲法裁判所は果敢に第三原則による制限に踏み込んだ判例を下している。

私は第二原則による制限にとどまることなく、第三原則による制限まで認めるべきであるように思う。第三原則による制限の是非については連邦憲法裁判所の諸判例を慎重に検討する必要がある。その判例分析は今後の課題としたいと考えている。ここでは第三原則による制限を認めるという私見の方向性を示すにとどめる。連邦憲法裁判所の判例の分析こそが第三原則の適用について説得力を有すると考えるからである。これに対して、第三原則の適用の可否は一応おくとしても、以上において述べたところから、少なくとも第二原則による執行制限は認めるべきであるというのが私の本章における結論である。かかる立場からみると、民執規一〇〇条は本来法律事項とすべきものであるし、且つその対象を動産執行に限定している点狭きに失するということになる。

既述のように、Götte は比例原則を執行法の領域にではなく民法の信義則にその根拠を求めている。執行法は公法であり執行も国家高権の行使であるがゆえにこれを執行法上の原理とすべしというのが執行法上の比例原則を認める見解である。これに対して執行は実体権の行使であるがゆえに実体法上の制限に従うのは当然であり、実体法上信義則違反に該当する執行（権利行使）は執行法上も許されないとするのが、比例原則の根拠を民法に求める見解である。私見は本章4で述べたとおり執行法上の比例原則適用肯定説であるが、いずれの見解をとるかという理論上の問題はしばらくおくとしても、この点に加えて重要なことは、既述のとおり、比例原則（第二原則）の適用を認める場合その範囲いかんという点であると思われる。

（1）　対象財産の選択に関しては Götte, Der Grundsatz der Verhältnismäßigkeit und die Rangordnung der Zwangsvollstreckungsmittel, Diss. München 1985. があり、Götte はこの学位論文に基づいて “Zur Wiedereinführung einer Rangfolge der Zwangsvollstreckung” ZZP 100 Band, Heft 4, 1987, 412 ff. を発表している。本章の引用はＺＺＰ論文による。

（2）　Wetzell, System des ordenlichen Civilprozesses, 3. Auful., 1878, § 50 I 1, 635.

（3）　ドイツ各州の執行順序の規定を概観したものとして Mittermaier ; Der gemeine deutsche, bürgerliche Prozeß, 1832, 156 gg. がある。

（4）　Hahn, Gesammelte Gesetzesmaterialien zur CPO, 1880, 442.

（5）　Götte, a. a. O., 413.

（6）　Jauernig, Zwangsvollstreckungs-und Konkursrecht, 16. Aufl., 1983, § 1 X, S. 9 ; Rimmelspacher, ZZP 97, 360 ; Gerhardt ZZP 95, 467 ff ; Stürner, ZZP 99, 305. 以下批判説の内容は Götte の要約による。

（7）　Stein / Jonas / Münzberg, Kommentar zur ZPO, 21. Aufl., 1995, § 811 Anm 1, ; Lippross, Grundlagen des Vollstreckungsschutzes, 1983, 93 ff., ; Gerhardt, Vollstreckungsrecht, 2 Aufl., 1982, § 2 I, 2.

（8）　Münzberg, in : Stein / Jonas, a. a. O., 811 Rdnr. 2.

（9）　Vgl. RGZ 72, 183 f, ; Aichberger : Der Schuldnerschutz in der Zwangsvollstreckung, 11 f.（15 f.）1938 ; Falkmann : 22. Deutscher Juristentag, Bd. H, 243 ; Grünberg, in : 24. Deutscher Juristentag, Bd. H, 213 ff（224）; Sebode, in : DR 1940, 431.

（10）　以下の説明も主として Götte の前掲論文に負っている。

(11)　社会立法と執行制限との関係を示すものとして，以下の文献がある。Stein / Jonas / Münzberg, a. a. O., § 811 Rdnr. 1 ; Lippross, a. a. O., 119 f. ; Schneider-Becher, in : DGVZ 1980, 178 ; Noack, in : DGVZ 1969, 114.

(12)　Vollkommer, in : Rpfleger 1982, 7 ; Schneider-Becher, in : DGVZ 1980, 179 ; Mohrbutter, a. a. O., 159 Stein / Jonas / Münzberg, a. a. O., Anm. 3 zu § 811 ; Thomas / Putzo, 23. Aufl, 2001, § 811, Anm. 1 a ; Behr, in : Kritische Justiz, 1980, 156 ff.（160）も参照。

(13)　Grünberg, 24. DJT, Bd. 2, 224.

(14)　Henckel, Prozeßrecht und materielles Recht, 1970, 359 ; Lippross, a. a. O., 100. Henckel は国庫の利益は決め手にならないと説いている。

(15)　Götte, a. a. O., 415 f.

(16)　BVerfGE 49, 228 ff.

(17)　Götte, a. a. O., 415 f.

(18)　Götte, a. a. O., 417 ff. 民事法上の比例原則については，Dieter Medicus “Der Grundsatz der Verhältnismässigkeit im Privatrecht” AcP 192, 35-70.

(19)　この点については，Rimmelspacher, ZZP 97, 355 ff. および Süurner, ZZP 99, 350. 参照。

(20)　Palandt / Heinrich, Kommentar zum BGB, 58. Aufl., 1999, § 242 Anm. 1 a, aa. 参照。

(21)　Hilmar Fenge : Die dogmatische Bedeuting des richterlichen Vollstreckungsschutzes in die Zwangsvollstreckung. Diss. Heidelberg, 1961 ; Wolfram Henckel : Prozeßrecht und materielles Recht, 1970. 参照。Fenge と Henckel は不適法な権利行使の制限は執行にも適用されるとしている。

(22)　Götte, Der Grundssatz der Verhältnismäßigkeit und die Rangordnung der Zwangsvollstreckungsmittel. Diss. München 1985, 99 ff. を参照。

(23)　Palandt / Heinrich, a. a. O., § 242 Anm. 1 a, aa 参照

(24)　Wolfgang Siebert : Vom Wesen des Rechtsmißbrauchs. In : Grundfragen der Rechtswissenschaft. 189 ff., 1935. ders. : Treu und Glauben, 1959.

(25) Wieacker, Zur rechtstheoretischen Präzisierung des § 242 BGB, 20.
(26) Götte, a. a. O., 418.
(27) Götte, a. a. O., 418.
(28) Götte, a. a. O., 420.
(29) Götte, a. a. O., 418.

第六章　金銭債権執行における対象財産の選択順序

1　序　説

私は本書第一編第五章において、広義の比例原則のうち第二原則としての必要性の原則からみて金銭債権執行における対象財産に関する債権者の選択権[1]（以下、単に選択権という）に一定の制限を加えるべきではないかという問題を提起した。

本章において、右第五章の選択権制限論について若干の補足をしておきたいと考える。

2　解釈論としての制限論の可能性について――ZPOとの比較法的検討――

解釈論としての制限論の可能性を考察するにあたって、ZPOに関していかなる議論がなされているかを紹介し、この解釈論のわが民事執行法への導入の可能性について検討してみたいと考える。

そこでまず初めにＺＰＯの解釈論について紹介しよう。ＺＰＯについて選択権制限論の根拠として問題になるのは、七六五条ａと、八〇三条一項二文である。以下順次検討したい。

1　苛酷執行の制限に関するＺＰＯ七六五条ａ(2)の規定を選択権の制限の根拠とすることは可能であろうか。残念ながら、同条を選択権の制限に適用して問題の解決を図ろうとすることについては、問題があるといわれている。その理由は、選択権制限問題について同条を適用することは立法者の全く意図しなかった事項と考えられるからである。(3)むしろ立法者はそもそも対象財産の選択制限を意識的に避けようと考えたといえる。そして同条を規定したからといってその事情は何ら変わるものではないといえる。

たしかに、選択権の制限の根拠を七六五条ａに求めることは立法者意思に反するといえるであろうし、そこまでいわないまでも、立法者意思に適合しないことは確かである。しかし、解釈論としては社会情勢の変化により立法者意思に必ずしも拘泥されない場合がでてくると考えられる。いわんや七六五条ａは執行法の総則規定であることから、近時その適用を拡大する傾向にあること（この傾向については、本書第二編第二章参照）を考えると、同条を選択権制限のために援用することが否定されるとは必ずしもいえない。さらに同条をもって比例原則の一つの表れであると解することができる、という点にも注目しておく必要があろう。

しかしながら七六五条ａのごとき規定をもたないわが民執法の下では、七六五条ａ根拠論を導入することは解釈論の域内ではいささか困難であるように思う。

2　ＺＰＯ八〇三条一項二文の類推適用(4)

債権者の執行対象選択権の制限は動産執行における超過差押えの禁止に関するＺＰＯ八〇三条一項二文――民執法一二八条に相当――からも導かれうるものであろうか。この点に関する否定説の根拠は、同条が動産執行に関するものであることから、動産以外の執行対象財産も含めた対象財産の選択権制限の問題と次元を異にすることが考えられる。それならば同条を直接適用はできないにしても、その趣旨を類推適用してしかるべきではないかとの考え方もありうるかと思う。というのは八〇三条一項二文もいわば広い意味では比例原則の第二原則、すなわち、必要性の原則の一つの適用場面と考えられないことはないからである。とはいえ同条があくまでも動産執行の規定であるという点については変わりがないので、同規定をもって選択権制限の根拠条文とすることについてもいささかの困難を伴うといわざるを得ない。

わが民執法一二八条についても同じことがいえる。

3　立法例(5)

選択権制限論を考察するにあたって、法制史的、および比較法的観点から若干の検討をしておく必要があるであろう。以下、極めて簡単且つ限られた範囲においてではあるが、若干の考察をしておきたい。

ドイツ法制史のなかで、執行の種類等の順位については色々な立法例がみられる。(6) 特に重要なのは、一九世紀の Preußen の例、Bayern および Sachsen の例、一九三一年草案の例等である。比較法的観点からみて関心があるのはスイス債務取立・破産法（Bundesgesetz der Schuldbetreibung und Konkurs ――以下、SchKG という。これについては、法務省司法制度調査部・法務資料四二〇号に訳文がある）である。選択権制限の方法ないし内容は大別して二つある。一つは執行の順序を各個別事件に即して決めるという制度であり、他は各個別的事件に即して順位を決めるのではなくある程度予め順位を決めておくというやり方である。以下順次考察する。

1　執行機関が執行にあたりいずれの種類の執行が債務者にとって最もマイルドなものであるかを裁量的に判断するという立法例がある。ドイツの一九三一年草案七七一条がこれである。(7) Böhmer は執行にあたり比例原則を職権で顧慮すべしとしているが（本書第一編第五章参照）、この立場は詰まるところ各執行にあたって具体的な順序づけをすることを狙ったものである。

ではこの種の規定のメリットは何処に求められるのであろうか。当事者双方にとって最も有利な方法を裁判所が裁量によって判断できるという点で融通性・柔軟性があるという点にそのメリットは求められる。(8) 一方では、常に債権者の権利の効率的実現という債権者の要求を斟酌しながら、他方では、債務者にとって最もマイルドな執行方法を各事案に即して採ることができるということになる。したがって比例原則という観点からみると、このようなやり方によれば、裁量にあたって両当事者の配慮すべき利益を適切に考量することによって、債権者に選択権を認める制度以上にマイルドな手続をとれるということになろう。しかしながらこのような執行順序の決め方に対しては体系的にみて問題があるという批判がある。(9) すなわち職権主義の導入および中央執行機関（eine zentrale Vollstreckungsinstanz）の採用をしないかぎり、実はこのような決め方を導入することは極めて困難であるものと思われるという批判がこれである。すなわち、執行機関としてはいずれの財産に対し具体的に執行すべきかを判断しうるためには、債務者の財産状況に関する知識を得ておく必要がある。したがって執行機関の手中に執行手続の開始にあたって広範な調査権限が与えられるということが必要になるのであるが、現状ではこのような調査権を執行機関に認めることはできない。そこで、この種の手続を置くことについては以下の三つの疑問がある。(10)

①　債務者の執行対象財産に関する知識を得るための執行裁判所の措置として、財産開示保証手続が執行手続に前置されなければならないことになる。ところがＺＰＯの下でも財産開示保証は債権者の申立てによるとされている。さらに財産開示は債務者の私的領域への重大な干渉になるために、それは債務者にとって相当な負担になる。わが国の民執法は財産開示制度を導入しなかった。

これに加えて Gilleßen 及び Seip が既に指摘したことであるが、(11) 財産開示制度についても比例性の問題がないわけではない。財産開示制度を前提にしないと、執行機関は必要性の原則からみていずれの財産から差押えをなすべきか的確な判断をなしえないことになるのではあるが、しかし、そうすると、例えば僅か一〇〇ＤＭの執行債権のために、債務者としてはその全財産を開示しなければならないことになり、このことは必要性の原則からみて問題がないとはいえないからである。

②　更に、この制度の導入に対しては、この制度の非経済性が指摘されている。すなわち、前掲の中央執行機関によって、すべての執行の申立てに対処するには、ドイツでいえばそのために約九〇〇人の司法補助官が必要になるといわれている。開示保証が義務とされると、当事者にとって余分な費用がその負担になるといわれている。[12]

③　国の執行機関の権限をかように拡大することは、民事手続法の原則である処分権主義と矛盾することになるとの危惧もある。つまり職権主義の導入は、民事手続法の基本原理である当事者主義的傾向に逆行するものとして、執行の国家主義的傾向を強化することになるという危惧がこれである。

したがって、現行執行法における各個別事件にそくした優先順位の執行機関による判断制度の導入は、ここでは否定されなければならない。したがって各個別事件にそくした優先順位の決め方は、債権者のもつ執行対象選択権を認める制度の対案としては不適当であると思われる。

一八三七年一一月一七日のバイエルン訴訟法は一九三一年草案の修正版のごときもの——年代は逆であるが内容的にみて——とみることができる（七一条・七二条）[13]。そこでは中央執行機関（Zentralinstanz）により各個別事件ごとに対象財産の順位を決定するという方法がとられている。すなわち、第一に債権者の選択権を認め、これに対抗して、執行対象財産の選択に関する債務者の提案権（Vorschlagsrecht）を認めている。債権者・債務者によって提案された執行の目的財産について合意が成り立たないときは同法七一条によって規定された順位で執行裁判所が両当事者に最も有利と考えられる決定をすることによって対象財産を決めるという方法である。しかしながら全体的にみると同法七一条は現行法に対する選択肢にはならないものと考えられる。同条の発想の根底にある両当事者の提案権という考え方は、両当事者の意思をできるだけ尊重しようという点で評価できないわけではない。しかしながら、この七一条の後段部分は両当事者の間に合意が成り立たなかったときは、もっぱら中央執行機関が決める各個別事件における順位によるとしている。ケース・バイ・ケースによる順位決定の導入に対しては、大きな疑問が提起されている。

2　予め法律をもってある程度の優先順位を決めておくという方法がある。

例えば、債権者は通常は債務者にとってより厳しい不動産執行に先立ってこれよりマイルドな動産執行をなすべしというように法律がすべての執行事件について優先順位を規定するというのが抽象的な順位決定方式である。

①　この種の抽象的順位制の典型事例は、プロイセン国一般裁判手続法（Allgemeine Gerichtsordnung für die Preußischen Staaten vom 6. 7. 1979――以下AGOと略す――）二四章一〇一条・一一〇条である。(14)

その順位制の遵守は受訴裁判所である中央執行機関（eine zentrale Vollstreckungsinstanz）によって監督される。(15)

かような手続の統一化はAGO執行法に対する主要な批判点の一つであった。(16)

抽象的順位制については、以下のごとき問題点があるといわれている。(17)すなわち、例えば執行債権が動産執行によって満足できない額であるにもかかわらず、とりあえずは動産執行がなされなければならないことになるということの不都合性である。このやり方は、結局は動産執行の後にはじめて不動産ないしその他財産権執行をしなければならないことになるのであるから、債権者に時間と費用をかけさせ、債務者にとっては何の利益ももたらさないのであって、無益な執行処分をしなければならないという結果をもたらすことになるという点で不適切であると批判される。Siebert(18)によれば、この方法は、債権者の正当な要求にこたえることができず債務者に損害を与えるし、逆に債務者の正当な要求にこたえることができず債権者の利益を害する結果になるといわれている。したがって執行の抽象的順位制というAGOのやり方は、債権者の自由選択権に代わりうるような選択肢ではないことを示している。(19)

②　執行の抽象的順位制の修正版はスイスの SchKG の規定である（九五条・九一条）。SchKG 九五条は、執行を中央執行機関（Zentralinstanz）、すなわち SchKG 二条の取立庁（Beitreibungsamt）の監督下においている。詳細にわたって規定された（minitutiös）順位制を予定している。SchKG はその限りでは、ＡＧＯの規定と、ある種の共通性を有するということができる。しかし SchKG は、債務者に事前の開示義務を課することによって（九一条）、無益な動産執行を避けうることを認めている。この限りでは、この制度は執行の具体的順位制と同一の機能を果たしている。したがってそこでは具体的順位制のもつデメリットすなわち、債権者の申立ての有無にかかわらず事前の財産開示義務を債務者に課するというデメリットが生じ、スイス法はこれを全体的にみれば債権者の自由選択権の対案にはなりえないといわれているのである。[20]

なお、ここで以下のコメントをしておくのがよいと考えられる。すなわち、スイスはこれ迄 SchKG によって決して不適切とはいえない実務を経験してきたといわれている。[21] したがって Götte はスイス法の制度のすべてが不合理であると断定することは正当ではないという。[22] しかも Götte によればスイスの SchKG はヨーロッパ民訴法の模範的事例とされている面もあるという。[23] Götte はそれにもかかわらず終局的にはスイス法の制度の援用には消極的態度を示している。[24] そしてその理由として以下の点を指摘している。[25]

すなわち、SchKG はその特徴として、金銭債権執行と、その他の執行とを区別している。[26] そして、金銭債権執行は連邦の権限であり、SchKG がこれを規定しているのに対して、後者は、州（カントン）の権限に属し、執行裁判所がこれを管轄する。[27] SchKG は、金銭債権執行を民訴法とは別の独自の手続として構成している。すなわちそれは純行政手続である。取立庁（Beitreibungsamt）が執行の全課程について管轄権を有する。すなわち、支払命令の提出から差押物件の換価にいたるまで（von der Einlegung des Zahlungsbefehls —— Art. 69 SchKG —— bis hin zur Verwertung der Pfandsachen）を管轄する。

スイスでは執行裁判所と執行官という執行機関の二元的構成は存在しないのである。

Götte は、ドイツ・スイス両国の手続がかように異なるところから、完全な順位制や（職権主義を含む）執行の中央集権化（Zentralizierung）をドイツ民訴法（ＺＰＯ）に導入することに反対の見解をとる[28]。その理由は、既述のごとくスイスでは金銭債権執行を民事訴訟とは全く別の行政手続として構成されているからである。行政手続の原則として、ドイツでもスイスでも職権主義（Offizialprinzip）がとられる。行政手続としての強制執行について職権主義（Amtsprinzip）を規定することは、スイス法では体系になじむものである。ＺＰＯの強制執行はこれに反して大幅に処分権主義が適用されており職権主義は採用されていない点が注目される。

③　抽象的順位制をとる第三のものは、一八八三年二月二八日のザクセン執行法（das sächsische Executionsgesetz vom 28. 2. 1883）四五条、四八条である[29][30]。ザクセンの執行手続は金銭債権執行の二元的構造を採用している。金銭債権について少額債権（Bagatellforderung）とその他の債権が区別される。いわゆる少額債権については、執行の目的物の抽象的順位を定めた略式手続が行われる[31]。その他の債権については、原則として債権者の選択権が認められるが、債務者にとって負担の軽い他の方法によって債権者が満足を得られるときは、債権者の提案とは異なる取扱いが許され、選択権の裁判所の裁量による制限がなされる[32]。抽象的執行順序制は少額債権についてのみ認められるのであって、それを上回る額の金銭債権の執行については、動産執行はしばしば目的に適合するとはいえないからであるといわれている。

したがって抽象的執行順序に対する一般的批判はザクセンの制度にはあたらないといえる[33]。抽象的執行順序制を少額債権の執行に制限することは債権者がその権利を侵害されることなく債務者を反比例的執行から守るために適切な措置であるように思われる[34]。けだし少額債権は、動産執行によって通常満足を受けうるからである。ザクセンの制度のその余の部分は現行法の対案にならないといえようか[35]。というのは、少額債権を超える債権については執行の適切な目的財産を探索するについて裁判所に広範な裁量の余地を残すことになるからである。裁判所がたとえ同時に中心的な執行審であったとしても、そして当該裁判所に財産状態の解明について広い調査権が認められていたとしても、広範な裁量の余地は残されるのである。したがって、その範囲では、裁量的順位制についての批判が妥当することになるのである。

4　Götte の改正提案

以上に検討したところから、Götte は少額の債権による競売をめぐる問題の解決については以下のごとき提案をしている[36]。

第一　債務者の反対提案権 (Gegenvorschlagsrecht des Schuldners)

Ⅰ　債権者が債務者の不動産に対して執行なすべきときは、債権者は執行裁判所にその旨を申し立てなければならない。

Ⅱ　右申立ては、債権者の債権が一、五〇〇マルクの額を超えるか、あるいは、債権者が既に動産執行をなしたが奏功しなかったときに限って許される。

Ⅲ　この申立ては前記Ⅱ前段の場合に、二週間の期間内に執行裁判所に反対提案をなすべき旨の催告をもって債務者に遅滞なく送達されなければならない。

その場合、債務者が反対提案をしないときは、債権者の提案にしたがって手続が行われる旨債務者に教示されなければならない。

Ⅳ　執行裁判所は債権者・債務者双方の提案を勘案して裁量する。その場合裁判所は、執行が債務者を最大限保護しつつ、債権者の確実且つ迅速な満足にいたることに注意しなければならない。

Ⅴ　裁判所が債務者の反対提案にしたがって行為する場合、それにもかかわらずＺＶＧ一九条による強制競売の登記は土地登記簿に記入されなければならない。この登記は、債権者が終局的満足を得たときは抹消しなければならない。

第二　I　裁判所の裁判は、決定によりこれをなす。右決定に対しては即時抗告を提起できる。これに対し再抗告は許さない。

II　債務者は第一項の抗告手続外で不動産執行が債務者に耐えがたく苛酷である（eine unzumutbare Härte）ことを主張することができない。債務者が反対提案をしないときも同じである。

5　Götte 提案の評価

私は、Götte 説の評価について、本編第五章において若干述べておいたが、敢えてここに私見を繰り返しておく。すなわち、私は、少額債権による不動産執行について、債務者の反対提案権を認め当該不動産執行の適否を裁判所の裁量に委ねようとする Götte 提案に基本的に賛成したい。当該不動産以外に執行債権の満足に十分な動産ないし債権が存在するにもかかわらず、債務者に受忍を期待し得ない不動産執行を不必要に認めることは債務者の財産権の保障という観点から許されないと解すべきである（本章4第一・I）。しかしその適否は最終的には執行裁判所の判断に委ねるべきものである（本章4の Götte 提案第一・IV）。前掲第一・II前段の少額債権の額についてはなお検討を要する。執行債権の少額性は執行における比例原則との関係で問題になるのに対して、少額訴訟における債権の少額性は、裁判へのアクセス、裁判の簡易迅速性との関係で問題になるため、両者における少額性の区別基準は異なり、後者をもって前者の基準とすることはできないということも考えられる。しかし、後者も当該社会における少額性の一応の一般基準であることを考えると、これを前者の基準とすることもあながち全く不合理であるともいえない。そのように考えるとすれば、わが国の場合、執行においても三〇万円を少額性の基準として設けること（民訴法三六八条一項）について合理性が認められないわけではない。本章4第二・Iの即時抗告はわが民執法上は一一条の執行抗告ということになる。本章**4**第一・Ｖも債権者の権利保護の観点から重要である。

このように検討してみると、Götte 提案を立法論として評価することができる。

それでは Götte 提案は解釈論として可能であろうか。比例原則を執行法に適用すべき原則と考えるならば、少額債権による不動産執行の申立てに対して、債務者の反対提案権を認めて債務者が執行債権の満足に充てるべき十分な動産を提供しているような場合、当該不動産に対して競売開始決定をすることは不適法であるというべきであろう。

解釈論としてこのような取扱いを認めることは、債権者による執行対象財産の選択権を認め、債務者の反対提案権について実定法の規定を欠いている現行法、困難であるという事情は理解できないわけではない。要は、執行対象財産の選択についても比例原則の適用を認めるのであれば、上記の解釈を妨げる特段の規定はないのであるから、解釈論としても不可能なわけではないというべきであろう。

（１）　執行の対象財産に関する債権者の選択権に言及したものとして以下の文献を指摘しておく。兼子一『強制執行法・破産法』六六～七頁（弘文堂、一九七八年）、宮脇幸彦『強制執行法（各論）』六頁（有斐閣法律学全集36－II、一九七八年）、近藤完爾『民事訴訟論稿第四巻』一九六～七頁（判例タイムズ社、一九七八年）、竹下＝鈴木編『民事執行法の基本構造』二八～九頁（西神田編集室、一九八一年）（竹下守夫執筆）、香川監修『注釈⑶』四頁（大橋寛明執筆）、鈴木＝三ヶ月編『注解⑵』一四頁、山木戸克己『民事執行・保全法講義』一一七頁（有斐閣、補訂版、一九九七年）、中野『民事執行法』七頁以下、一五頁注６）など。

（２）　Götte, "Zur Wiedereinführung einer Rangfolge der Zwangsvollstreckungsmittel" ZZP Bd 100, Heft 4, S. 412 ff. u S. 421. 参照。なお、ＺＰＯ七六五条ａについては、石川『研究』一七頁以下、および本書第一編第三章参照。

(3) Hahn, Gesammelte Gesetzesmaterialien zur CPO. Berlin 1880, S. 422.
(4) Götte, a. a. O., 423 f.
(5) Götte, a. a. O., 422 ff.
(6) Götte, a. a. O., 422.
(7) Götte, a. a. O., 422.
(8) Götte, a. a. O., 422.
(9) Götte, a. a. O., 422 f.
(10) Götte, a. a. O., 423.
(11) Gilleßen, in : DGVZ 1981, 161 ff. (163)., Seip in : Rpfleger 1982, 261.
(12) Seip in : Rpfleger 1982, 259 f.
(13) Spieß, Erläuterungen zum Gesetz vom 17. 11. 1839.
(14) AGO vom 6. 7. 1793, 1. Teil, 24 Titel
(15) 詳細は Götte, a. a. O., 8 ff.
(16) Hahn, Gesammelte Gesetzesmaterialien zum CPO, Berlin 1880, S. 422.
(17) Götte, a. a. O., 424.
(18) Soergel-Knopp, Kommentar zum BGB, 10. Aufl., 1967, § 242 Anm. 245.
(19) Götte, a. a. O., 425.
(20) Götte, a. a. O., 425.
(21) この点については Bericht zum Vorentwurf der Expertenkommission zur Gesamtübeprüfung des SchKG, Dezember 1981, S. 1. ff.
(22) Götte, a. a. O., 425.
(23) Berner, in : DGVZ 1977, S. 178 ; Berner, in : Rpfleger 1964, 5 ; Eichmann, in : DGVZ 1980, S. 130 ff. その反対説として Gaul, in : JZ 1973, 476.

(24) Götte, a. a.O., 425.
(25) Götte, a. a. O., 425.
(26) Götte, a. a. O., 425.
(27) Burghardt in : DGVZ 1977, S. 178 ; Bremer, in : Rpfleger 1964, 5 ; Eichmann, in : DGVZ 1980, 130 ff. その反対説として Gaul, in : JZ 1973, 476 がある。
(28) Götte, a. a. O., 425.
(29) Gesetzes-und Verordnungsblatt für das Kgr. Sachen, 1838, S. 76 ff.
(30) ザクセン執行法の詳細については、Götte, a. a. O., 35 ff.
(31) Vgl. das Mandat über die Abstellung prozessualischer Weitläufigkeit in geringfügigen Rechtssachen des Churfürsten Friedrich-August von Sachen vom 28. 11. 1753, § 9（Schott : Grundlinien des prozessualischen Verfahrens in geingfügigen Sachen, Leipzig 1799. Anhang I, S. 45 ff. より引用）
(32) Vgl. § 48 des Executionsgesetzes vom 18. 2. 1838（GVBl. für das Königsreich Sachen. S. 76 ff.）
(33) Götte, a. a. O., 426.
(34) Götte, a. a. O., 427.
(35) Götte, a. a. O., 427.
(36) Götte, a. a. O., 427.

(後注)　注(3)(13)(16)(29)(31)(32)は Götte 論文より引用

第七章　住居の不可侵性と住居明渡執行

1　序　説

1　住居の不可侵性と住居の明渡しの強制執行との関連については、Eberhard Schilken, "Unverletzlichkeit der Wohnung und Räumungsvollstreckung" Grundrechtsverletzung bei der Zwangsvollstreckung, Dike S. 99 ff. がある。この論文によって、このテーマに関するドイツの学説判例の現況を理解することができる。そこで本章では Schilken 論文を紹介しつつ、このテーマに関する私見も併せて展開してみたいと考えている（なお本書第一編第八章も参照されたい）。

2　ＧＧ一三条一項(1)は住居の不可侵性という基本権を保障している。同条二項は、住居の捜索（Durchsuchungen）は裁判官の許可があるときにかぎり許されるものとしている。さらに、執行について遅滞の危険がある場合、住居の捜索は法律に規定された別の機関によっても、且つそこに規定された方式において、命じられうるとされている。加えてそれ以外の干渉や制限はＧＧ一三条旧三項（旧三項は現行七項――以下同じ――）の詳細な基準によることになるものと規定されている。

住居の不可侵性は、本来、居住者個人に認められた基本権で、基本権の各保持者に人間の尊厳（Menschenwürde）と、人格の自由な発展（ＧＧ一条・二条一項）との関係において、国民に「基本的に必要な生活空間」（ein elementerer Lebensraum）を保障したものである。この私的空間は、権利者が他人の立入りを拒否できる範囲の空間であり、権利者からみれば、一般人が立ち入ることのできない、且つ権利者の生活領域、機能（Wirken）領域とされたすべての空間を含む私的領域であり、それをＧＧ一三条一項は、住居所持者（Wohnungsinhaber）の意思に反して住居を侵すこと、あるいは住居に留まることを公権力に対して原則的に禁止することによって保護しようとするものである。[(2)] したがって、当該基本権の規定は、人が現に居住する住居を全体的に確保することを目的とするものではあるが、国民に住居空間を与えるべき旨の請求権を発生させるという性格のものではないから、消極的な目的思考をもつものにとどまるといわれている。[(3)]

ところで執行の枠内で問題になるのは、債務者の住居を動産執行のために捜索したり債務者の意思に反して執行機関が住居の完全な明渡しをするという目的をもって住居に立ち入ることと、債務者のこれに対する防禦権（Abwehrrecht）との対立調整いかんという点である。

ＧＧ一三条二項は、原則的に住居の捜索を裁判官の留保（裁判官の命令〔許可〕Anordnung）の下におくのであるが、捜索を許すための要件を規定している。中立且つ独立の国家機関としての裁判官を介在させること（Einschaltung――以下同じ――）によって、債務者個人の生活領域への重大な干渉は特別なコントロールを受けることになる。連邦憲法裁判所の判例によると、この場合の裁判官の使命は、基本権に対する干渉を許すための法定要件の存否を審理することにあるとされている。すなわち、執行による基本権への干渉を制限する可能性を保障して、強制処分の適正な制限を行うために比例原則の適用に配慮することにあるとされるのである。[(4)]

ＧＧ一三条旧三項（Schilken論文は旧規定当時執筆された論文である）は、住居の不可侵という基本権が同一三条二項の意味における捜索とは別の干渉に服するための要件を規定している。すなわち、一三条二項では「捜索」(Durchsuchungen) の要件を規定しているのに対して、同条旧三項は、「干渉と制限」(Eingriffe und Beschränkungen) の要件を規定している。明渡執行についていえば、それが干渉に該当するがゆえに旧三項二文が特に重要である。(5) 同規定は、公共の安全と秩序に関する緊急の危険を避けるためにも、法律に基づく、干渉と制限という処分がなされうること、を規定しているからである。

このために、捜索における許可の必要な要件については、重要な法益侵害の蓋然性があることをもって十分と考えられているとみられるから、住居の捜索とは異なる概念としての明渡しについて執行法上の権限が当該干渉を正当化するために十分な理由を有するか否かという点、すなわち、明渡しという干渉が公共の安全と秩序に関する緊急の危険を避けるために必要か否かという点が問題になる。

以下この点をめぐり強制執行との接点を検討してみたい。

2　出発点としての住居の捜索に関する連邦憲法裁判所の判例

執行官による金銭債権執行のための住居の捜索について連邦憲法裁判所の一九七九年四月三日(6)及び一九八一年六月一六日(7)の先例的判例があることは周知のとおりである。それらによると、ＧＧ一三条二項の意味における「遅滞の危険」(Gefahr im Verzug) が存しないかぎり、住居の捜索のために裁判官の命令を必要とするものとしている。すなわち住居の捜索に関する規定であるＺＰＯ七五八条は、ＧＧ一三条二項との関係で憲法に適合すべき解釈により補充されなければならないことになるというのである。換言すれば、上記二判例はＺＰＯ七五八条の捜索についても裁判官の命令を必要とするものと解しているのである。そして、その限りにおいて連邦憲法裁判所法（BVerfGG）三一条一項――連邦憲法裁判所の裁判の拘束力を規定したもの――の拘束力が及ぶことになる。Schilken は執行の効率性という観点からみれば、それは執行の適法要件の追加であり、執行に対する障碍ないし制限を一つ追加ないし加重することになるとしている(8)。この点に批判的な見解としては Gaul の論説がある(9)。

なお、ここに紹介した二判例と Schilken の解説は、上記連邦憲法裁判所の二つの判例によって実務が変わったものの、それを立法した第二次強制執行法改正法（これについては、石川『改正』第二章三参照）による新規定七五八条 a 制定前のものである点に注意されたい(10)。

執行の効率性という点からみれば、Schilken（Gaul の批判も同様であるが）の批判は当っているといえよう。しかしことは、住居の平穏の保障という基本権に関する問題であるだけに、私は、連邦憲法裁判所の見解に賛成したい(11)。

3　確定判決である住居の明渡しの債務名義（richterlicher Titel）に基づく明渡執行

1　ZPO八八五条一項によって執行官が住居の明渡判決に基づく明渡執行をなすにあたり、これに加えて執行裁判所の執行法上の命令を得る必要があるか否かについては学説が分かれている(12)。一部の学説は右命令をここでも必要と解している(13)。この一部の学説はその根拠として以下のように説いている。すなわち、明渡請求権に関する判決は、実体法としての民法による判断にすぎず、既述の特別な基本権干渉の裁判官による執行法上のコントロールを保障したものではないからであるというのである。これに反して通説は(14)、裁判所の実務と同様、明渡しを命じる判決に加えて裁判所の特別な命令は不要であるとしている。そして不要説の根拠として Schilken は、三つの理由を指摘している(15)。すなわち、第一に、明渡判決はそもそも債務者の住居の平穏を侵されない権利を否定するものであり、その結果、GG一三条の基本権に対する干渉は、必然的に裁判官の意思決定（Willensentschluß）に含まれることになること。第二に、明渡し、すなわち、当該空間について債務者の占有を奪うことは、ＧＧ一三条二項の意味における捜索（Durchsuchung）ではないこと。第三に、ＧＧ一三条からは、住居の継続使用又は留保を求める請求権は出てこないのであって、ＧＧ一三条一項は債務者に執行に対抗する基本権の主張を認めるものではないことなどの諸点が指摘されている。そしてSchilkenによれば、これらの三つの理由は、ＧＧ一三条の体系のなかでなお詳細な議論を必要とするものと思われるものの、結論的にいえば、通説の見解は正当であるとされている。

私見も、ＧＧ一三条から住居に関する債務者の留保権を引き出すことはできないという見解に賛成である——連邦憲法裁判所は最近占有権の取扱いをＧＧ一四条の意味における所有権に準じるとする判例の中で同じ見解を示している(16)——。しかしながら、そうであるからといって私的生活への不当な干渉が正当化されるわけではなく、ＧＧ一三条によってまさにしかるべき住居空間を保護しなければならないはずであるという点では変わりがないのである。居住者による住居利用が執行機関による強制的な占有剥奪により必要以上に不当に奪われるというような重大な干渉は、連邦憲法裁判所の適切な判例によれば、ＧＧ一三条一項の保護領域を侵害することになるのである。したがって、明渡執行について債務名義に加えて執行裁判所の特別な明渡執行の命令は不要とするもの(17)の、明渡執行にあたって執行官としては債務者の住居の平穏を害しないように配慮しなければならない、とSchilkenは説いている。妥当な結論というべきであろう。

２　住居の明渡しは、ＧＧ一三条二項の意味における捜索ではないという前掲第二の論拠(18)は、たしかに正しい(19)。そうであるからといって捜索におけると同様に基本権の侵害の可能性のある干渉を積極的に正当化しうるものではない。「捜索」という概念は、国家機関が住居において目的をもって人や物を探すということである(20)。捜索の目標は就中人又は物ないし証拠方法の発見を目的とするものであって、殊に民訴法及び刑訴法上これらの目的があってなされるものである。これに対して、明渡執行にあっては、執行官による捜索（Suche）もないし、人、物及び事実関係の調査を目的とするものでもなく、その目的はもっぱら住居の占有を債務者から剥奪して、債権者の占有に移すことにある。したがって住居の明渡執行は、ＧＧ一三条二項にいわゆる捜索概念にあたらないというのがSchilken並びに通説の見解である[21]。

私見も、ドイツ法の解釈として、連邦憲法裁判所の執行官のＺＰＯ七五八条による住居の捜索に関する判例は、明渡執行には適用できないと考える。なぜならば、明渡執行にあってはＧＧ一三条二項の意味における住居の捜索は問題にならないと考えるからである。より正確にいえば、ＺＰＯ七五八条一項（住居における捜索又は威力の行使）は、ＺＰＯ八八五条による明渡執行の枠内では適用されない。その理由は、八八五条の執行の目的が、債務者の住居の捜索を必要とするものではないことに求められると解すべきである[22]。

しかしながらその当否は別にして住居基本権の保障という観点からみて、住居の明渡しを命じる判決の執行にあたり、債務名義に加えて裁判所の命令を必要とするという議論が存すること自体には注目しておく必要があるといえよう。それは訴訟法学のなかで住居基本権の保障がいかに重要であるかの証左であるといえるからである。

３　裁判所の明渡判決が、論理必然的に債務者が居住する住居の不可侵性につき債務者が有する権利を否定していると説くのが通説の見解であり、このような立場から、住居明渡執行による債務者の住居基本権への干渉を正当化する結論に到ることになるとして、Schilkenは通説に賛成している。

ＧＧ一三条旧三項の冒頭に「Eingriffe und Beschränkungen …… im übrigen」という文言が出てくるが、この概念は二項（因みに一三条二項は第二次改正法によって改正されていない）の意味における〝Durchsuchungen〟（捜索）という概念を除く概念である。「Eingriffe」（干渉）と「Beschränkungen」（制限）という両概念の相違は、基本法上重要なものではなく、「Eingriffe」は常に「Beschränkungen」を惹起するし、逆に「Beschränkungen」は「Eingriffe」によってのみ生じうるものであるからであるといわれている。すなわち、二項の意味における捜索にあたらない、それ以外の住居基本権の干渉のすべてを含む包括概念（Gesamtbegriff）がここで規定されているのであると考えられている。[23] 憲法判例並びに学説によれば、この包括概念は特に狭く、すなわち基本権寄りに、且つ反干渉的に(grundrechtsfreundlich und eingriffsfeindlich）解釈されているのに対して、他方では営業店舗又は事業所等については、連邦憲法裁判所はこれらについてもＧＧ一三条を適用はするものの保護の必要を後退させた解釈をしている。[24]

しかし、この点は別にしても、強制的明渡しによるＧＧ一三条一項の意味における「住居」の剥奪は、ＧＧ一三条の旧三項の意味における住居基本権に対する干渉（Eingriffe）なのであるが、[25] その干渉も明渡判決による場合正当化されるというのが Schilken の見解なのである。私見もこれに賛成である。

Schilken 説によれば、ＧＧ一三条旧三項は、同項の要件の下にこの種の干渉を許しているとされる。住居の強制的明渡しは、個人の生命の危険を回避する（zur Abwehren einer Lebensgefahr für einzelne Personen）ことを必要とする事態につながることは稀なのであるし、旧三項の制限の別の選択肢、すなわち公共の安全と秩序維持のため「緊急の危険を避けるために法律に基づいて」(auf Grund eines Gesetzes zur Verhütung dringender Gefahren für die öffentliche Sicherheit und Ordnung）なされる住居の平穏の制限を正当化することになるという。[26] これはドイツ法の解釈として妥当であると考えるべきである。

通説は、旧三項における「法律」(Gesetz）の概念を次のように理解している。[27] すなわち、ここで「法律」とは、形式を踏んだ立法手続によって制定された法律を意味し、行政命令を含まないと考えられているのである。この点ではＺＰＯ八八五条それ自体は、「形式的手続を踏んで制定された法律」という概念の厳格な要件を充足している。債務者が――ＺＰＯ七〇四条・七九四条によって執行の一般的要件である――当該債務名義に基づいて、不動産の明渡しの義務を負っている場合、そのことだけで同八八五条は、執行官に対して住居基本権の干渉を含む占有剥奪による明渡執行の権限を与えているということになるのであると説かれている。

この意味で、裁判所の作成になる明渡しの債務名義は、住居の不可侵を求める債務者の権利を否定していると解するのが正当であり、その根拠は、ZPO八八五条の強制処分が、この債務名義に基づいて行われているからであると説くのが通説である。

GG一三条旧三項における干渉権限は、たしかに、一方で憲法規定、他方で干渉的処分との間の連結点として、法律を要件とするのみならず、公共の安全と秩序にせまる緊急の危険を回避するための規定を必要とするのである。これらの概念によって、さしあたりは、警察法上の、あるいは公安法上の州法に規定された一般条項が考えられるのであるが、しかしこれらの概念は同時に、ZPO八八五条（不動産明渡執行）による介入制限の正当化の根拠にもなるものであるとされている。結論的にいうと、次のようにいうことができる。すなわち、判決を債務名義とする明渡執行にあっては、それがたしかに住居の不可侵性という基本権に対する干渉にはなるものの、基本権の侵害（Beeinträchtigung）を意味するものではなく、特に裁判官の命令を必要とすることなく、GG一三条旧三項、およびZPO八八五条によって許されているのであるということになるのである。

以上をもって通説およびこれに賛成するSchilkenの見解を紹介した(28)。

住居の明渡しを命じる判決は対象住居も特定しているし、明渡判決に既に明渡命令を含むといえるのであるから基本的にいえば通説およびSchilken説が正当であって、明渡しの債務名義である判決に加えて、その執行にあたって改めて更に裁判所の命令を必要とすることはないと解すべきである。この点で私見も通説およびSchilken説に賛成したいと考える。

4　確定判決以外の債務名義による明渡執行

本章3の説明と同じことが、判決以外の若干の債務名義についていえるかという点については見解が激しく対立している。つまり判決以外の債務名義において命ぜられた家屋の明渡しが執行官による執行につき特に裁判官の実施命令を必要としないかという点で見解が対立している。[29] 司法補助官の発する競落許可あるいは破産（旧法）開始決定（Zuschlags-od. Konkurseröffnungsbeschlüsse）又は明渡しの債務名義としてのＺＶＧ一四九条二項——強制競売にあたり、債務者又はその家族の一員が土地又は管理を危くするときは、裁判所は申立てにより債務者に土地の明渡しを命じることができる旨を規定している——の決定については、裁判官の命令の必要性が問題になり、また場合によっては明渡執行についても明渡執行を内容とする訴訟上の和解についてもその必要性が問題になる。[30] けだし、これらの和解は裁判官の面前で締結されてはいるが、裁判官の判断を示すものではないからである。[31] Schilken の見解によると、この疑問は否定されてよいとされる。すなわち、裁判官の命令を不要と解するのである。彼はその理由として、ここではＧＧ一三条二項の意味における捜索がなされるわけではないこと、さらにはＺＰＯ八八五条——不動産明渡しの債務名義を明渡判決に限定しているわけではなく、明渡債務名義すべてに関する規定である——がＧＧ一三条旧三項を基礎として明渡執行を許している立法であって、その際にいかなる債務名義がこの執行の基礎にあるのかという点とは、殊に当該債務名義が裁判官の発したものか否かという点とは、関係がないとされているからであるという。[32]

執行力という点では、確定判決と訴訟上の和解との間に相違があるわけではないので、両者を区別して取り扱うという合理性はないといえよう。この点からみて Schilken 説に賛成できる。

5　共同居住者に対する明渡執行

執行法上、さらには基本法上の観点から関心のある具体的なケースとしては、実務上しばしばみられる事例で、明渡執行の本来の債務者とともに、債権者にＺＰＯ八八五条一項に予定された無制限の占有を移すために、債務者以外の人物を住居から退去させることができるかという問題がある。[33] 妻、婚約者（Verlobte）、婚姻関係にない生活共同者、家族、使用人等が問題になる。明渡しの債務名義をもって、これら債務名義に表示されていない者に対して明渡執行をなしうるかという点が問題になる。ドイツ法上しばしば論争されるのは、これらのうち、債務者に対する執行のなかでどの範囲の者に対して明渡執行をなしうるかという点、すなわち、執行力の及ぶ主観的範囲の問題である。この点では少なくとも、二つの問題、すなわち、第一にGG一三条の考察、さらに第二にGG一〇三条一項の考察が必要となる。(34)

複数の賃借人がいる場合、各契約当事者（賃借人）について明渡債務名義が必要である点では見解が一致している。(35)既判力や執行力の及ばない（ZPO七二七条一項）転借人に対しては、既判力の主観的範囲に関するZPO三二五条一項の特別な要件の存しない限り同様である。換言すれば、債務名義である確定判決の既判力や執行力が及ばない者についてはその者に対する債務名義を必要とする。逆に結果的に未成年者、家事使用人及び訪問客は、彼等に対する特別の債務名義がなくても占有を奪うことができる旨認められている。(36)

Schilkenは、未成年者や家事使用人のなかでも、執行債務者とは別の家計によって自己の家族を養育している者に対してはその者に対する債務名義を必要とする旨述べている。(37)

注目すべき少数説によれば、(38)債務者以外の第三者に対する明渡執行については、債務者に対する債務名義をもって共同執行してしまうことは不適法であって、その者に対する各別の債務名義を必要とするものとされている。これに対して、今日なお通説と思われる見解、及び実務の大勢は、その者に対する追加的な債務名義を必要としないとしている。(39)

上記のように一定の範囲の共同居住者に対する明渡執行に追加的な債務名義を不要とする通説に対して憲法上の疑問がないわけではないが、その疑問は、GG一三条（住居の平穏）から生じる。さらには、いわゆる法律の留保との関係で法治国家原理からも生じるし、更にはGG一〇三条一項（法的審問請求権の保障）からも生じてくる。

上記の近時の少数説によると、共同居住者の住居の不可侵の保護は、GG一三条旧三項との関係からみて、明渡執行に関するZPO八八五条のみが不動産の明渡執行に関する規定なのであるから、同条においてのみ規定されるべき法律による授権を必要とするはずである。仮にZPO八八五条とは無関係に明渡執行が前述の共同居住者に対しても許されるべきであると考える場合には、これら共同居住者に対するZPO七五〇条一項（執行の要件としての債務名義の必要性）の債務名義が必要と考えなければならないことになるのであろう。ZPO八八五条一項は債務者の占有を解くことのみを規定しているし、ZPO八八六条は第三者が目的物を所持する場合、直接の引渡執行を許さないのであるから、債務者に対する明渡しの債務名義のみで共同居住者に対する明渡執行も可とするような法律的権限が付与されているとの考え方は誤りではないかという疑問は残る。しかし、このような疑問は残るにしても、Schilken は共同居住者に対する各別の債務名義を必要とするとの前記見解に反対し、通説を支持し、ZPO八八五条二項（執行の目的物でない動産の取除き等）に示された考え方を類推して、共同居住者に対する明渡執行が特別の追加的債務名義がなくても可能であると考えるとしている。(40)

Schilken の主張する類推の根拠は以下の通りである。すなわち、ZPO八八五条二項からは次のようなことが明らかになるという。明渡執行は住居にある他人の物にも関係してくる。右第二項は、物の取除き（Wegschaffung）を債務者の物に限定してはいない。同条は、第一項において文言は債務者についてのみ規定しているが、第二項が債務者の動産のみならず当該住居に存する動産の全部を対象とすることからみて、第一項は一定の範囲で、当該住居にいる第三者の排除をも含むべきものであると考えるのである。

他人の排除のための特別な債務名義は、GG一〇三条一項の法的審問請求権の保障上必要なものであるとの反論も考えられるが、これに対して次のようにいえよう。すなわち、Schilken は、第三者は執行に対してZPO七六六条の執行異議をもって執行に対して防禦する機会が与えられており、必要な場合には苛酷執行に関するZPO七六五条ａによって救済されることになるから法的審問請求権が否定されているわけではないといえるというのである。[41]

連邦憲法裁判所は一九九一年一月一六日の決定[42]によって、成年に達した子に対してする両親に対する家屋明渡しの債務名義による明渡執行を違憲に非ずと判示した。それにも拘わらず、この判例によって支持された通説のなかには、基本権への干渉の適法性の限界に言及し、注目すべき理由をあげてＧＧ一三条一項の基本権の侵害であるとの疑問を提しているものもある。そこでSchilkenは次のように述べている。すなわち、立法者は、債務者に対する明渡執行に関係させられた第三者に対する「共同執行」（Mitvollstreckung）の問題性を法律上規定することによって解決するのが望ましいといえるというのである。[43]私見もこの点は第三者の住居の平穏に関する基本権に関係するものであるだけに軽々しく取扱うべきではない重要な問題であることからみて、立法的措置を講じるのが妥当であるということはいうまでもない、と考える。

（1）　なお、Schilkenが引用しているＧＧ一三条の規定は、一九九八年三月二六日に改正されている（BGBl I S. 610参照）。
（2）　BVerfGE 76, 89 f : 89, 12
（3）　BVerfGE 7, 283.
（4）　BVerfGE 51, 97 ff : Rosenberg / Gaul / Schilken, Zwangsvollstreckungsrecht, 11 Aufl. 1996, § 26 III 3.
（5）　Schilken, a. a. O., 100.（以下Schilken, a. a. O. として引用する論文は本章1冒頭に引用した論文を指す。）
（6）　BVerfGE 51, 97 ff. = NJW 1979, 1539 ff. この点については、石川『改正』第一編第二章三参照。
（7）　BVerfGE 57, 346 ff. = NJW 1981, 2111 f.
（8）　Schilken, a. a. O., 107.
（9）　BVerfGE 42, 219; 51, 110
（10）　石川『改正』第一編第三章、特に二〇頁以下参照。

(11)　石川『改正』一七頁以下。

(12)　Rosenberg / Gaul / Schilken, § 26 Ⅲ 3 a m. w. Nachw. わが国では不要説を当然の前提としているので必要説は全く提唱されていない。

(13)　積極説をとるものとして，Kühn, DGVZ 1979, 145, 147 f. があり，これに対して消極的な見解としては，Baur / Stürner, Zwangsvollstreckungs-und-Konkursrecht, Bd. 1, 12 Aufl., 1995, Rdn. 821. がある。

(14)　例えば，OLG Düsseldorf NJW 1980, 458 ; OLG Köln NJW 1980, 1532 ; Bischof, ZIP 1983, 522, 524 f. ; Brox / Walker, Zwangsvollstreckungsrecht, 5. Aufl. 1995, Rn. 1059 ; Frank, JurBüro 1983, 801, 813 ; Jauerning, Zwangsvollstreckungs- und Konkursrecht, 20. Aufl. 1996, § 8 II 3 ; Münch Kommentar ZPO / Arnold, 1992 § 785 Rn. 59 ; Rosenberg / Gaul / Schilken, § 26 Ⅲ 3a ; Stein / Jonas / Münzberg, ZPO, 21, Aufl. 1994, § 785 Rn. 9 ; Zöller / Stöber, ZPO, 19 Aufl. 1995 § 758 Rn. 10 m. w. Nachw.

(15)　Schilken, a. a. O., 102.

(16)　BVerfGE 89, 1.

(17)　Schilken, a. a. O., 103.

(18)　同説例えば，Brox / Walker, Rn. 1059 ; Rosenberg / Gaul / Schilken, § 26 Ⅲ 3a および OLG Köln OLGZ 1988, 338.

(19)　Dagtoglou, JuS 1975, 753, 756.

(20)　BVerfGE 75, 327 ; 76, 89 ; BVerfGE 78, 254 ; BFHE 154, 438 ; Seifert / Hömig, Art. 13 Rn. 6m. w. Nachw.

(21)　BVerfGE 32, 72 ; BVerfGE 37, 289, 47, 37 ; BFHE 154, 438 ; VGH Kassel ESVGH 23, 241.

(22)　Schilken, a. a. O., 103 f.

(23)　Schilken, a. a. O., 104. Vgl. Maunz / Dürig / Herzog, Art. 13 Anm. 13 a ; Seifert / Hömig, Art. 13 Rn. 11.

(24)　例えば BVerfGE 32, 75, 37, 147 ; Seifert / Hömig, Art. 13 Rn. 11 m. w. Nachw.

(25)　Schilken, a. a. O., 105.

(26)　Schilken, a. a. O., 105.

(27)　OLG Berlin DöV 1974, 28 ; Maunz / Dürig / Herzog, Art. 13 Anm. 15. 反対説は例えば，Jarass / Pieroth, Grundgesetz, 3 Aufl. 1995, Art. 13 Rn. 7 ; Seifert / Hömig, Art. 13 Rn. 7, 13.

(28) Schilken, a. a. O., 105f.

(29) Schilken, a. a. O., 106. この点については Jauernig, § 8 II 3 ; Münch Kommentar ZPO / Arnold, § 758 Rn. 60 ; Stein / Jonas / Münzberg, § 758 Rn. 9, Rn. 37 ; Zöller / Stöber, § 758 Rn. 10.

(30) OLG Berlin Rpfleger 1994, 77 m. w. Nachw. ; AG Bad Segeberg NJW-RR 1989, 61 ; E. Schneider, NJW 1980, 2377, 2379 ; Zöller / Stöber, § 758 Rn. 10, m. w. Nachw.

(31) 例えば同意見として E. Schneider, a. a. O., ; Zöller / Stöber, § 758 Rn. 10.

(32) Schilken, a. a. O., S. 108. 結論を同じくするものとして、例えば、LG Berlin DGVZ 1981, 184 ; LG Düsseldorf JurBüro 1987, 1578 ; Baumbach / Lauterbach / Hartmann, ZPO, 53. Aufl. 1995, § 758 Rn. 15 ; Behr, NJW 1992, 2125 ; 2127 ; Bischof, a. a. O ; Münch Kommentar ZPO / Arnold, § 758 Rn. 60 ; Stein / Jonas / Münzberg, a. a. O. ; Thomas / Putzo, ZPO, 19. Aufl. 1995, § 758 Rn. 13.

(33) この点について Schilken, in : Beiträge zum Zivilprozeßrecht V, hrsg. v. W. Buchegger, Wien 1995, S. 141ff., 149 ff. があるので詳細な議論は右論文を参照されたい。

(34) Schilken, a. a. O., S. 108 ff.

(35) Schilken, a. a. O., S. 109.

(36) Schilken, a. a. O., S. 109. わが国においては、債務者以外の第三者が債務者とは独立の占有権限をもつか否かを基準として区別するのが大方の見解である（中野『民事執行法』六六五頁参照）。夫婦の一方に対する債務名義をもってする夫婦居住家屋への明渡執行については中野『民事執行法』六六九頁注（３）参照、同注によれば、執行行為の適法性の問題と他方配偶者による第三者異議の訴えの当否の問題とを区別すべしとされる。

(37) Schilken, a. a. O., S. 109.

(38) この点を詳細に論じたものとして Becker-Eberhard, FamRZ 1994, 1296 ff. がある。

(39) Schilken, a. a. O., S. 109.

(40) Schilken, a. a. O., S. 109.

(41) Schilken, a. a. O., S. 109 f.

(42) BVerfG, NJW-RR 1991, 1101. この点について批判的なのは Münzberg, Festschrift für Gernhuber, 1993, 781 ff, 980 ff.

(43) Schilken, a. a. O., S. 110.

第八章　住居明渡執行における債務者の保護
――特にＺＰＯ七二一条、七九四条ａ及び七六五条ａの判例紹介――

1　序　説

1　論述を進めるまえに、本章のテーマを「家屋明渡執行」とせず「住居明渡執行」とした理由を、まずもって述べておきたい。第一に、家屋は住居のほか事務所、店舗等をも含むという点で、住居より広い概念である。特に住居は人の生活の本拠であり、私的生活は住居において成り立つものである。第二に、ドイツではアパートメント方式の家屋が多く、全体を「家」（Haus）と呼び、それを構成する単位を「住居」（Wohnumg）を呼ぶことは周知の通りである。人の生活の本拠はまさにこの住居において成り立つものである。以上二つの意味において、ＺＰＯ七二一条、七九四条ａは、家屋の明渡執行についてではなく、特に住居の明渡執行について債務者保護の問題を規定しているのである。以上家屋といい住居という場合、両者は以上の意味において使用される。

2　ところで、民事執行法の制定作業の過程において、私は、執行における債務者保護をめぐる若干の問題点をドイツ民訴法におけるそれとの比較において検討した。石川『研究』第二章「苛酷執行について」及び第四章「ドイツ民事訴訟法における換価猶予制度について」がこれである。前者はＺＰＯ七六五条ａを、後者はＺＰＯ八一三条ａを取り扱ったものである。この研究の一環として、本章は住居の明渡執行における債務者保護すなわちＺＰＯ七二一条を中心にして明渡猶予期間について、ドイツの判例を紹介しようとするものである。(1) 住居明渡執行における債務者保護の問題を、今回は諸般の事情から前記の点に限定したが、この問題のより綜合的な検討は近い将来の課題としたいと考えている。

3　住居は人の生活の本拠である。したがって住居明渡の執行が迅速になされればなされるほど、それだけそれが債務者の生活に与える影響は大きい。特に住宅事情との関係から他の代替住居への転居が容易ではない場合には、その影響はさらに大きなものになる。

わが民事執行法は、家屋明渡執行における債務者保護の規定を欠くが、ドイツではＺＰＯ七二一条・七九四条ａ・七六五条ａ等がその趣旨の規定である。これら諸条文のうち、既述の通り、七六五条ａには既に言及したので、便宜上前二者をここに紹介しておく。

第七二一条〔住居の明渡機関〕　住居（Wohnraum）の明渡し（Räumung）を命ずる判決がされる場合には、裁判所は、申立てにより又は職権で、債務者に対し、事情に従い相当と認める明渡機関（Räumungsfrist）を許与することができる。申立ては、判決に接着する口頭弁論の終結前にしなければならない。裁判に際しこの申立てを看過したときは、第三二一条を適用する。補充する裁判があるまで、裁判所は、申立てにより、明渡請求権についての強制執行を一時停止することができる。

②　将来の明渡しを命ずる判決がされたが明渡期間につき未だ裁判がない場合において、判決に従い明け渡すべき日より遅くとも二週間前に申立てがあったときは、債務者に対し、事情に従い相当と認められる明渡期

間を許与することができる。

③　明渡期間は、申立てにより、延長又は短縮することができる。延長を求める申立ては、明渡期間の満了より遅くとも二週間前にしなければならない。

④　二項又は三項による申立てについては、第一審の裁判所が裁判し、事件が控訴審に係属する限りは、控訴裁判所が裁判する。裁判は、口頭弁論を経ないですることができる。裁判前に相手方を審尋しなければならない。裁判所は、七三二条二項に掲げる命令を発することができる。

⑤　明渡期間は、合算して一年を超えることができない。一年の期間は、判決確定の日より起算し、また将来の明渡しを命ずる判決に従い確定より後の日に明け渡すべき場合にはこの日より起算する。

⑥　左に掲げる裁判に対しては即時抗告をすることができる。

一　住居の明渡しを命ずる判決であって、これに対する上訴が単に明渡期間の拒否、許与又は長さの決定に向けられている場合

二　二項又は三項による申立てについての決定

控訴裁判所が裁判した場合には、抗告（Beschwerde）は許されない。再抗告（Weitere Beschwerde）は、することができない。

第七九四条ａ〔明渡しの和解（Räumungsvergleich）に基づく強制執行〕　債務者が強制執行の基本となる和解において住居の明渡し（Räumung von Wohnraum）の義務を負担した場合においては、その住居の所在地を管轄する区裁判所は、申立てにより、事情に従い適当と認める明渡期間（Räumungsfrist）を債務者に許与することができる。この申立ては、和解に従い明け渡すべき日より遅くとも二週間前にしなければならない。裁判所は、口頭弁論を経ないですることができる。裁判前に債務者を審尋しなければならない。裁判所は、七三二条二項掲げられた命令を発する権限を有する。

② 明渡期間は、申立てにより、延長又は短縮することができる。一項二段から五段までを準用する。

③ 明渡期間は、和解締結の日より起算し、全体として一年を超えることができない。和解に従いこれより遅い日に明け渡すべきときは、期間は、その日より起算する。

④ 区裁判所の裁判に対しては、即時抗告をすることができる。再抗告は許されない。

七二一条は、明渡期間設定の要件、期間の長短等について詳細な規定をしていないために、実務上これらは重要な問題になっている。(2) 特に、明渡期間設定の裁判に対する再抗告は許されないため（七二一条六項）、下級裁判所（地裁・区裁）の判例が重要な意味をもつことになるのである。(3) そして、それに附随して七六五条aのうち住居明渡執行に関する判例も重要であるから、これについても考察してみたい。

4 わが国の民事執行法には、家屋明渡執行における債務者保護の規定もないし、また民事執行法の第二次試案の段階であった苛酷執行の規定は民事執行法にいたり姿を消している。しかし、わが国においても実務上家屋明渡執行が苛酷にわたるような場合には、当該執行は苛酷性が著しければ執行法上違法になると考えられる。そこで、右執行の在り方を考察する場合ドイツ法のこの点に関する研究は有意義であると思う。本章の収録の理由はここに求められる。

（1） このテーマに関するドイツ法の文献としては、体系書、コンメンタールを別にして、以下のごときものがある。Schmidt Futterer, Die Neuregelung des Räumungsschutzes nach dem 2. Mietrechtsänderungsgesetz, NJW 1965,19 ff.; derselbe, Probleme des neuen Räumungsschutzrechts, MDR 1965, 701 ff.; Müller, Das Benutzungsverhältnis zwischen Vermieter und Mieter nach Gewährung einer Räumungsfrist gemäß § 721 ZPO, MDR 1971, 253 ff.; Buche, Die Rechtsprechung zur Räumungsfrist nach § 721 ZPO und zum Räumungsvollstreckungsschutz nach § 765 a ZPO, MDR 1972, 189 ff. 本章はこれらのうち、主としてBuche論文を参考にして執筆されたことをおことわりしておきたい。

（2） Buche, a. a. O., 189.

（3） Buche, a. a. O., 189.

2　明渡猶予期間――ＺＰＯ七二一条――

1　住居の明渡しを命じる債務名義として、ドイツ法上、わが法におけると同様に、判決と裁判上の和解とがある。裁判上の和解についてはＺＰＯ七九四条ａが規定している。したがって、ＺＰＯ七二一条はもっぱら判決たる債務名義のみをその対象とする。しかし、明渡しの基礎になる請求権の種類が債権的であるかあるいは物権的であるかを問わない。

但し、一つの賃貸借契約が住居と事務所（又は店舗）の双方を対象としていても、賃料が各別に定められ、且つ不払いも各別になされ、住居部分についての不払いがある場合、あるいは両者が渾然一体としているが住居部分が半分以上を占める場合には、ＺＰＯ七二一条の適用ありとされる。(1)(2)

2　次に、明渡猶予期間の裁定の基準について考察する。

１　まず第一に、明渡猶予期間を設けるべきか否か、設けるとした場合その長短の判断の基準につき、ＺＰＯに明文の規定がないことは既述のとおりである。それらの判断は裁判所の自由な裁量に委ねられる。それらの自由裁量に際して、裁判所は、債務者が当該住居に関し猶予期間の設定につき有する利益（Erhaltungsinteresse）と即時の明渡しにつき債権者の有する利益との間の利益衡量が必要になる。(3)ただし、この場合注目すべきは、ＺＰＯ七二一条が明渡猶予期間を規定するというこの規定の制定趣旨からみて、債務者のもつ右の利益の承認を、基本的には前提としなければならないという点である。(4)

以下、明渡猶予期間を設定するか否か、設定するとすればその期間いかんという点について、判例にあらわれた基準をひろってみたい。基準は大別して債務者に有利に作用するものと、債権者に有利に作用するものとに分類される。

(1)　債務者に有利に考慮さるべき事情として以下のものを指摘することができる。すなわち、①不動産市場（住宅事情）の債務者に不利な状況、[5] ②債務者及びあるいは債務者の家族の高年齢、[6] ③債務者及びあるいはその家族の病気、殊にそのために代替住居を探しえない状況、[7] ④女性債務者又は債務者の妻の差し迫った出産と、産後の一定の回復期間、[8] ⑤子沢山（Kinderreichtum）、[9] ⑥債務者たる若夫婦に幼児がいる場合、[10] ⑦債務者及びその妻の収入が低額である場合、[11] ⑧近い将来転居先が決定しており現時点で引越すと再度転居をしなければならなくなる場合、[12] ⑨債務者が明け渡すべき住居に特に長期間居住した事実、[13] ⑩債務者が高額の転居費用を支払って当該住居に転居して間もない場合等[14]がこれである。

(2)　これに対して、債権者の利益において斟酌すべき事情としては以下のものを挙げることができる。

①賃料及び使用損害金の不履行。[15] すなわち、それらの適時の履行の継続的欠缺、[16] 特にそれが不履行の意思に基づく場合、[17] 賃借人が継続的債務である賃料を一度ならず不履行している場合には、一般的にいって明渡猶予期間は設定されない。[18] 明渡猶予期間が設定された場合でもそれは短期である。[19] けだし、当該土地の占有乃至所有に伴って生じる義務を履行するために、賃貸人は賃借人による賃料の定期的支払いをあてにしているため、債務者に無償で当該住居を使用させるよう債権者に期待することはできないからである。債務者が保護を必要とし且つ保護に値すると考えられるような場合には、その保護を使用損害金の継続的支払いにかからしめることができる。ただし、債務者側に、賃料乃至使用損害金不履行の理由として、反対債権による相殺その他賃貸借契約上の相当な事由がある場合、賃料等の不払いは債権者側に有利に働く事由にならないことは当然である。[20] ②債務名義の成立から長期間経過した場合。[21] ③債務者が当該住居のある家屋の平穏を乱す場合、及びその他賃貸借契約上の義務違反。[22] その際に場合によっては責に帰すべき事由を要しないとされる。[23] 発生後相当の時間が経過した一回限りの事件は一般的にいって不問に付される。[24] 特に債権者がこの種の事件を自ら甘受した場合はそうである。[25] ④債権者債務者間の敵対関係（Verfeindung）。それが特に重大である場合に限る。[26] ⑤建築監督局（Bauaufsicht）が建築物の

収去を命じている場合。[27] ⑥債権者が債務者の居住する住居を必要とする場合、として以下の事情が考えられる。(イ)債権者自身のより快適な生活のために、特に健康上の理由から必要である場合、[28] (ロ)結婚する子供が生活上必要とする場合、[29] (ハ)従業員の生活上の必要がある場合、[30] (ニ)別により高価の賃料をもって賃貸し債権者の経済的状態を改善することができる場合等がこれである。[31] ⑦これに反して、解約告知期間乃至最初に設定された明渡猶予期間経過直後の時期について既に債権者が別の賃貸借契約を締結したという事情は明渡猶予期間設定乃至延長の障害事由にはならないとされる。その理由は次の点に求められている。すなわち、債権者は、義務者に不利であるような住宅事情の下では、解約告知期間乃至最初に設定された明渡猶予期間経過後直ちに転居することを期待しえないからであるとされる。さらに、このようなケースでは、債権者は、右の種類の賃貸により、裁判所が猶予期間設定乃至延長の裁判をなすにあたり、これに影響を及ぼすことを意図したという疑いがもたれることがある。債権者としては、むしろ猶予期間設定手続の終結にいたるまで次の賃貸借契約の締結を待つべきであり、[32] それ以前に債権者が住居に関する処分をなすことは許されない、[33] とされている。

２　債権者が代替住居（Ersatzwohnung）を提供乃至斡旋している場合には特段の事情がなければ、猶予期間の設定は不用ということになろう。さらにまた債務者が誠心誠意代替住居を探しているが探しだせない場合猶予期間の設定乃至延長が必要になる。いずれの場合にも代替住居の内容いかんが問題である。以下この点を若干検討してみよう。

(1)　代替住居の広さ及び質は債務者の地位及び家族にふさわしいものでなければならない。[34] 狭い代替住居を用意して債務者に生活の縮少を求めることはできない。[35] 代替住居は今日住居に求められる最低限度の要求を満足させるものでなければならない。[36] さらに、債務者が健康上の理由から必要とする特別の要請にもかなうものでなければならない。[37] 賃料も債務者の支払能力の範囲内のものでなければならない。[38] ここで賃料と併せて住居の光熱費等必要経費（Wohngeld）も考慮されなければならない。

⑵　債務者は解約告知の効力が明白であれば、告知の到達の時点から実体法上の明渡時期において明渡しをなすため代替住居を探しはじめなければならず、この義務を尽くさないで明渡時期をむかえた場合には、猶予期間は設定されないことになる。[39] 告知の効力が争われている場合には少なくとも判決により明渡義務が確定される時点から債務者は代替住居を探すべきであり、この場合は原則として猶予期間が設定され、債務者が右義務を尽くさない場合猶予期間の延長は認められないことになる。

債務者としては、その社会的地位及び個人的関係を利用してすべての可能な方法を尽くして代替住居を探さなければならない。[40] そもそも期待しえない方法をとる必要はない。[41] 債務者が十分な努力をすれば代替住居を手配できたであろうことが確定される場合に限り、その努力が不十分であったことを理由に猶予期間の延長が許されないことになる。[42] ZPO七二一条の趣旨からみて、債務者が相当な代替住居を賃借できるのに合理的理由なしに賃借しなかった場合、同条の保護は債務者に認められないことになる。[43]

c　代替住居の手配のために尽くすべき方法としては以下のものが考えられる。①地方公共団体への照会、[44] ②日刊紙に求住居広告の掲載、[45] ③日刊紙の貸住居広告への応募等、[46] ④建築会社等への照会、[47] ⑤使用者（傭主）への照会、[48] ⑥不動産仲介業者への依頼、[49] ⑦その他しかるべき筋への照会、[50] 等がこれである。

3　以上により明渡猶予期間を設定するか否か、その長短をどう定めるか等についてのドイツの判例にあらわれた基準の大略を紹介した。

もちろん、わが民事執行法にはZPO七二一条のような規定がないし、わが国とドイツとでは住宅事情も住居の平均専用面積も異なる。したがって、わが法の下で、家屋明渡執行について右に紹介した基準をストレイトに適用して明渡執行の適法性、違法性を判断していくことはできない。わが法の下では、家屋明渡執行における債務者保護について明文の規定を欠くことからみて、家屋明渡執行をなすにあたり、一定の期間をおいて執行を予告しなくても、あるいは執行を場合によっては二、三回に分けて徐々に実施するということがなくても、当該執行を違法とはいえないのが原則である。しかし、例外的に、家屋明渡執行が債務者にとって著しく苛酷である場合それが違法執行になることが考えられる。右に列挙したドイツ民訴法の基準は、その場合違法性の有無を判断する基準として参考になるものを含むと思われる。あるいは、逆に、ある家屋明渡執行が債務者にとって苛酷であると思われる場合、執行官が執行を猶予しても違法にならない限度を判断するうえで参考になるものを含むと考えられる。

特に債務者に有利に考慮さるべき事情として、本節**２**１⑴の諸事由中⑨⑩等が適当なものといえるのか否か疑問の余地があるが、その他の事由はいずれも斟酌すべき事由であると思われる。また、債権者の有利に斟酌すべき事由として本節**２**１⑵の諸事由中④、⑥のうち(ハ)(ニ)等が適当であるか否か問題であると思うが、その他の事由はいずれも斟酌されてしかるべきであるように思われる。

（1）LG Mannheim, 1. 12. 1965, DWW 1966, 108 = ZMR 1966, 107, und 2. 11. 1967, MDR 1966, 328 = ZMR 1968, 190.

（2）LG Mannheim, 31. 3. 1965, WM 1965, 121—ZMR 1966, 277.

（3）利益衡量の一般原理についてはここでは立ち入らない。ただし、Vgl. Hubmann, AcP Bd. 154, 85.

（4）AG Dortmund, WM 1970, 13 = ZMR 1970, 121 ; LG Düsseldorf, WM 1969, 190 = ZMR 1970, 121 ; LG Mannheim, DWW 1966, 110 = ZMR. 1967, 189 ; Hans, Das neue Mietrecht in den weißen Kreisen § 721 ZPO Anm. 4 d ; Pergande, Wohnraummietrecht § 721 ZPO Anm. 5.

（5）LG Lübeck, 29. 12. 1970—7 T 524 / 70 ; LG Mannheim, WM 1967, 107 und MDR 1968, 419 = WM 1968, 50 = ZMR 1968, 189 ; AG Münster, WM 1968, 98 ; AG Pfarrkirchen, WM 1966, 16 ; AG Sonthofen, WM 1970, 84 = ZMR 1970, 372.

（6）LG Essen, WM. 1967, 209 = ZMR 1968, 191（八〇歳）; LG Kaiserslautern, ZMR 1968, 54（七〇歳）; AG Köln, WM 1970, 107 = ZMR 1970, 373（七八歳）; LG Lübeck, 29. 12. 1970—7 T 524 / 70（七〇歳）; LG Mannheim, WM 1968, 203（六五歳）; LG Münster, WM 1968, 83 = ZMR 1969, 219（八〇歳）; AG Osnabrück, WM 1966, 107 = ZMR 1966, 278（七九歳）.

（7） LG Itzehoe, WM 1966, 107（既に二ヶ月間の入院、さらにひきつづき二ヶ月入院予定のケース）；LG Itzehoe, WM 1967, 65 = ZMR 1967, 189（一一週間の入院）；LG Itzehoe, WM 1967, 86（幼少時身体障害 “Frühinvalidität”）；LG Kaiserslautern, ZMR 1968, 54（重度傷害及び心臓病）.

（8） AG Burgsteinfurt, WM 1965, 158 = ZMR 1966, 127（出産後の六週間の回復期間をも含める）；LG Lübeck, 9. 9. 1970—7 T 462 / 70 ; AG Münster, WM 1967, 190 = ZMR 1968, 56（出産後二ヶ月の回復期間）；LG Münster, WM 1968, 51 ; AG Münster, WM 1968, 98.

（9） LG Lübeck, 9. 9. 1970—7 T 462 / 70（三人）；AG Münster, WM 1968, 98（三人）；LG Augsburg WM 1967, 48 = ZMR 1967, 190（三人）；LG Lübeck, 9. 9. 1970—7 T 446 / 70（四人）；AG Münster WM 1968, 186（四人）；AG Hagen, WM 1966, 106（六人）；LG Heilbronn, WM 1966, 107 = ZMR 1996, 278（七人）.

（10） LG Essen, WM 1966, 139 ; LG Mannheim, WM 1967, 107.

（11） AG Augsburg, ZMR 1967, 31 ; LG Lübeck, 29. 12. 1970—7 T 524 / 70（独身の年金生活者につき月額三七九・三〇マルク）；LG Lübeck, 9. 9. 1970—7 T 446 / 70（四人の子供とともに生活保護をうけて生活している独身婦人）；AG Münster, WM 1968, 98（三人の子供のいる家庭で収入月額七〇〇マルク）；AG Sonthofen WM 1970, 84 = ZMR 1970, 372（一二歳の息子のいる収入月額六四〇マルクの債務者）.

（12） LG Heilbronn, WM 1966, 49 = ZMR 1966, 281 ; AG Wuppertal, WM 1966, 49 = ZMR 1966, 281 ; AG Dortmund, WM 1969, 150（約一ヶ月後に転居が決定している場合）；AG Wuppertal, WM 1969, 15 = ZMR 1969, 219（一ヶ月後の転居）；LG Münster, WM 1968, 83（約六週間後の転居）；LG Essen, WM 1966, 120 = ZMR 1966, 273（約二ヶ月後の転居）；LG Heilbronn, WM 1966, 107 = ZMR 1966, 278（二ヶ月）；LG Heilbronn, WM 1966, 66（二、三ヶ月）；LG Köln., WM 1969, 151 = ZMR 1970, 371（三ヶ月）；LG Köln, MW 1970, 138 = ZMR 1970, 373（四ヶ月）；AG Bensberg, WM 1967, 87（六ヶ月）.

（13） LG Essen, WM 1967, 209 = ZMR 1968, 191（一〇年間の居住）；LG Dortmund, WM 1965, 120（二九年間）, AG Stolberg, MDR 1969, 846（二九年間）；AG Osnabrück, WM 1966, 107 = ZMR 1966, 278（三一年間）；LG Kaiserslautern, ZMR 1968, 54（四七年間）.

(14)　AG Dortmund WM 1970, 13 = ZMR 1970, 121.
(15)　LG Lübeck, 6. 7. 1970—7 T 391 / 70 ; AG Münster, WM 1967, 190 = ZMR 1968, 56.
(16)　LG Lübeck, 29. 7. 1970—7 T 391 / 70 ; AG Münster, WM 1967, 190 = ZMR 1968, 56.
(17)　LG Lübeck, 4. 2. 1965—7 T 843 / 64.
(18)　LG Lübeck, 22. 12. 1970—7 T 734 / 40 ; LG Mannheim, MDR 1966, 242 = WM 1966, 29 = ZMR 1966, 276.
(19)　AG Wuppertal, WM 1969, 15 = ZMR 1969, 219.
(20)　LG Lübeck, 6. 7. 1970—7 T 391 / 70.
(21)　LG Mannheim, WM 1965, 86 = ZMR 1966, 280 ; AG Sonthofen, WM 1970, 84 = ZMR 1970, 372.
(22)　LG Köln, WM 1970, 121 = ZMR 1970, 372（賃借人とその息子との間の争いによって当該家屋内の他の住居の賃借人の夜間の安静を乱す場合）; LG Münster, WM 1969, 103（家主の許可なく債務者が息子の嫁を当該住居に同居させることは、債権者側に有利な事由としては十分でないとされた）.
(23)　LG Lübeck, 26. 6. 1970—7 T 284 / 70（錯覚や追跡妄想によって、壁をたたいたり、大声で悪口を云ったり、ドアのベルをならしたりして隣人に迷惑をかける場合）.
(24)　LG Düsseldorf, WM 1969, 190 = ZMR 1970, 121（夜間になされた一回限りの声高の議論）; LG Essen, WM 1966, 139（訴訟による緊張した状態の結果貸主に対し一回かぎり無礼な行動があった場合）; LG Itzehoe, WM 1968, 69 = ZMR 1968, 191（住居の湿気を申告すべき義務をかなり以前に一回限り怠った場合）; LG Lübeck, 22. 12. 1970—7 T 672 / 70（債権者が、彼が既に以前になされた明渡猶予期間設定手続において主張した事件のみを援用することはできない旨を判示）.
(25)　LG Lübeck, 22. 12. 1970—7 T 672 / 70.
(26)　LG Heilbronn, WM 1966, 66 = 1966, 255 ; LG Itzehoe, WM 1966, 140 ; LG Lübeck, 9. 9. 1970—7 T 462 / 70.
(27)　AG Münster, WM 1968, 186.
(28)　LG Itzehoe, WM 1968, 34 = ZMR 1968, 191（債権者としては、彼の妻がもはや階段をのぼらなくてもよいように借主の住居に引越したいという場合）LG Lübeck, 17. 1. 1970 — 7 T 34 / 70（債権者自身がもはや階段をのぼってはいけない場合）; LG Mannheim WM 1968, 203（自ら住居に使用するために必要なので相続家屋を改築する場合）.

(29) AG Warendorf, WM 1965, 70; AG Bad Tölz, WM 1967, 85（息子が生活を改善するため）.

(30) LG Itzehoe, WM 1967, 65 = ZMR 1967, 189; LG Mannheim, MDR 1966, 847 = WM 1966, 159 = ZMR 1966, 319; LG Münster, WM 1967, 49 = ZMR 1967, 224.

(31) AG Bensberg, WM 1967, 87; LG Itzehoe, WM 1967, 86; LG Wuppertal, WM 1967, 10.

(32) LG Essen, WM 1966, 120 = ZMR 1966, 273; AG Dortmund, WM 1969, 150; LG Heilbronn, WM 1966, 49 = ZMR 1966, 281; AG Köln WM 1970, 175; LG Mannheim, ZMR 1967, 185 = WM 1970, 138 = ZMR 1970, 373; AG, Münster, WM 1969, 149.

(33) LG Lübeck, 26. 5. 1970—7 T 250 / 70; LG Frankfurt a. M. WM 1968, 15 = ZMR 1968, 188.

(34) AG Augsburg, ZMR 1967, 31（二人の成人せる息子と夫婦にとって四部屋の住居は十分である）; LG Mannheim, WM 1965, 86 = ZMR 1966, 280（債務者は家具付の部屋を賃借する必要はないし、祖父母が孫を同居させる必要はない）; LG Mannheim, ZMR 1967, 185（四人の成人者により構成される家族にとって二部屋の住居は十分ではない）; LG Münster, WM 1967, 104 = ZMR 1968, 49（三歳及び一歳の子供のいる夫婦にとり七七平方米の三部屋の住居は十分である）.

(35) Buche, a. a. O., 193. 反対説をとるものとして、LG Itzehoe, WM 1968, 34 = ZMR 1968, 191（債務者は、これまで彼と生活を共にしてきた息子一家と別居すべきであると判示する）.

(36) LG Lübeck, 26. 6. 1970—7 T 286 / 70 und 27. 7. 1970—7 T 48 / 70（上水道がなく便所が住居外にある住居は最低の要件を満足しているとはいえない）.

(37) AG Burgsteinfurt, WM 1966, 107（老衰のはじまった老人にとって四階の住居は適当とはいえない）; LG Münster, WM 1967, 49 = ZMR 1967, 224（債務者が病気のため乾燥した暖かい住居を必要とする場合）.

(38) LG Itzehoe, WM 1967, 49 = ZMR 1967, 189 und WM 1968, 34 = ZMR 1968, 191; LG Münster, WM 1967, 104 = ZMR 1968, 49; AG Warendorf, WM 1965, 70.

(39) LG Lübeck, 1. 4. 1966—7 T 237 / 66.

(40) LG Lübeck, 26. 5.1970—7 T 250 / 70 ; LG Mannheim, WM 1966, 141 = ZMR 1966, 276 ; LG Münster, WM 1968, 51.
(41) LG Frankfurt a. M., WM 1968 15 = ZMR 1968, 188 ; AG Hagen, WM 1966, 104（六人の子供のいる家庭では、求住居の広告を出すこと、貸住居の広告に応募すること、仲介業者に依頼することは無理である）.
(42) LG Lübeck, 29. 12. 1970—7 T 524 / 70 ; AG Hagen, WM 1966, 104 ; LG Itzehoe, WM 1968, 98 = ZMR 1969, 219.
(43) LG Itzehoe, WM 1967, 139 = ZMR 1968, 56.
(44) LG Lübeck, 1. 4. 1966—7 T 237 / 66.
(45) LG Dortmund, WM 1965, 120 ; LG Münster, WM 1968, 51.
(46) LG Dortmund, WM 1965, 120 ; LG Heilbronn, WM 1966, 107 = ZMR 1966, 278.
(47) AG Bensberg, WM 1967, 87 ; AG Hagen, WM 1966, 104（特に子沢山の家庭ではこれが必要である）; LG Lübeck, 22. 12. 1970—7 T 672 / 70.
(48) LG Münster, WM 1968, 51.
(49) LG Dortmund, WM 1965, 120 ; Kassel, ZMR 1967, 188 ; AG Köln WM 1970, 155.
(50) AG Hagen, WM 1966, 104（子沢山の家庭への住居の支給につき影響力をもつ機関等への照会）; LG Kassel, ZMR 1967, 188（カッセル家主組合"Wirtschaftsgenossenschaft der Kasseler Hausbesitzer"への申告）; AG Münster, WM 1968, 186（子沢山の者は、教会関係乃至慈善関係団体に照会すべきである）.

3　明渡猶予期間——ＺＰＯ七九四条ａ——

ＺＰＯ七九四条ａにいう住居の明渡しの和解（債務者が強制執行の基本になる裁判上の和解において住居の明渡義務を負担した場合）の締結後に、同条により明渡猶予期間を設定乃至延長する裁判をすることは（これは住居明渡しの和解の成立を容易にするための規定である）、ＺＰＯ七二一条の場合のように安易になされるべきものであるとはいえない。けだし、明渡期日乃至猶予期間の和解による設定には債務者の同意があり、それらが裁判所により判示されたものではないからである、とされている。[1] 特に明渡しの時期乃至猶予期間が和解条項となっているのであるから、批判的見解もないではないが、[2] 右の立場に賛成すべきであるように思う。

（1）　LG Kassel, ZMR, 188 und WM 1970, 107 = ZMR 1970, 373.
（2）　Buche, a. a. O.,198.

4　苛酷執行——ＺＰＯ七六五条ａ——について

住宅管理法（Wohnraumbewirtschaftungsgesetz）三〇条・三一条の規定が廃止された今日、債務者保護規定としては、明渡執行における債務者保護規定としては、ＺＰＯ七二一条・七九四条ａのほかはＺＰＯ七六五条ａ（苛酷執行）[1] のみが挙げられるにすぎない。前二者については既に第二、第三章において述べた。本章ではＺＰＯ七六五条ａについて言及しておきたい。

住居明渡執行におけるＺＰＯ七六五条ａの適用場面として、換言すれば住居明渡執行が債務者にとり苛酷になる場合として、特段の事情のある場合や、[2] 債務者に代替住居がなく、それゆえに浮浪者収容施設（Obdachlosenbehörde）による保護を求めなければならなくなるような場合[3] のほか以下のごとき場合が考えられる。

①債務者乃至その家族の生命が急の重病のために住居明渡執行により危険にさらされるような場合、[4] ②短期間待てば代替住居への転居が可能であり、中間的転居を挿入したり、場合によってはその間浮浪者収容施設に収容することが債務者にとって特に苛酷であると思われる場合、[5] ③債務者がＺＰＯ七二一条二、三項及び七九四条ａ一項の中立期間を解怠したが、裁判所が原状回復（eine Wiedereinsetzung in den vorigen Stand）を不適法とみた場合、[6] 等がこれである。

（1）　ＺＰＯ七六五条ａの詳細については、石川『研究』第二章参照。

（2）　AG Hagen, WM 1967, 175 = ZMR 1968, 191（行政・警察官庁が宿泊を公共の浮浪者収容施設に紹介した七五歳の未亡人について適用）; LG Mannheim, ZMR 1966, 351（盲者に対して無制限とはいえないにしても大幅に適用している）; LG Mannheim, WM 1969, 134 = ZMR 1969, 220（猶予期間設定の可能性がつきた後に、社会的に能力の認められない債務者に対し浮浪者収容施設が介入する以前にそれよりましな施設を探す機会を与えるために、短期間の執行保護を与えた事例）.

（3）　AG Hannover ZMR 1970, 372; LG Göttingen, MDR 1967, 847 = ZMR 1968, 54; AG Bad Wildungen, WM 1965, 105 = ZMR 1966, 279（債務者が八八歳でも適用を認めない事例）; LG Kempten, MDR 1969, 1015; LG Lübeck, 20. 7. 1970—7 T 426 / 70, 24. 8. 1970—7 T 491 / 70 und 10. 9. 1970—7 T 529 / 70; LG Kiel, WM 1970, 50 = ZMR 1970, 372.

（4）　AG Burgsteinfurt WM 1966, 178（債務者が診断書によって明渡執行がなされると彼の妻の生命が危険にさらされる旨を証明した場合）; AG Ibbenbüren, WM 1968, 133（債務者の慢性的肺ぜんそく"Lungenasthma"が明渡執行によって極度に悪化するであろう場合）. AG Sonthofen, WM 1969, 173 = ZMR 1970, 372及び LG Kempten, MDR 1969, 1015は、七五歳及び七六歳の病気にかかった年金受給者たる夫婦が養老院に入所するまで期間を定めることなく明渡執行を猶予した。LG Münster, WM 1967, 120 = ZMR 1967, 310（身体障害者で且つ重い心臓病にかかっており、そのうえ明渡期日の直前に別に心筋梗塞にかかった債務者に本条が適用された）. LG Lübeck, 20. 7. 1970 — 7 T 426 / 70; LG Lübeck, 24. 8. 1970—7 T 491 / 70等によれば、債務者又はその家族が明渡日に医者にかかることにより健康上の危険が避けられないものか否かという点が検討さるべしと判示している。LG Paderborn, WM 1965, 104は債務者の妻のお産まで二ヶ月以上もあるということは、強制執行の妨げにはならないとしている。

（5）　LG Köln WM 1969, 103 = ZMR 1970, 122（三日間の期間）; LG Itzehoe, WM 1966, 106 = ZMR 1966, 278（四週間）; LG Lübeck, 18. 5. 1966—7 T 190 / 66（四週間）AG Köln WM 1970, 175（浮浪者収容施設への収容により三人の未成年の子供が道徳的堕落の危険にさらされることを考慮して、五週間）; AG Köln WM 1970, 155（住宅事情及び債務者が代替住居を探す義務を果たしたという事実を勘案して二ヶ月）; AG Lübeck, WM 1970, 67 = ZMR 1970, 372（三四年間当該住居に居住した八〇歳の心臓病の年金生活者たる債務者に三ヶ月）; LG Lübeck, WM 1970, 13 = ZMR 1970, 122（前記 AG Lübeck と同旨）.

原則的に否定的な見解をとるものとして、LG Kassel, WM 1965, 192 = ZMR 1966, 127; LG Wuppertal, MDR 1968, 52 = WM 1967, 191 = ZMR 1969, 218 は九週間の期間を長すぎるとしている。

（6）LG Mannheim, DWW 1976, 107 = ZMR 1967, 315; MDR 1968, 925 = WM 1968, 149 = ZMR 1969, 218 ; LG Wiesbaden, ZMR 1966, 320.

5　結　語

ZPO七六五条aは同七二一条や同七九四条aに対して補充的な規定であり一般条項である。あるいはZPO七六五条aが原則規定であり同七二一条・七九四条aが例外規定であるというべきであろうか。したがって、住居の明渡執行のうち後者の二ヶ条で救済できないがしかし債務者にとって苛酷である執行について債務者を救済しようとするのがZPO七六五条aの規定である。わが法にあっては、それらのいずれも存しない。したがって、猶予なしにする住居の明渡執行も原則的に適法というべきであろう。だがしかし、本章**2**節・**3**節及び**4**節に指摘した諸基準に照らして、著しく右執行が債務者にとって苛酷である場合には、違法になるものと考えてよいと思われる。

〔付記〕本章は法曹時報三二巻四号（一九八〇年四月）に掲載されたものである。そのため引用文献も当時のままであり、その後の学説・判例は補充されていないことをお断りしておきたい。

第九章　ドイツの動産執行における交換差押制度について

1　序　説

ＺＰＯの動産執行に関する交換差押えの規定である八一一条ａ・八一一条ｂは、その条文の枝番号が示しているように一九五三年八月二〇日公布の「強制執行の領域における処分に関する法律」（Das Gesetz über Maßnahmen auf dem Gebiete der Zwangsvollstreckung v. 20. 8. 1953.（BGBl. I 952））により追加されたものである。この制度は、それ迄の二〇年間、学説・判例が展開してきた成果を法制化したものといってよい。(1)(2)

ＺＰＯ八一一条ａは以下のように規定している。(3)

第八一一条ａ〔交換差押え Austauschpfändung〕　八一一条一号、五号及び六号により差し押えることのできない物の差押えは、債権者が債務者に対して、物を取り上げる前に、保護の理由である利用目的を充足させる代償物（Ersatzstück）又はその代償物の調達に必要な金額を交付する場合においては、これを許可することができる。代償物を適時に調達することが債権者に不可能であり又は期待できないときは、代償物の調達に必要な金額を執行売得金（Vollstreckungserlös）から債務者に交付する旨の制限を付して、差押えを許可することができる（交換差押え）。

② 交換差押えの許容性については、執行裁判所は、債権者の申立てにより、決定をもって裁判する。裁判所は、事情に従い交換差押えが適当であるとき、特に執行売得金が代償物の価格を著しく超過することが予期できるときに限り、交換差押えを許可するものとする。裁判所は、債権者が提供した代償物の価格又は代償物調達に必要な額を確定する。一項前段の交換差押えの場合においては、確定された金額を執行売得金より債権者に償還する。その金額は強制執行の費用に属する。

③ 債務者に交付された金額は、差し押えることができない。

④ 一項後段の交換差押えの場合においては、差押物の取上げ（Wegnahme）は、許可決定（Zulassungsbeschluß）の確定後にのみ許される。

第八一一条b〔仮の交換差押えVorläufige Austauschpfändung〕　裁判所による許可が予期できるときは、裁判所の事前の許可がなくても、仮の交換差押えが許される。執行官は、執行売得金が代償物の価格を著しく超過することが予期できる場合に限り、交換差押えをするものとする。

② 債権者が差押えの通知後二週間以内に八一一条a二項の申立てを執行裁判所にしない場合、又はこの申立てを却下する裁判が確定した場合には、差押えを取り消さなければならない。

③ 通知に際しては、申立期間及びその懈怠の効果を指示して、差押えが交換差押えとしてされたことを告知しなければならない。

④ 債務者に対する代償物又はその調達に必要な金額の引渡し及び強制執行の続行は、八一一条a二項の決定がされた後において債権者の指示に基づいてする。八一一条a四項を準用する。

注　右八一一条a一項にいわゆる、八一一条一号は、個人的使用又は家事に供する物、特に衣服、下着、ベッド、家具及び台所用具の差押禁止、同条五号は、肉体的若しくは精神的労働又はその他の人的給付に基づいて生計を立てる者については、この生業を続けるために必要な物についての差押禁止、同条六号は、五号に掲げる者の寡婦及び未成年の相続人について、この者が自己の計算において代理人により生業を継続する場合、その生業継続のため必要な物の差押禁止の規定である。

ここに、ZPO八一一条aおよび同八一一条bの両条を掲記したことにより、読者は動産執行における交換差押制度の概要を理解することができるものと考える。

この制度は、既述のように当初法規によってではなく、学説・判例により発展せしめられたものである。この点を考慮すれば、わが国の民事執行法がこの制度を採用しなかったとはいえ、ドイツにおけると同様に、現行法上、学説・判例によって、これを発展させる可能性が全くないとは言い切れないように思われるし、また発展させてはいけないともいえないように思われるのである。もちろん、法治国家主義下の民事執行法において、執行権の行使をその不利益に受忍すべき債務者にとり、負担、不利益になる制度を解釈論としてまた運用上設けていくことに問題がないとはいえない。殊に、執行実務に従事する執行官にとって、明文の規定をもって認められているわけではない交換差押制度というものを実務に導入することについて、大きなためらいを感じるであろうことは容易に想像しうるところである。しかしながら、交換差押えは、実質的には差押禁止財産の縮小解釈を行うのと変わりがないという側面をもっていることも認めなければならないであろう。交換差押制度を導入する根拠の一つとして、逆にこれを否定することが債務者側の執行における権利濫用に該当するということが挙げられるかもしれない。

私自身は、民事執行法の立法過程で、交換差押制度を話題としながらも、立法者がその採用に踏み切らなかった点からみて、同法の解釈としてこれを導入することは困難であると考えている。しかし、解釈論として右制度の導入ができるならば、その解釈論の為に、将来の立法的課題であるというのであれば立法の資料として、ここに動産執行における交換差押制度につき若干の紹介をしておきたいと考えたのが、本章を執筆した動機である。

2　ZPO八一一条aと八一一条bの原則・例外関係

1　交換差押えの適法性については、執行裁判所が決定手続により裁判するものとされている。すなわち、ZPO八一一条aによれば、差押禁止物の差押えは、執行裁判所の明示的許可があった場合にはじめて許されることになるのである。この根底にある思想は、その判断が部分的にであれ困難な法的ないし事実的問題は、その判断を執行官に委ねるのではなく、執行裁判所に委ねるべきであるという考え方である(3)。もとより交換差押えの許可を裁判所の判断に委ねることについて異論があるわけではない。しかし問題は以下に述べる点に存する。交換差押制度の目的は高価な債務者の財産を債権者の満足に供するという点にあるが、この制度目的が右の許可手続によって阻害されるようなことがあってはならないという点である。債権者が交換差押えの許可の申立てをなし、当該手続の係属中に債務者が高価な差押禁止物を入れ替えてしまい、交換差押えの対象からはずすことにより右の危険が生じることになる。現に交換差押えの法制化以前、交換差押えが解釈・運用により実施されていた時代に、債務者によるその濫用的利用がしばしば行なわれたことは、周知の事実であるといわれている。この危険に対する対抗手段として立法者が考案したのが、ZPO八一一条bの「仮の交換差押え」制度である。ZPO八一一条bの制度は、法制化以前の一連の判例(4)を基礎にして制定されたものである。ZPO八一一条bによると、仮りの交換差押えにより執行官は差押禁止物を差押え、次にその当否が事後的に執行裁判所の決定により検討される形になる。すなわち、右の制度の導入により、ZPO八一一条aにおいてみられる、裁判所の許可の申立てと交換差押え迄の時差が解消され、この間になされる債務者の交換差押えの潜脱行為を回避することができることになるのである。換言すれば、債権者は、害意のある債務者の妨害の虞れなく交換差押えの許可の申立てをすることができるようになるのである。この場合、執行裁判所としても、交換差押えの要件事実の解明のために、害意のある債務者の妨害の危険を懸念することなく、（任意的）口頭弁論（ＺＰＯ七六四条三項、日本民執法四条に相当）を開いて審理することすら可能になり、債権者・裁判所にとり満足すべき手続の展開が期待できることになるのである。

２　右にみたように、現行ＺＰＯの建前としては、八一一条ａと八一一条ｂとの関係は、前者が原則、後者が例外ということになっているのであるが、この原則・例外関係を逆転させるということも一つの合理的方法ではないかと考えられる。交換差押制の法制化以前に、害意のある債務者の妨害によって右制度が実効性を阻害されていたことに鑑み、右の逆転は必要であると考えられるし、また、そのことが、反面、執行官の権限の強化、地位の向上にもつながるという面があることを否定することはできない。

ＺＰＯ八一一条ａと八一一条ｂとの間にある原則・例外関係の逆転は、立法としてなされることが望ましい。しかしながら、交換差押制度の実務の運用上右の原則・例外関係を逆転することも十分考えられ、これを提案している学説もある。(5)

3　引換給付執行規定の類推

１　つぎに交換の方法について考察してみたい。

差押えが代替物の引渡しにかかっている場合の状況は、引換給付の執行の状況に類似しているといえる。双方の場合ともに、債務名義の執行は一定の要件の存否にかかっている。すなわち、代替物の引渡しや引換給付が執行開始の要件になっているという点で両者の間に類似性がある。もちろん、両者ともに、執行文付与にあたりその成就が審判されるべき条件が問題になっているわけではない（ZPO七二六条一項、これは民執法二七条一項に相当）。引換給付が執行開始の要件であって、先履行を求めるものではないのと同様に、交換差押えにおける債権者の代替物の引渡しも交換差押え開始の要件だからである。これに対して、引換給付と交換差押えの相違点は次の点に求められる。すなわち、引換給付は債務名義に表示されるものであるのに対して、交換差押えは決定により許されるという点である。しかしかような相違点はあるにしても、両者の類似性からして、交換差押えに引換給付の強制執行に関するZPO七五六条を類推適用することが既に以前から提唱されていた(6)。そしてその類推適用は成果を挙げたのである。

ZPO七五六条に相当する規定は、民事執行法上存在しないが、同条は以下のように規定している。すなわち、第七五六条〔交換的給付の場合の強制執行〕執行が債務者に対して債権者が交換的（Zug um Zug）にすべき給付に係るときは、執行官は、債務者の受けるべき給付を、受領遅滞（Verzug der Annahme）の生ずる方法において債務者に提供する以前には、強制執行を開始することができない。ただし、公の証書若しくは公の認証ある証書により債務者が弁済を受けたこと又は受領遅滞の状態にあることが証明され、かつ、この証書の謄本があらかじめ又は同時に送達された場合には、この限りでない。

2　ZPO八一一条bの場合についていうと、代替物が債務者に提供された場合、執行官としては、それが代替物に求められる性質を充足するものであるか否かを調査しなければならない。この判断を下すために専門知識を必要とする場合、執行官は鑑定人を依頼することができるとされている(7)。債権者は右の証明につき証明責任を負う(8)。債権者が右の証明をしない場合執行官は交換差押え（当該差押禁止物の差押え）を拒否することができる。然るべき代替物を提供したにもかかわらず執行官が交換差押えを拒否した場合、債権者は執行裁判所に対して執行に関する異議を申し立てることができるとされる。

３　代替物は債務者を受領遅滞に陥らせる方法において提供されなければならない（ＺＰＯ七五六条、ＢＧＢ二九三条以下）。すなわち代替物を現実に提供しなければならない（ＢＧＢ二九四条）。債務者が事前に代替物を認めない旨をすでに表明している場合にかぎり、代替物の提供の申出をもって足り、現実の提供を必要としない（ＢＧＢ二九五条）。執行官は、代替物の提供により又は提供の申出により、債務者を受領遅滞の状態に陥らせれば、債務者が当該代替物を受領するか否かとは関係なく、当該差押禁止物に対する執行を適法に続行することができることになる。

４　代替物の要件の欠缺

１　ＺＰＯ八一一条ａの場合、交換差押えの時点において、代替物の具備すべき要件が欠けている場合、交換差押えの要件が欠缺するがゆえに、債務者は執行方法に関する異議（ＺＰＯ七六六条。ＺＰＯ八一一条ａ一項は、交換差押えを裁判所の決定にかからしめているが、右決定は司法補助官の権限とされているので、これに対する異議は方法異議とされている）の申立てができる。これに対して、代替物の要件欠缺が執行終了後にはじめて判明した場合、債務者にいかなる救済が与えられるかという点については問題がある。この点に関する明文の規定はない。したがって、この問題はこれを解釈論的に解決する以外にないのであるが、そこで問題になるのは、債権者・債務者間の利益調整である。

売買や交換にあっては瑕疵担保責任を追求することが認められているが、交換差押えにおける瑕疵担保責任があるとすれば、それは売買や交換といった法律行為に基づくものとはいえない。すなわち、交換差押えは両当事者（債権者・債務者）の意思の合致に基づいてなされるものではなく、裁判所の許可により強制的になされるものである。当事者間に成立する訴訟法律関係から瑕疵担保責任上の義務を導くことはできない。けだし、訴訟法律関係からは単なる負担を導くことはできるが、これに反して行為義務を導くことはできないと一般にいわれているからである、といわれている。(9) 訴訟上の信義誠実の原則（ＢＧＢ二四二条参照）を最大限に広く解釈しても右の担保責任上の義務を導くことは困難である。(10) けだし、訴訟法上の信義則は、当事者をして、当該訴訟において一定の行為をなし、若しくはなさず、又は一定の法律効果の主張を受忍する義務を負わしめるものであるが、訴訟終了後に一方当事者に相手方当事者に対する実体法上の請求権を与えるということはないからである。(11) さらにまた、瑕疵担保義務は執行債権の基本たる法律関係からもでてこない。

２　右の瑕疵担保責任については明文の規定がないのであるから、これを認めるとすれば解釈によらなければならない。その解釈は、一方で交換差押制度の法制化の趣旨、他方で現行の瑕疵担保責任規定の分析をふまえたうえでなされるべきものである。特にここで参考になるのはＢＧＢの売買における瑕疵担保責任規定である。(12) すなわち、ＢＧＢ四四〇条一項、三二〇条乃至三二七条が交換差押えに類推適用されるとするならば、債務者としては——ＢＧＢ四四〇条により権利の瑕疵が不履行と同視されるために——履行、すなわち負担なき所有権の引渡しを要求することができることになる。加えてＢＧＢ四四〇条（買主の権利に関する規定）二項によれば、債務不履行による損害賠償請求権も発生する。これに対して、ＢＧＢ三四六条（解除の効果の規定）による返還(Rückgewähr)は、差し押えられた差押禁止物の所有権が競売により第三者に帰属することになるため認められていない。さらにＢＧＢ三二五条（債務者が主張すべき不能の規定）による解除は許されない。

ドイツ法の解釈としては、売買の目的物について権利の瑕疵があっても解除ができないのではないかという疑問と同じ根拠から、物の瑕疵についても解除(Wandelung)を否定することになる（ＢＧＢ四六七条）。これに対して代金減額(Minderung)制度を活用することはできる。すなわち、代価の減額は、交換差押えにあっては、代替物の確定した価額の減額を意味する。したがって事態は高すぎる代金を支払った場合に類似している。代替物の価値が然るべき額以上に評価されたのであるから、債務者は差押禁止物の売却代金から高い評価額と正当な

評価額との差額を返還してもらうか、その差額分だけ債権者の債権の満足が図られたものとすることになるのである。(13)

5　結　語

民事執行において、債権者の満足は最大限にはかられなければならないのが原則である。差押禁止財産の規定はあくまでも例外規定である。かかる観点からすれば、民事執行法も交換差押えの制度を導入すべきであったように、私は考えている。かかる観点から、ドイツ民訴法上交換差押えが当初は実務の運用上解釈論により導入され、それがＺＰＯ八一一条ａおよびｂにおいて法制化されたという点は、極めて注目すべきであり、また興味のある事実であるように、私には思えるのである。もっとも中野『民事執行法』五四三頁は代償的金銭の交付を条件に当該動産の差押禁止をといて差押えを許可できる旨説く。しかし交換差押えは優先主義をとらない日本法の下ではこれを認める必要性に乏しいとされる（同五五四頁注（8））。

（1）　交換差押えに関するドイツの文献としては、Böhle-Stamschräder, NJW 1953, Heft 40. S 1449 ff ; Hartmann, JZ. 1953, Heft 50, 1856 ff ; Hartmann, ZZP 67 Band S. 199 ff等がある。
（2）　この点の詳細については、Böhle-Stamschröder の前掲論文参照。
（3）　Begründung zum Entwurf des Ges., BT-Drucks. Nr. 3284 der 1. Wahlperiode, S. 22.
（4）　LG Gießen, DRZ 49, 502 ; LG Kassel, MDR 51, 45（47）, OLG Hamm, JZ 51, 345.
（5）　Hartmann, JZ 1953, Heft 50, S. 1856.
（6）　Schlossmann, DJZ 13, 1439 ; LG Berlin, JW 34, 1438 ; LG Dresden, JW 34, 3307.
（7）　Baumbach-Lauterbach, ZPO 20 Aufl, § 756 Anm 2.

（8）　LG Berlin, JW 34, 1438.
（9）　通説的見解である。
（10）　Hartmann, a. a. O., S. 1857.
（11）　Hartmann, a. a. O., S. 1857.
（12）　Vgl. Grund, JW 33, 1868, Ritter, JW 37, 1677 ; LG Berlin, JW 34, 1438 ; LG Drresden, JW 34, 3308.
（13）　Hartmann, a. a. O., S. 1858.

〔追記〕

本章を第一編第九章として掲載したのは、交換差押えにおける債権者の執行債権の保護（債権者の財産権保護）と債務者の差押禁止財産という制度を通して債務者の社会的法治国家における生存権の保護との調整が問題になるからである。ここにも比例原則が顔を出しているものと理解することができる。

なお初出「民事執行実務第一五号」掲載時の原題は「ドイツ……」ではなく「西独……」であったが現在東西ドイツの統一がなされているので本章タイトルを標記のとおりに変更した。

第一〇章　ボン基本法の基本権と強制執行法の交錯

――Gerhard Lüke 教授の論文を読んで――

1　序　説

ドイツ・ザールラント大学 Gerhard Lüke 名誉教授（慶應義塾大学名誉法学博士）は、Dike 一六一頁以下に "Bemerkungen zum Thema Grundrechtsverletzungen in der Zwangsvollstreckung" と題する論文を寄稿している。この論文はボン基本法の規定する基本権と強制執行法が交錯する個別的テーマを一五項目ほど取り上げてそれぞれ簡単に説明したものである。そこで、そのうち私からみて関心のある項目を若干取り上げて紹介してみたい。日本の民事執行法の解釈ないし立法論に少なからず役立つと考えるからである。

Lüke 教授の上記論稿の内容も各問題を個別に列挙して説明されているので論稿全体が体系的に構成されたものとはいえない。したがって本章の記述もそれにならって体系的な解説にはなっていないことをお断りしておきたい。

また上記 Lüke 論稿には脚注が付されていない。本章では上記論稿のページ数だけを付記した。

2　代替的作為義務等の執行と債務者の審尋（S. 163 f）

1　ZPO八八七条（民執法一七一条一項）は代替的作為義務の執行について、同八八八条（民執法一七二条一項）は不代替的作為義務の執行について、同八八九条は民法による宣誓に代わる保証（民執法には存在しない）について、同八九〇条（民執法一七二条一項）は不作為義務又は受忍義務の執行についてそれぞれ規定している。これら諸規定につづいて同八九一条は、同八八七条から同八九〇条までの規定による執行の手続について規定している。同八九一条は殆ど、中野訳と変わっていない。「殆ど」といったのは、同条一文、二文は全く変わっておらず、ただ三文が追加されたにすぎないという意味である。三文は「費用の裁判については、九一条乃至九三条、九五条乃至一〇〇条、一〇六条、一〇七条を準用する」と規定する。ここで、三文については追加条文を紹介したにすぎないが、本章において問題にしたいのは前記二文である。

説明の便宜上、ここにZPO八九一条一文及び二文を前記訳文により紹介しておこう。

第八九一条〔手続〕　第八八七条から第八九〇条までの規定に従ってなされる裁判は、口頭弁論を経ないですることができる。この裁判に先立って、債務者を審尋しなければならない。

すなわち、二文は債務者審尋を必要的なものとしているのである。

Lüke によればこのことは法的審問請求権を規定したＧＧ一〇三条一項に由来するとされている。すなわち、債務者は利害関係を有する執行当事者として執行処分である裁判がなされる以前に審尋を受けることが基本権として保障されているということである。執行の実効性を減殺する恐れのある場合には、執行処分以前に債務者を審尋しないことがある。例えば、ＺＰＯ八三四条は、債権差押命令前に債務者を審尋しない旨規定している（民執法一四五条二項）。これをもって法的審問請求権の保障に関するＧＧ一〇三条一項違反ということはできないことはいうまでもない。事前の審訊は執行の実効性を失わしめるからである。

この点は別にしても、前記のＺＰＯ八八七条ないし同八九〇条の執行にあたり債務者審尋を保障する旨の規定は法的審問請求権の保障の観点から設けられているのである。ＺＰＯ八八七条に相当するわが国の民執法一七一条は三項で、ＺＰＯ八八八条に相当する民執法一七二条は三項で、ＺＰＯ八九〇条に相当する民執法一七二条一項は三項で、それぞれ債務者審尋の規定をおいている。

すなわち民事執行法一七一条三項・一七二条三項における債務者ないし相手方審尋の規定は憲法三二条の裁判を受ける権利との関係から不可欠の規定というべきなのである。

2　これに対して代替的作為義務等の執行と債務者の審尋についていえば、わが国の代表的な概説書および注釈書で民事執行法一七一条三項・一七二条三項における債務者ないし相手方審尋の規定を特に憲法三二条の裁判を受ける権利との関係において論じたものは見あたらない。鈴木＝三ケ月編『注解⑸』七七・一〇七頁〔富越和厚〕は、審尋の目的について「不明な点が多い」としたうえで、「結局、第一審裁判所を執行裁判所としたことと同様、執行手続内であれ、新たな執行名義に準ずるものを作出するについて、慎重を期したものであり、実務的には、債務者に対し、事前に警告すると共に、履行事実を証する文書を提出する機会、債務名義に表示された債務と中立てに係る債務との同一性について意見を述べる機会を与えたものと解することができよう」とする。なお、伊藤剛「代替執行のための授権決定の申立てがあった場合、裁判所が債務者に審尋すべき事項はなにか」藤田ほか編『民事執行法の基礎』二六三頁（青林書院新社、昭和五八）は必要的審尋を不要とする。

3　情報伝達手段の差押禁止と情報収集権（S. 164）

1　わが国の民事執行法では、金銭債権執行のうち、動産執行における差押禁止動産が一三一条（ZPO八一一条）に列挙されている。テレビに対する差押禁止を理由づけるとしたら（同条一号）、最低限度の生活必需品という位置づけになるのであろう。Lüke は、そのような位置づけもなしうるであろうが、知る権利としての情報収集権（Informationsfreiheit）からもこれを位置づけることができるという。この基本権を保障するGG五条一項（知る権利を含む）がその根拠となる。したがって、ラジオとか新聞といった情報収集手段がない場合にテレビを差し押えることは単に最低限度の生活維持という側面から禁止されるというだけではなく、わが国の場合も、知る権利という側面からも禁止されると考えるべきなのではないか。ドイツではGG五条一項があるので、わが国以上にそのような理由付けが出て来やすいように思われるのであるが、わが国においても憲法二一条に含まれる知る権利からも同じ結論が出てくるというべきであろう。もっとも知る権利も最低限度の生活保障に含まれるといってしまえば、あえて知る権利をここで強調するまでのことはないことになる。

いずれの理論づけによっても結論は同じになると思われるが、差押禁止の論拠の一つとして知る権利を挙げた点が目新しいといえるし、またそのような理由づけは不可欠である。

2　わが国における情報伝達手段の差押禁止と情報収集権についてみると以下のとおりである。すなわち、代表的な概説書および注釈書でテレビに対する差押禁止と憲法二一条の表現の自由との関係について直接論じたものは見あたらない。しかしたとえば鈴木＝三ケ月編『注解⑷』二〇四頁〔小倉顕〕は、「ラジオ、テレビは、社会の動きを知るための情報獲得手段としてなくてはならないものになっている」とし、これらが奪われた場合には「耐え難い不便を感ずるであろう。」としたうえで、一三一条一号の「生活に欠くことができない物にあたる場合が多いと解してよいのであるまいか」とする。小倉説は、ラジオ・テレビの差押禁止を知る権利との関係でとらえているようにみえる。また中野『民事執行法』五五三頁はテレビを差押禁止とされているように解される。テレビ等はカラー・白黒を含めて原則的に差押禁止動産としてよいが債権者の執行債権の保護との関係からみると、超高価なものは民執法一三二条一項により差押禁止を解いてもよいと解される。

4　換価の公法説と財産権の保障（S. 164 f）

1　Stein が主張し、Lüke も採用している執行における換価の公法説（ドイツの通説、Öffentlichrechtliche Theorie der Verwertung）によれば、競売という高権的譲渡によって買受人は目的物について無負担の所有権（lastenfreies Eigentum）を取得することができることになる（但し例外的に引き受けられる権利は別）。さらに動産の譲渡に関するＢＧＢ九二九条以下及び同一二四四条以下の規定は適用されないことになるし、当該動産が債務者にではなく第三者に帰属するものであっても、買受人はその所有権を取得することになるし（私法説ないし併存説によればこのような効果は生じないことになる）、買受人が第三者の物であることにつき善意である必要もない。ライヒ裁判所民事判例集（RGZE）一五六号三九五頁以来、この見解がドイツでは通説である。公法説によれば競売は一層効果的に機能することになることは明らかである。競売の本質についての私法説ないし折衷説より公法説のほうが競売の促進ないし機能の発揮という点でははるかに優れていることは一般に認められていることである。

しかしながら、Lüke は、この公法説にも問題がないわけではないとする。すなわちわが国で折衷説がとられる理由とされているのと同じ問題点が、GGの条文と結びついて提示されていることに由来するというのである。GGとの関係でいえば、問題になる条文は、財産権の保障に関する一四条、基本権の高権的侵害に対する救済を規定した一九条四項、法律の合憲性の要請に関する二〇条三項であるといわれている。

しかしながら、Lüke によれば、公法説は上記GGの条文に違反するものではないとされる。例えば、当該物件の所有権が第三者にあるような場合、競売により買受人が完全に当該物の所有権を取得するということは、本来の所有者である第三者の所有権を否定し、財産権の保障に関するGG一四条に違反しないかという点が問題になることは確かである。この点について公法説は、GG一九条四項の「公権力によって権利侵害を受けた者は、法的救済の途（Rechtsweg）が与えられる」とする規定を挙げて、競売にあたり第三者は第三者異議や方法異議の救済が与えられているし、事後的にも補償請求権（―― Ausgleichsanspruch ――例えば、不当利得の返還請求権）が与えられていることに注目しなければならないと説くのである。

若干のコメントを加えるとすれば、以下のとおりである。すなわち、第三者としては、自らの不知のうちにその所有物が競売され公法説によってその所有権を失うことは、後に不当利得の返還請求権を行使しうるとはいえ、それが完全な救済にならないことが多いことを考えると、所有権を保障するGG一四条違反の疑問は依然として残るのではないか。問題は第三者の財産権の保護と競売の公信的効果という相対立する要請のうちいずれを優先させるかという点にある。

わが国の民事執行法七九条の「不動産の取得」の解釈にも影響する問題である。私見は、公法説に対する上記の疑問が残ると考えるので折衷説に賛成したい。

なお、公法説については、Lüke 著・石川明訳『強制執行法関係論文集（慶應義塾大学法学研究会双書）』（慶応通信刊一九七六年一一月）の諸論稿を参照されたい。

2　換価の法的性質についてはドイツ法の影響を受けてわが国でも見解が分かれる。まず、私法上の売買の一種であるとする私法説がある。この見解は、債務者ないし所有者を売主とする見解（梅謙次郎『民法要義巻之三』五一六頁（明法堂、一八九七年）、鈴木＝三ケ月編『注解⑶』一五二頁（石丸俊彦）など）、債権者ないし担保権者を売主とする見解（近藤英吉『債権法各論』（弘文堂、一九三三年）八九頁など）および執行機関を売主とする見解（加藤正治『強制執行法要論』一七二頁（有斐閣、改訂九版、一九五一年）など）に分かれる。

他方、純然たる公法上の処分とする公法説としては、公用徴収類似の国家処分とする見解（雉本朗造『判例批評録一巻』九四頁以下（有斐閣、一九二九年）、村岡『強制執行要論上』九七二頁以下（清水書店、再版、一九二六年）、『注釈民法⒁』（有斐閣、新版、一九九三年）（柚木馨）一六二頁、齊藤秀夫『競売法』三三頁（有斐閣、一九六〇年）など）および裁判上の和解・調停・強制和議と同列にある一種の裁判上の形成行為であるとする見解（小野木常『訴訟法の諸問題』二三七頁以下（有信堂、一九五二年））が主張される。

これらに対して折衷説は、競売を公法上の処分と認めながら、私法上の売買の性質や効果を併有すると主張する。岩松三郎『競売法』四八八頁以下は、競売は執行機関が国家機関としての法律上の権能に基づいて目的物を換価する行為である点で公用徴収類似の公法上の処分であるが、民法五六八条により債務者と（所有者）と競落人との間の私法上の売買契約という形でなされるから、競買の申出は実質上は競落人になる者がする執行機関に対する公法上の申立てであるが形式上は私法上の買受けの申込みであり、競落は実質上は目的物の権利を移転させる公法上の行為であるが形式上は売渡しの承諾であるとする。兼子一『強制執行法』（酒井書店、増補版、一九五五年）一八二頁・二五三頁は、競売は差押えにより債務者から国家が徴収した処分権を行使してなす売買であり、債務者の意思によらないで強制的に所有権を移転させる点で国家の執行権力に基づく執行処分であるが、競落人が不動産を取得する関係では私法上の売買であり、執行機関の売却の意思表示は所有者である債務者に及び、債務者は売主の地位を取得するとする。中野『民事執行法』二七〇頁は、競売には私法上の売買という実体的側面と執行手続の一環という手続的側面があり、前者には実体法の法理が、後者には手続法の法理が適用されるとする。実体的には競買の申出は買受けの申込み、競落はその承諾であってそれにより売買契約が成立し、所有権の移転と代金支払義務が生じるため原則として民法が適用される。これに対して手続的には競買申出は執行機関に対する競落の申立てであり競落はこれに対する裁判であるから、競買申出の意思の瑕疵の主張は売却許可決定確定前は可能だが確定後は原則として許されないとする。また、竹下守夫『不動産執行法の研究』（有斐閣、一九七七年）三五八頁、石川＝小島＝佐藤編『注解上巻』八〇五頁〔栂善夫〕は、競売手続は執行権の帰属主体である執行機関が執行当事者らに対して執行処分を行い、それにより請求権を実現する過程であるから公法上の処分であるが、競売と私法上の売買は主要な効果が一致しているといえるので、当事者間の利益調整については原則として売買に関する民法の規定を適用するのが合理的であるとする。判例は折衷説と解されている。

ただし、代表的な概説書および注釈書で、換価の法的性質と憲法二九条の財産権の保障等の憲法上の規定との関係について直接に言及したものは見あたらない。

5　執行官の第三者に対する追求権（Verfolgungsrecht des Gerichtsvollziehers gegenüber Dritten）（S. 165 f）

1　この点に関して、Lüke はその著 C. H. Beck 社刊 “Prüfe dein Wissen” シリーズの中の Zwangsvollstreckungsrecht, 2. Aufl. の一五九頁に次のような事例を挙げている。すなわち、「債務者が差押えの目的動産の差押えの封印を解除することなく、当該目的物の占有を友人Ｆに、その競売を避けるために移した。Ｆは債務者のその意図を知っている（執行回避の共謀）。執行官はこの場合目的物をＦから取り戻すことができるか」という問題設定である。

この点についてドイツの学説の中には第三者に対する債務名義がなくても執行官の第三者に対する追求権

(Verfolgungsrecht) を肯定するものがある。但し否定説もある。この点で見解の対立がある。ここで基本権として問題になるのは自由な人格権を規定するGG二条及び、基本権の制限に関する同一九条である（両条が何故問題になるのか特に説明はない）。差押えがなされた目的物に対する競売を回避しようとして債務者と共謀して当該目的物の占有を取得した第三者が執行官の引渡請求に対して引渡しを拒んでいるとき、この第三者に対してする直接の執行処分は、第三者の基本権侵害にはならないか否かという点が問題となるというのである。この点で、第三者に対する追求は第三者の基本権侵害にならないというのがLüke の見解である。

ZPO八〇九条が予定している情況は、前記の問題設定と事例を異にする。前記の問題設定の下におけるいわゆる「執行官の追求権」を肯定する見解がある（ドイツの文献については、Lüke 前掲書一五九頁参照）。この立場からすると、かかるケースで執行官が第三者に対する関係で取戻請求をしない場合、債権者は執行方法に関する異議をもって救済を求めることができる。この場合、質権者の権利が侵害されたケースについて所有権に基づく請求権の規定を準用して質権者自身の回復請求権を認めるBGB一二二七条の規定を類推して、債権者が第三者に差押物の執行官への引渡しを求める訴えの提起は許されない。この点は別にして、Lüke はこの種の追求権を認めることは執行の機能性を発揮するという観点からみると好ましいとされる。

いずれにしても、この種の追求権を認めることの可能性についてはドイツの学説の対立を検討してみる価値があると考える。今後の研究課題としたい。

6　ZPO八九〇条の不作為義務の執行（S. 167 f）

1　連邦憲法裁判所は、ZPO八九〇条の不作為執行について、憲法的観点からして一九七四年改正(Einführungsgesetz zum Strafgesetzbuch vom 2. 3. 1974) の新規定のなかでもその制裁 (Sanktionen) を課するについては過失（Verschulden）を必要とする旨説いているが、Lüke はこの判旨に賛成している。制裁は従前通り二つの機能を有するものといわれている。すなわち、一つは債務者の意思を曲げさせること（die Willensbeugung des Schuldners）、他は、違反がなされた場合にそれに対する償い（Sühne）という意味がある。後者の点で刑法的要素があることを顧みるならば、過失（Verschulden）がないのにこの制裁を課することは、ＧＧ二条一項の債務者の基本権を侵害することになる。「過失なくして刑罰なし」（nulla poena sine culpa）という命題はその限りで憲法的命題として位置づけられるものである、というのである。

民執法一七二条一項の強制金による間接強制は、債務者本人に心理的圧力を加えて自ら作為を実行するように仕向けるものであるから、債務者が実行しようとする意思さえもてばなしうる場合でないとその目的は達成できないといわれる。したがって例えば、実行について第三者の協力を必要とするが容易にこれを得る見込みがない場合や、債権者の側で特殊な設備を提供しないと債務者としても実行できない場合、あるいは、実行について債務者の資力に不相応な多額の費用を必要とする場合には、間接強制は許されないといわれる。強制金の性質が刑罰的要素をもつか否かは問題であるが、それが刑罰的要素をもつか、専ら民事的要素をもつかは別にして、仮りに後者であっても、不可抗力によって義務履行ができない場合にまで制裁金を課することは、不法行為について過失責任主義を原則とする現行民法の下では不合理であるから、これらの点を捉えて強制金の取立てについては債務者の過失を必要とすると解するということも一つの考え方として肯定できる。

ドイツでも不作為判決の判決主文（Urteilsformel）はその射程距離が不明確である場合の取扱いについては、必ずしも見解が一致しているわけではない。そこで Lüke は、解釈によりその不明確な部分が補充されなければならないと説く。その場合、一般原則にしたがって、裁判の理由が参照されることになる。かくして解釈により違反形式を変えることによって、禁止判決を債務者が回避できないようにすることができる。解釈による違反形式の変更が違反形式の本質的部分に抵触しない限りにおいて、その変更は、判決の範囲内ということになる。

Lüke は以上のように説くのである。これに対して、反対説は、ZPO八九〇条のもつ刑法的性質を強調し、GG一〇三条二項（遡及的刑罰の禁止）からして判決主文の解釈を許さない。Lüke はこの反対説には賛成しがたいという。Lüke はその理由を特に述べているわけではないが、反対説による場合、不作為請求訴訟を再度繰り返さなければならなくなり債権者にとり多大の負担をかけることを根拠とするものと思われる。

なおこの点については本書第三編第二章を参照されたい。

わが国の代表的な概説書および注釈書で民執法一七二条一項の強制金による間接強制を課す場合に債務者の過失を要するかどうかについて正面から論じたものは見あたらない。ただし既に述べたように一般に履行を強制できない債務についてはそもそも間接強制を課すことはできないし、また心理強制という執行方法の性質から、債務者が自己の意思のみで履行することができる債務でなければ間接強制による強制はできないとされる。その例として、第三者の協力や同意を要するもの（第三者からの新株の発行、交付を受けて交付する債務など）、物理的、能力的に履行できないもの（債権者の受電施設が完成しない場合における送電債務、禁治産者に対する間接強制など）が挙げられている（鈴木＝三ケ月編『注解(5)』一〇四頁〔富越和厚〕、香川監修『注釈(7)』二八三頁〔富越和厚〕、中野『民事執行法』一〇九頁など）。

2　ZPO八八八条の強制金（Zwangsgeld）及び強制拘留（Zwangshaft）は、ZPO八九〇条の秩序金（Ordnungsgeld）及び秩序拘留（Ordnungshaft）とは異なり、先行した秩序違反を懲罰するための強制的手段ではないのであるから、制裁を意味しないといわれている。したがって、ZPO八九〇条二項にみられるような刑の事前の戒告（Androhung）は問題にならないし（ZPO八八八条二項）、この処分の確定については、過失（Verschulden）も問題にならない。ZPO八八八条の憲法調和的解釈は必要としないと説かれている（通説）。

なお、現行ZPO八八八条一項・二項、及び八九〇条は、改正によって中野訳とは異なる新規定になったのでここに訳出しておく。

八八八条一項は、一九七四年二月三日の刑法施行法（Einführungsgesetz zum Strafgesetzbuch）により改正され、二項は一九九七年一二月一七日の強制執行法第二次改正法〔Zweites Gesetz zur Änderung Zwangsvollstreckungsrechtlicher Vorschriften (2. Zwangsvollstreckungsnovelle)〕によって追加された。そのため従前の二項は三項に移行した。

第八八八条〔不代替的作為〕

⑴行為が第三者によりなしえないもので、それがもっぱら債務者の意思にかかるとき、第一審受訴裁判所は申立てにより債務者が行為をなすために強制金（Zwangsgeld）を課し、強制金を取り立てることができないときは、強制拘留（Zwangshaft）を命じなければならないし、又は当初より強制拘留を課さなければならない。各強制金の額は五〇〇〇〇マルク（改正により二五〇〇〇ユーロ）を超えてはならない。強制拘留については拘留に関する第四章の規定を準用する。

⑵強制手段の戒告（Androhung）は行わない。

⑶略

ＺＰＯ八九〇条一項および二項も前掲刑法施行法によって、八八八条一項と同時に改正されたので改正条文を訳出しておく。

第八九〇条〔不作為及び受忍の強制〕

⑴債務者が不作為義務又は受忍義務に違反して行為したときは、第一審の受訴裁判所は各違反行為につき、債権者の申立てにより秩序金（Ordnungsgeld）を課し、秩序金を取り立てることができないときは、六ケ月迄の秩序拘留を命じなければならないし、または当初より秩序拘留を命じなければならない。各秩序金の額は五〇〇、〇〇〇マルク（改正により二五〇〇〇〇ユーロ）を超えてはならないし、秩序拘留は全体として二年を越えてはならない。

⑵右の命令に先立って対応する戒告（eine entsprechende Androhung）がなされなければならない。右戒告が義務を宣言する判決のなかに含まれていないときは、申立てにより第一審の受訴裁判所がこれを発する。
⑶略

7　執行官の調査権、債権者への報告（S. 168）

1　ＺＰＯ八〇六条ａは以下のように規定している。本条は新規定で中野訳にはないので訳出しておく。

第八〇六条ａ〔執行官による通知〕
⑴強制執行をなすにあたり、債務者への質問、または書類の閲覧により、債務者の第三者に対する金銭債権に関する知識を得たとき、および差押えがなされ得ないとき、又はなされた差押えによって債権者の完全な満足を得られることが予見できないとき、執行官は、第三債務者の氏名、住所、債権の発生原因及びこれら債権のために存する保証を債権者に通知する。
⑵執行官が、住居において債務者に出会わないとき、および差押えがなされ得ないとき、またはなされた差押えをもって債権者の完全な満足が予見できないとき、執行官は、債務者と生活を共にする成人（die zum Hausstand des Schuldners gehörende erwachsene Personen）に債務者の雇用主につき質問することができる。上記の成人は、質問に答える義務を負うものではなく、執行官は、その解答が任意であることを教示しなければならない。執行官が得た知識は債権者に通知する。

本条は債権者の満足を改善するために執行における事案解明を強化した規定であるが、わが国の民執法にはこれに類する規定を欠く。Lüke によればドイツではその効果は必ずしも高く評価されていない、とされている。しかし本条は、一項、二項ともにすくなくとも憲法上疑義がないといわれている。財産開示制度を設けている

ZPOの下においてすくなくとも一項について問題がないことは明らかである。これに対して二項は非債務者に対する質問であるだけに若干の疑義が存しえよう。Lüke は債務名義がそもそも存在しないことから、これらの者には、情報提供義務がないとされている。

ZPO八〇六条aは、同条の意味における書類を入手するために執行官が、債務者の住居を捜索することを許すものであるとの考え方は基本権侵害になる可能性があるといえよう。GG一三条二項との関係でみると、執行官による債務者の住居の捜索はZPO七五八条の限度に止まると解するのが正解であるというのが Lüke 教授の見解である。賛成できる。

それにしても、わが民事執行法の制定にあたり、同法は開示保証の規定も導入しなかったのであるから（私見は導入賛成論）、せめて民事執行法にも、債権者の金銭債権執行を実効性あらしめるためにZPO八〇六条aのごとき規定をおくことは望ましいものと考える。

2　ドイツにおける財産開示制度については、沖野威「ドイツ民事訴訟法上の開示宣誓 Offenbarungseid 監置 Haft 及び債務者名簿について」鈴木忠一編集代表『松田判事在職四十年記念・会社と訴訟上』一〇六九頁以下（有斐閣、一九八四年）、石川『研究』一頁以下・一六九頁以下・一九一頁以下、内山衛次「強制執行における債務者の財産開示」大阪学院大学法学研究二五巻一号八五頁以下・二号三三頁以下、坂田宏「裁判所がつくるブラック・リスト――ドイツ民事訴訟法における債務者目録の制度改正と連邦データ保護法の影響――」横浜経営研究一九巻一号五五頁など。

わが国の代表的な概説書および注釈書で動産執行にあたっての執行官の調査権および調査結果の債権者に対する報告制度の導入について論じているものは見あたらない。

8　ＺＰＯ八九九条以下の宣誓に代わる保証（Eidesstattliche Versicherung）および拘留（Haft）（S. 168 ff.）

Lüke によれば、この両制度は債務者の自由を不当に制限する可能性があるがゆえに、特に基本権侵害の危険を伴う制度であると考えられるとされている。ＺＰＯの当該規定自体の合憲性も問題となるし、加えてその適用に際して基本権を侵害する可能性もありうるとされる。

1　第一に執行における比例原則が導入されるかという点が問題となるが、この点についてLüke は肯定説をとる。ここでも宣誓に代わる保証（ＺＰＯ九〇一条）の強制手段（Beugemittel）としての拘留命令および拘留期間（ＺＰＯ九一三条）が規定されているが、両者ともに適切であって、比例原則違反とはいえないとするのが同教授の見解である。拘留からの解放という効果を伴う宣誓に代わる保証をなす可能性は、常に債務者に保障されているからである（ＺＰＯ九〇二条）とされる。拘留命令を出すのは裁判官であって、司法補助官ではない（ＺＰＯ九〇八条、RpflG ――司法補助官法――四条二項二号）という点も、自由の剥奪命令はもっぱら裁判官によるべき旨を定めたＧＧ一〇四条二項に適合する。以上のように説いてLüke は比例原則が遵守されているとの見解をとっている。

わが国の民事執行法には宣誓に代わる保証も保証義務違反における拘留制度もないことは周知のとおりである。

2　連邦憲法裁判所の判例によると（BVerfGE 61, 126）、債務者に給付能力がない旨裁判所が確定した場合、拘留命令に関するＺＰＯ九〇一条の適用がないとされている。拘留命令による宣誓に代わる保証を強制しても、それが債権者に債務者の財産状態に関する更なる開示をもたらすことがないのであるから、拘留は目的達成に適しないものである。連邦憲法裁判所の見解によれば、債権者が不適切な手段を求めることについて権利保護の利益に欠けるということになる。ＺＰＯ九〇一条を適用しないと説くことによって、不必要な基本権の制限は確かに回避できることになる。この点で Lüke は連邦憲法裁判所の判例を支持される。しかし同時に、この連邦憲法裁判所の見解に対しては、ＺＰＯ九〇一条が、債務者に現在存在する財産の調査に役立つのみならず、債務者がいったんは譲渡をしたが、これを取り消して債務者が当該財産を取り戻しうるか否かの調査にも役立つものであることを軽視したものとの批判がなされていることも、Lüke により指摘されている。

3　拘留命令が、特にＺＰＯ七五八条にみられるように、そのための裁判官の命令なしに執行目的でなされる債務者の住居の捜索の権限まで与えるのか否かという点が問題になる（なお上記の説明については、以下の解説を付記する必要がある。すなわち、Lüke の同論文執筆時には債務者の住居の捜索に関して裁判官の命令を必要とするものとする現行ＺＰＯ七五八条ａの規定がなく、規定上ＺＰＯ七五八条は、裁判官の命令なしに捜索・威力の行使ができた。しかし BVerfG の判例によって債務者の住居の捜索には裁判官の命令が必要であるとされていた。この点については、拙著『改正』二〇頁以下参照）。

この点で、Lüke は、拘留命令は、それに特に明記されていなくても、債務者の住居の捜索命令を含むものであるとする見解が正当と思われるとされる。その理由として以下の点を指摘する。すなわち、拘留命令を出すときは、執行の不奏功性（Erfolglosigkeit）、宣誓に代わる保証をなすべき期日における債務者の不出頭が先行しているのであって、初めから住居の立入、捜索を必要としているからであるといわれる。

4　ＧＧ二条二項一文の債務者の基本権は債権者の財産権に優先する（BVerfGE 52, 214）ことを理由にして、Lüke は債務者の身体又は精神的健康の危険が重大である限り、拘留は執行されてはならないし（ＺＰＯ九〇六条）、同条違反があるときは、基本権侵害があり、通常の救済手段がつきたときは憲法抗告をすることができるとされる。当然の説明であると思われる。

以上の説明は別にしても、ここで以下の私見を述べておきたい。すなわち、宣誓に代わる保証の規定は、わが国の民事執行法には存在しない。その立法過程で私はこの制度を取り入れる必要を感じて研究したことがある（石川『研究』一頁以下。そのほか、本章7節に列挙した文献参照）。残念ながらこの制度はわが国の国民性になじまないという考え方が強くて民事執行法に採用されなかった。私は今日でもこの制度を民事執行法中に採用する必要性を感じているので、あえて、ここに本項目を設けて紹介したものである。

Lüke の論稿では、拘留命令を裁判官の権限とするZPO九〇八条が援用されているが、本条は一九九七年の強制執行法改正第二次法一条によって削除されて、その内容は同九〇一条に移行されたので、Lüke のこの点の論拠が通用しなくなったわけではない。そこでZPO新九〇一条の訳文を記載しておく。

第九〇一条〔拘留命令〕

宣誓に代わる保証のために指定された期日に出頭しない、または理由なしに宣誓に代わる保証をなすことを拒否した債務者に対して、裁判所は保証をなすことを強制するため、拘留命令を発しなければならない。拘留命令には、債権者、債務者および拘留の理由を記載しなければならない。拘留命令はその執行に先立って送達することを要しない。

9　債務者保護規定の誤った適用と基本権侵害（S. 107 f）

1　債務者保護規定の適用を誤った場合、債務者の基本権を侵害する危険性は極めて大きい。Lüke は、この問題を例えば苛酷執行を禁ずるZPO七六五条aおよび同八一一条について検討している。ZPO八一三条aおよび同八五〇条以下についても同じことがいえるがここでは同教授は説明を省略している。

2　苛酷執行に関するZPO七六五条aについて

不動産の明渡執行によって債務者に生命の危険を生じるような重大な事態が生じると認められるような場合、

GG二条二項の基本権侵害が問題になる。そのような恐れのある場合裁判所は債務者からの証拠資料の提出を求めたり、すべての証拠資料を収集し、債務者に現実に健康上の危険があるか否か、どの程度の明渡しの猶予をなすべきかという点について、調査しなければならないことになる（BVerfGE 52, 214）とされている。すなわちLüke は連邦憲法裁判所と同様に執行の苛酷性の調査は職権探知事項である旨説かれるのである。なお、苛酷条項については、石川『改正』一二頁以下参照。

以下ZPO七六五条aの新条文を訳出する。なお、旧規定については中野訳がある。

第七六五条a⑴　強制執行の処分が、債権者を保護する必要を十分に尊重しても、なお全く特殊な事情のため善良な風俗に合致しない苛酷なものであるときは、執行裁判所は、債務者の申立てにより、処分の全部若しくは一部について取り消し、禁止又は一時停止することができる。（ここまでは中野訳）執行裁判所は、七三二条二項に規定した命令を発することができる。処分が動物に関するものであるとき、執行裁判所は、自ら考量をなすにあたり動物に対する人の責任を考慮しなければならない。（新設）

⑵　執行裁判所に対して一項一文の要件が疎明され、かつ、執行裁判所に対して債務者が適時の申立て（Anrufung）をすることができないとき、執行官は物の引渡しを実施するため、処分を執行裁判所の裁判にいたるまで、一週間をこえない範囲で延期することができる。（二項は中野訳と変わるところは殆どないが、「二項」が一項の改正によって「二項一文」となっている）

⑶　明渡事件において一項の申立ては、確定明渡期限の遅くとも二週間前にしなければならない。但し、申立ての基礎になる理由が、この時点以降に成立したものであるか、あるいは債務者が適時の申立てを妨げられたときはこの限りではない。（三項は新設）

⑷　執行裁判所は、事実状態の変更を考慮して必要があると認められるときは、申立てにより、その決定を取り消し、又は変更する。（中野訳。但し中野訳の三項が四項に移行）

(5)　一項一文及び三項の場合においては、執行処分の取消しは、決定の確定をもってその効力を生じる。(中野訳によるが、旧四項が新五項に移行し、「一項」の後に「一文」が追加されている)

わが国の民事執行における住居の明渡執行にあたっても、執行官は職権探知によって苛酷執行にあたるか否かを調査しなければならないことを、連邦憲法裁判所の前掲判例は教えているものと思われる。

不動産の明渡執行によって債務者に生命の危険を生じるような重大な事態が生じると認められるかどうかに関する執行の苛酷性の調査が職権探知事項かどうかについて、司法省民事局長回答大正一三年四月一六日民事三四二〇号通達回答集四七九頁は、疾病のため臥床中の債務者の退去を強制すると著しく病勢を更新させるおそれがある場合には、執行は事実上不能として中止するほかはないが、疾病の有無・程度が明らかにならないときは医師に診察させて執行能否を調査できるとする(中野『民事執行法』六六八頁、香川監修『注釈(7)』二二一頁〔内田龍〕なども同旨)。

3　ZPO八一一条の差押禁止動産が誤って差し押さえられ、しかも最低限の生活が侵害された場合、それは社会的法治国家の原理及び人間の尊厳に関するGG一条一項に違反することになる。債務者は執行方法の異議のように執行法上の救済によって執行に対して防御することができる。ZPO八一一条違反は差押えの取消しの原因となる。Lüke は以上のように説明されている。

上記**1**・**2**いずれの場合にも、わが民事執行法の下では執行異議(民執法一一条)による救済が許され、日本国憲法でいえば、憲法上の根拠として一三条や二五条が関係条文として援用されることになるであろう。差押禁止財産が誤って差し押さえられ、しかも最低限の生活が侵害された場合にとるべき措置と憲法上の規定の関係については、代表的な概説書および注釈書で論じているものは見あたらない。憲法一三条や二五条との関係は当然の前提と考えられているからであろうか。

10　住居の捜索と基本法一三条二項（S. 170 f）

連邦憲法裁判所は、動産執行における住居の捜索に関するＺＰＯ七五八条を基本法と調和して解釈するために、以下のように判示している。すなわち、ＧＧ一三条二項は、――遅滞の危険のある場合を除いて――差し押さえるべき動産の捜索のために債務者の住居の捜索をするに際して、そのための裁判官の命令を必要とするというのである。Lüke もこの種の連邦憲法裁判所の判例に賛成されているようである。遅滞の危険とは、連邦憲法裁判所によれば、捜索の効果が、当該命令を得るために生じる遅滞によって脅かされる場合に限るとされる（BVerfGE 51, 97）。

なお、ＺＰＯ七五八条については一九九八年の強制執行法改正第二次法によって七五八条ａが追加され、動産執行のための債務者の住居における差押目的動産の捜索については、裁判官の命令を必要とすることになった。上記の記述は、前記改正法による改正以前のものである。なお、前記改正については石川『改正』第一編第三章、特に二〇頁以下参照。

Lüke によれば、裁判官は捜索を命じるに先立って、少なくとも捜索の法的要件が具備されているか否か、比例原則が遵守されているか否かについて、調査しなければならないことになる。裁判所がこの調査義務を履行しなかったことが明らかになれば、ＧＧ一三条二項違反が確定することになる。連邦憲法裁判所は捜索命令発令前の債務者の審尋は執行の効果を減殺するので不要としている。命令の発令によって執行遅滞の恐れがあるか否かについては、裁判所が具体的事例における諸般の事情を考慮して、調査し判断しなければならないとするのが連邦憲法裁判所の判例である（BVerfGE 57, 346）。

同時に複数の差押債権者のために債務者の住居の捜索がなされる場合（ＺＰＯ八二七条三項）であって、債権者の一部についてのみ捜索命令が出されているとき、連邦憲法裁判所は、命令の付せられた捜索と同時に他の債権者のために捜索することを認めている。捜索命令のない債権者のための執行が債務者の住居における執行官のより長い滞留をもたらさない場合には、その執行は右の命令をもってカバーすることができるとするのがLükeの見解である。仮りにわが国の民事執行法の解釈として動産執行のための債務者の住居の捜索に裁判所の許可を必要とする旨の解釈（かかる解釈は現在筆者以外に主張されていない）をとった場合には同じことがいえるのであろう。

以上のLükeの説明も既述のとおり、ＺＰＯ七五八条ａの新規定制定以前のものである。

わが国では、債務者の住居の捜索について裁判官の命令を必要とする旨の規定もないところから、学説判例上、債務名義さえあれば右命令は不要とされている。この点について、疑問を提したものとして石川『改正』一二頁以下参照。

11　結語——各項目に関する私見の要約

Lükeの上記論文は論点が多岐にわたるので、ここで上記論文より得られるわが民執法の解釈・立法論に対する示唆を要約しておきたい。以下、各項目番号毎に記述する。

1　民執法一七一条三項・一七二条三項における相手方審訊の必要性の根拠は憲法三二条に求められること。したがって、相手方の審訊なしに出される同一七一条の授権決定は単なる法律違反であると同時に憲法違反になる。民執法一七一条五項により執行抗告が認められているがゆえに、三項の審訊を省略しても審問請求権の侵害にならないということはできない。民執法一七二条三項の相手方審訊についても同様である。

2　テレビ・ラジオ等は民執法一三一条一号の家具に含まれることになると解することができようが（もっと

もラジオがある場合テレビが差押禁止か否かという問題はある。私見は差押禁止説をとる）、その根拠を憲法二五条に求めるのが一般的見解である。少なくとも従来はそのように説かれてきた。それは正当であるというべきであろうが、同時にテレビ・ラジオ等についていえば憲法二一条の知る権利をも根拠とすべきなのであろう。憲法二五条からすればラジオがあればテレビは差し押さえてよろしいという議論がでてきそうであるが（私見はそのような議論を誤りであると考える）、映像が情報収集にとり不可欠であると考えられている今日、知る権利からすればラジオがあってもテレビも差押禁止物とみることが妥当であるということになろう（但し、特に高価なテレビは別である）。

3　不動産の執行官による現況調査権限が民執法五七条四項、五項等により強化されたとはいえ、現況調査に限界があることが否定できない。換価の公法説をとれば、競売の効果は安定しその機能を向上しうることは明白である。競売の機能向上という観点からみれば、わが国の折衷説は現況調査権をいくら強化しても中途半端な制度でしかない。私自身は本章**3**節の論述中で公法説に対して批判的見解は述べたものの、ドイツで公法説が通説になっていることにはそれなりの理由があることを、わが国の学説も重く受け止めるべきであろう。わが民執法八四条は公信的効果を認めているが、そのことは、この観点からすれば評価される。一つの進歩というべきなのであろう。

私自身は公法説の考え方に親近感をもつが、競売の法的性質論については別の機会に論じたいと考えるので、ここでは取り上げないことにする（この点については本章**4**節**2**参照）。

4　私は被差押物の占有が移転した第三者に対する追求権を認めることについては積極的であるが、執行の機能を高めるという観点からすれば追求権肯定説はしかるべき方法である。しかるがゆえに、Lüke がこの種の追求権を認める根拠ないし肯定説にたつドイツの文献を十分に検討してみる必要があるのではないか。私自身この点の検討をしていないので、現在のところ追求権肯定説については積極的であるものの、最終的態度をここでは留保した。

5　間接強制手段としてZPO八八八条は強制金（Zwangsgeld）、同八九〇条は秩序金（Ordnungsgeld）というように性質の異なる手段を規定している。後者は当然のことながら前者も制裁金的性質を有する点では双方ともに懲戒的手段である点では共通しているのであるから、結果責任ではなく過失責任と解すべきではないかと考えられる。この点で、後者について過失責任主義を説く Lüke の説明は参考になるものと考える。

6　例えば、動産執行にあたりZPO八〇六条ａに規定されたような執行官の調査権（少なくとも債務者に対するその財産に関する質問権）および調査結果の債権者に対する報告制度は認めてしかるべきであろう。特にわが国の場合債務者の財産開示制度が設けられていないために、この種の調査権を認める必要性は高いといえよう。「動産執行に関しては民執法一二三条二項が執行官に目的動産の捜索権を認めているが、調査権という形でも本条を他の目的財産に拡張しようとすることは解釈論として無理があるであろう。任意の調査権というのであれば立法論として一考に値する。

7　本文中にも記したように立法論としては財産開示制度を設けるべきである。

8　債務者保護規定違反にあっては、執行方法の異議に関するZPO七六六条（民執法一一条）のほか、苛酷執行に関するZPO七六五条ａを適用して債務者保護をより厚くしようという提案である。ドイツ法の解釈としても賛成できるし、ZPO七六五条ａの拡張適用は同条のわが民執法における立法の必要性を認識させるものである。なお、ZPO七六五条ａの拡張的適用傾向については、本書第一編第一章**3**・第三章参照。

9　**9**節については本文中に引用した拙稿を参照されたい。

第一一章　ドイツ倒産法の改正とボン基本法

1　序　説

わが国において破産法の問題を憲法的視野から照射したものとしては、破産宣告手続が決定手続であることの合憲性の問題および免責に関する憲法問題をめぐる最高裁判例がみられるにすぎない。[1] [2] それ以外に破産法の問題が憲法的観点から問題視されることはなかった。そこで私は、判例タイムズ九七九号六〇頁に、「ドイツ倒産法と破産法の郵便制限」と題する一文を掲載して（この小論は本章と重複するので本書に収録していない）、破産者に対する郵便制限の憲法問題を論じている。

情況はドイツにおいても日本におけるとそれほど変わっていたわけではない。[3] 一九七五年当時、破産手続に関して違憲の疑問が提起されることは殆どなかった。[4] 一九八六年、Adam が「破産手続における若干の憲法上の問題」"Ausgewählte Probleme des Konkursverfahrens in verfassungsrechtliches Sicht" と題する学位論文を出版したが、これとてもドイツにおける前記の伝統的状況を大きく変えるものではなかった。[5] 連邦憲法裁判所は、唯一ドイツ旧破産法（KO）四五条の規定をGG六条一項（婚姻および家族の国家秩序による保護）違反の故をもって、一九六八年七月二四日の決定で無効と判示したのである。(6) KO四五条は「破産者の妻は、婚姻中取得した物を、それを破産者の費用において取得したものではないことを証明した場合に限り、取戻請求をすることができる」と規定していた。KO四五条以外にも憲法上合憲性が疑問になる規定がなかったわけではない。しかしそれらの諸規定については、連邦憲法裁判所の憲法違反・無効の判断を引出すまでにはいたっていなかったのである。そこでBonn大学のGerhardt教授は以下にみられるように、ドイツの新倒産法InsOの立法にあたり、従来提唱された憲法問題をいかなる範囲で立法者が検討したかという点について考察している。彼は特に重要な問題を四つの論点に絞って検討している。すなわち、第一は郵便の制限、第二は居住地制限、第三は説明義務、第四は配偶者の処遇である。以下、本稿では、とりあえず、第一、第二の問題に限定して、順次その論旨を紹介して、日本の破産法について同様の問題が存在することを指摘しようとするのが本稿の目的である。

（1）　中野貞一郎「倒産手続と憲法的保障(1)」『新倒産判例百選』〔1事件〕九頁（有斐閣、別冊ジュリスト一〇六号、平成二年）、同『民事手続の現在問題』二七頁以下（判例タイムズ社、平成元年）および斎藤＝麻上＝林屋編『注解破産法』下巻二六頁以下（青林書院、第三版、平成一一年）、及びそこに引用された文献参照。

（2）　免責の合憲性に関するものとして、最大判昭和三六年一二月一三日民集一五巻一一号二八〇三頁（新倒産判例百選85事件、一〇九頁）、免責の裁判が決定でなされることについての合憲性について最大判平成三年二月二一日金融商事判例八六六号二六頁がある。

なお会社更正手続の合憲性に関するものとして最大判昭和四五年一二月一六日民集二四巻一三号二〇九九頁（新倒産判例百選2事件、一〇頁）がある。

（3）　本稿は、Walter Gerhardt "Insolvenzrechtsreform und Verfassungsrecht", Grundrechtverletzungen bei der Zwangsvollstreckung, Dike S. 77 ff に負うところが大きい。

（4）　Quack, Rpfleger 1975, 185.

（5）　フランクフルト大学において Flessner 教授の指導で作成された学位論文である。
（6）　BVerfGE 24, 104 ff.

2　郵便の制限

ＫＯ一二一条一項は、破産裁判所の命じた郵便の制限を規定していた。すなわち、「①郵便局、電報局は破産裁判所の命令により破産者にあてられたすべての郵送物（Sendungen）、手紙（Briefe）及び電報（Depeschen）を管財人に交付しなければならない。②管財人はそれらを開封する権限を有する。③破産者はその内容が破産財団に関するものではないとき、それらの閲覧及び引渡しを請求できる」と規定していた。ここでのこの郵便の制限は、「信書の秘密、ならびに郵便および電気通信の秘密は、不可侵である」とするＧＧ一〇条一項の基本権を侵害しないかという点がすでに一九七〇年代に指摘されていたのである。[1] 特に問題とされたのは私的郵便物も破産管財人に引き渡されるということが、憲法上の比例原則からみて問題がないかという点である。[2][3]

これに対して連邦憲法裁判所は一九八六年六月六日の決定において[4]ＫＯ一二一条は合憲であって違憲の疑問の余地のない規定である旨判示している。そしてこの見解が判例・学説の多数説ではある。しかしＫＯ一二一条の合憲性を出発点としながらも比例原則という憲法原則からみて破産裁判所により、[5]要件が明記されていないがゆえに、実務上（routinemäßig）郵便制限を課していないという取扱いがなされていた。[6]

InsO 九九条は以下のごとく規定している（吉野＝木川共訳・東海法学一八号九〇〜九一頁による）。

第九九条【郵便の制限】

⑴　債権者〔前掲訳では「債務者」とされているが債権者と訳すべきところなので、本稿では「債権者」と訂正した〕にとって不利な債務者の法律的行為を明らかにし又は回避するために必要と思われる限りにおいて、倒産裁

判所は、倒産管財人の申立てに基づき又は職権により、理由を付した決定によって債務者に対する特定又は全部の郵便物を管財人に送付すべき旨を命じる。この命令は、個々の事案の特別な事情により命令の目的を侵すことにならない限りは、債務者の審尋の後にこれをおこなう。事前に債務者の尋問がおこなわれないときは、決定において特別にその理由を付し、かつ、後に遅滞なく審尋をおこなわなければならない。

(2)　管財人は、管財人に送付された郵便物を開封することができる。内容が倒産財団に関係しない郵便物は、債務者に対して遅滞なく送付しなければならない。その他の郵便物は、債務者がこれを閲覧することができる。

(3)　郵便制限の命令に対しては、債務者は、即時抗告をすることができる。裁判所は、命令の要件が欠缺する限りにおいて、管財人を審尋した後にその命令を取り消さなければならない。

改正法立法者は、比例原則を考慮して新倒産法においてＫＯ一二一条一項の制限的解釈を前提にした規定をおいたのである。すなわち、InsO九九条一項一文によれば、債権者が倒産者による債権者に不利益な法的行為を明らかにするかあるいは回避するために必要と思われる限りにおいて、倒産裁判所は、郵便の制限を課することができるものとしている。立法者意思によれば、この種の制限を認めるに足るだけの理由がない場合には、右受取制限は許されないことになる。(7)ＫＯとInsOの相違は原則と例外とが逆転している点である。郵便制限の命令の要件の存否については、いずれのケースにおいても特に審理されることになる。けだし郵便の制限は、倒産者の私的生活領域への重大な侵害になるからである。しかしＫＯにおいては、郵便等が破産財団に関するものではないことの証明責任は破産者が負担する。これに対しInsOではそれが財団に関するものであることの証明責任を管財人が負うことになる。さらに加えて、倒産裁判所は郵便制限を命じる決定に対しては、理由を付さなければならないとされている（InsO九九条一項一文）。(8)新法であるInsOの規定は旧法であるＫＯの規定と比較すれば通信の秘密の保護という観点からみて、はるかに進歩したものと解することができることはいうまでもない。だがしかしその新倒産法の規定の仕方にも全く問題がないわけではない。けだし、その規定の仕方によっても、例えば裁判所は、適切であり（適合性の原則）、必要である（必要性の原則）郵便の制限を、次のようなケースでは手段と目的の関係からみて、比例性に反するために拒否できる（狭義の比例性）のではないかという問題が生じるからである。Gerhardt がここで挙げている例示は以下の通りである。例えば、ある宝石商の倒産にあたり、右宝石商が五〇マルクの価値の銀製ネックレスをその友達に贈与したことにつき手掛かりが存する場合はどうかというのである。債権者の利益をはかるために右銀製ネックレスの所在について知るためにラブレターを検査することは必要ではあっても、狭義の比例性に反することにならないかという問題があるとされるのである。(9) このようなケースでは倒産裁判所は、郵便の制限命令の発令を拒否できなければおかしいのではないかというのが同教授の批判である。すなわち、当該制限が不適切、不必要であるかあるいは狭義の比例性に欠けると思われる場合に郵便制限の命令は否定されるという解釈がなされなければならないのではないかという疑問なのである。そこで適切且つ必要ではあっても、狭義の比例性がないケースについてまで制限を認めなければならないことになるが、これは問題であるというのが Gerhardt の見解である。郵便制限で適切且つ必要な場合、比例性とは無関係に制限を許可する、といっているのではなく許可が適切且つ必要な場合でも比例性が欠ければ不許可とすべきではないかというのである。

新法によれば、郵便制限の決定は債務者に送達されなければならない。郵便制限の命令に対しては即時抗告を提起することができる（InsO 九九条三項）。InsO 九九条一項二文は原則として債務者の事前審尋を要することを規定している。しかし郵便の制限の許可前に債務者が審尋されなかったとしても、少なくとも債務者は郵便の制限を知ることが要求される。

郵便の制限の許可前に原則として債務者を審尋すべき裁判所の義務を認めること、且つ事前審尋ができない場合は事後に遅滞なく審尋をすべき旨規定することによって、新倒産法は、ＧＧ一〇三条一項の法的審問請求権を保障している。この点でGG一〇三条一項の法的審問請求権との関係で新倒産法の郵便の制限は憲法に適合することになると解されている。

そこで以上に述べたドイツ法の問題点をわが国の現行破産法に引き直して考えてみるとどうなるかという点について、私は前掲判タの論稿において以下のように述べていることを紹介して結論に代えたいと考える。すなわち、「わが国の現行破産法一九〇条は以下を規定においている。——中略——破産法一九〇条一項はKO一二一条二項が郵便等の制限を『裁判所の命令』にかからしめたことよりもより厳しい規定内容であって、まず一方で裁判所が郵便物等の管財人への配達を嘱託することを『要ス』との原則を規定し、他方では例外として三項で郵便の制限の解除について規定するという形をとっている。GG一〇条一項にあたる日本国憲法二一条二項後段の通信の秘密の保護との関係からみて、破産法一九〇条の郵便等の制限に関する原則と例外をInsO九七条にみられるように、逆転させることが、破産者の通信の秘密をよりよく保護する結果になるのではないかと思われる。通信の秘密の保護という観点からみるならば、InsO九九条の規定は配慮の行き届いた立法として評価されて然るべきである」と。

なお、斎藤秀夫＝麻上正信編『注解破産法』九二三頁（青林書院、改訂第二版、一九九四年）（青田長太郎執筆——なお第三版上巻該当条文の解説は斎藤秀夫執筆——）は次のように述べるにとどまる。すなわち、「いわゆる信書の秘密は憲法及び刑法の保障するところである（憲二一条、刑一三三条）が、本条はその例外規定であって、破産裁判所のみこれをすることができる。この信書および電報の秘密の侵害は、破産者に苦痛を与えることになるが、破産管財人は善良なる管理者の注意をもって破産財団を管理する義務があり、その職務を全からしめるためである（一六四条）。」とする。この記述は上記の観点からすれば、問題のあるところではないかというのが私の率直な感想である。

なお、民事再生法七三条は、一項で裁判所による郵便物の制限の嘱託について、嘱託することができる旨規定し、二項で再生債務者の申立て又は職権による嘱託の取消し・変更について規定する。これは破産法一九〇条の「要ス」と比較すれば、制限が「嘱託スルコトヲ要ス」から嘱託を裁量的にしている点で緩和されている。しかし二項にみられるように制限が職権により取り消されないかぎり、再生債務者が嘱託の必要性がないことについての証明責任を負うことになると解される点でまだ問題を含むというべきであろう。なお法制審議会倒産法部会決定である「破産法等の見直しに関する中間試案」別冊ＮＢＬ七四号一〇頁によると、郵便物の管理は後注をもって検討事項とされている。

（1）InsO 一〇二条でもこの点改正されていない。

（2）Quack, Rpfleger 1975, 185, 186. LG Coburg KTS 1972, 124, 125 はＫＯ一二一条二項による郵便物受渡しの制限の取消要件は、就中ＧＧ一〇条から演繹される旨判示している。これに対して、Jaeger / Weber, KO 8. Aufl., 1973. § 121 Anm. 1 ff. は、ＧＧ一〇条に言及していない。Maunz / Dürig / Herzog, GG 1973, Art. 10 Rdnr. 59. は、ＫＯ一二一条に対する憲法上の疑義を提起していない。

（3）Quack, Rpfleger 1975, 185, 186.

（4）ZIP 1986, 1336, 1337.

（5）OLG Köln ZIP 1986 658, 659 : OLG Naumburg ZIP 1993. 1573. 1575 zur Postsperre nach § 6 Abs. 2 Nr. 2 der GesO ; Adam, Ausgewählte Probleme des Konkursverfahrens in verfassungsrechtlicher Sicht. Diss. 1986, S. 197 ff., 202 参照。なお、Postsperre に関する反対説としては、Smid / Zeuner GesO, 2. Aufl., § 6 Rdnr. 26 ; Haarmeier / Wutzke / Förster GesO, 3. Aufl., § 5 Rdnr. 34 がある。

（6）OLG Bremen ZIP 1992, 1757, 1759, ; LG Stuttgart EWiR 1986. 1127 (Balz) : Pape EWiR 1992, 1215, 1216 ; Kuhn / Uhlenbruck KO, 11, Aufl., § 121, Rdnr. 1 および同所引用文献参照。さらに Eickmann in Gottwald, Insolvenzrechts-Handbuch, 1990, 31 Rdnr. 27. これに対してＫＯの立法者は、破産裁判所に裁量判断を認めなかった。右立法者は、ＫＯ一二一条二項による Postsperre の変更の可能性を認めることによって、ないしはすべての書簡を閲覧し、且つ私的

な通信を引き渡すことによって破産者の利益は十分保護されると考えていたのである。この点については、Motive S. 343 = Hahn, Die gesamten Materielien zu Reichsjustizgesetzen, 4. Bd., Materielien zur Konkursordnung, 1881, 5. 310 を参照。

（7） Begründung zum Gesetzentwurf der Bundesregierung. BT-Drucksache 12 / 2443, S. 143.

（8） Kuhn / Uhlenbruck KO, 11. Aufl., § 121, Rdnr. 1 参照。法規が裁判に理由を付することを要求しないかぎり、Postsperre の命令は事実上原則として出される結果となるとされる。

（9） Gerhardt, a. a. O., S. 80.

3　居住義務

ＧＧ一一条一項はドイツ国民がドイツ連邦共和国における移転の自由（Freizügigkeit）を有する旨規定している。移転の自由権は法律によってのみ制限されうるものである（同条二項）。例えばＧＧ一一条二項によれば疫病（Seuchengefahr）、自然災害（Naturkatastrophen）の危険の回避、犯罪行為の予防等、特定の目的を達成するために制限されうるにすぎない。移転の自由はドイツ国民がドイツ連邦共和国内のいずれの場所においても住居ないし住所を定める権利を有することを意味する。(1) ＫＯ一〇一条一項によれば、破産者は、その住所から裁判所の許可があるときに限り離れることが許されるものとしていたが、同規定は、基本法上保障された移転の自由を侵害するものであるといわれていた。(2) 同条は、立法者意思によると、破産者が手続上負担する義務の履行の恣意的解怠を防止することを目的としたものとされている。(3) この目的設定は、ＧＧ一一条二項の規定の対象、すなわち法律による移転の自由の制限列挙項目のいずれにも該当しない。(4) そこでこの点からみて、ＫＯ一〇一条一項の規定は憲法違反であるとの主張が一部でなされていたのである。さらに、破産裁判所が犯罪防止のために滞留

(Verbleiben) が必要とされる場合以外は住所を去る許可を破産者に与えることが義務づけられる[5]と解することによって、KO一〇一条一項を合憲と解釈する見解もあった。その際、国内における移転の自由を許可の対象から外し、許可対象は外国旅行ないしは外国への移転——それはGG一一条一項の保護範囲に含まれない[6][7]——が、破産裁判所の許可にかからしめられると解釈することによって、同条の制限がGGに違反するものではないと解する見方もあった。

倒産法改正委員会は、その第二報告書の中で既にKO一〇一条一項の条文がGG違反ではないかとの疑問を表明している[8]。改正委員会は、居住制限を廃止し、その代わりに債務者に、それが必要とされる範囲において倒産裁判所に、その協力、情報提供を義務づけようとしたのである。ここで郵便の制限と同様に原則・例外を逆転しようとしたのである[9]。債務者が協力義務・情報提供義務に従わない場合、倒産裁判所は債務者を強制的に、引致 (vorführen) 又は勾引 (verhaften) できるものとしたのである[10]。

この提案はInsO九七条三項一文及び同九八条二項に成文化された。すなわち、InsO九七条は以下の規定を置いている（訳文はInsO九九条と同じく、吉野＝木川共訳による）。

第九七条【債務者の情報提供義務及び協力義務】

(1) 債務者は、倒産裁判所、倒産管財人、債権者委員会及び裁判所の命令があるときには債権者集会に対して、手続に関するすべての事情につき情報を提供する義務がある。債務者は、犯罪行為又は秩序違反による訴追を行うのに役立つ事実をも明らかにしなければならない。但し、債務者が一文によるその義務に従って提供する情報は、刑事手続又は秩序違反に関する法律による手続において、債務者又は刑事訴訟法五二条一項所定の債務者の親族に対しては債務者の同意があるときに限り用いることができる。

(2) 債務者は、管財人が職務を遂行するに際して、この管財人に協力しなければならない。

(3) 債務者は、情報提供義務及び協力義務を履行するために、裁判所の命令に基づいていつでも要請に応える準備をする義務がある。債務者は、この義務の履行に反するすべての行為をしてはならない。

第九八条【債務者の義務の貫徹】

(1) 真実に合致する陳述を引き出すために必要であると思われたときは、倒産裁判所は、債務者が裁判所の求める情報を誠意をもって正確かつ完全に提供した旨を宣誓に代えて調書の上で約束〔「宣誓に代わる保証」の意――石川注〕することを命じる。民事訴訟法四七八条から四八〇条、四八三条の規定は、これを準用する。

(2) 以下の場合には、裁判所は債務者を強制的に引致し、又は審尋後に勾引することができる。

1. 債務者が情報提供あるいは宣誓に代わる約束〔「宣誓に代わる保証」の意――石川注〕又は倒産管財人の職務遂行の際の協力を拒否する場合

2. 債務者が情報提供義務及び協力義務を逃れようとする場合、特に逃亡の準備をする場合

3. 情報提供義務及び協力義務の履行に反する債務者の行為を回避するために、特に倒産財団の保全のために、これが必要である場合

(3) 勾引の命令については、民事訴訟法九〇四条〔訳の原文に「条」は記載されていないが読み易くするために挿入した――石川注〕から九一〇条、九一三条の規定を準用する。勾引の命令のための要件がもはや存しないときは、勾引命令を直ちに職権により取り消すものとする。勾引の命令及び勾引命令の取消しを求める申立ての命令要件の欠缺を理由とする却下に対しては、即時抗告が認められる。

債務者の準備義務（Bereitschaftspflicht des Schuldners）[11]については、一方では債務者の不必要な居住制限（Aufenthaltsbeschränkung）を回避し、他方では債務者がたとえその住所外にいても必要があれば情報開示ないし協力義務を履行できるための配慮（Vorsorge）がなされているのである。[12]

Gerhardt は InsO 九七条三項一文・九八条二項の新規定は合憲と思われること、その情報提供義務及び協力義務を履行するために裁判所の命令[13]に応じる債務者の義務は、移転の自由に関するＧＧ一一条一項の保護範囲の侵害

ではないことを説いている。その基本権の保護領域に入る私人の行為を認めようとしない国家行為は、直接・間接を問わず、あるいは法的行為・事実行為のいずれによるかを問わず、人権侵害である。[14] 倒産裁判所の債務者を利用する権限は事実上ないし間接的に債務者の場所の移転を困難にするが、それを不可能にするものではない。債務者が協力義務・情報提供義務を履行しないときに認められる（InsO 九八条二項）倒産者拘留（引致）には、自由剥奪として人身の自由を保障するＧＧ二条二項二文および同一〇四条の規定（法律の規定に基づいて人身の自由を制限できる旨の規定）が適用されることになる。[15] 個別執行の枠内で執行の奏功のため債務者の拘留（引致）が必要であることが認められるものの、その場合に比例性も遵守されなければならないものとされているが、[16] この点は倒産における総債権者に対する関係でも同じことになる。

ひるがえってわが国の破産法をみると、一四七条が一般的な居住制限を破産者に課していることと、憲法二二条による居住移転の自由の保障との関係が問題になる。このように一般的に居住制限を課することには、憲法二二条との関係で問題がないわけではない。必要以上に広範囲な居住制限になると考えられるからである。居住制限は説明義務ないし情報提供義務の履行確保の関係から認められるものであるから、InsO 九七・九八両条のような対処の仕方で十分であるように思われる。引致に関する破産法一四八条にしても引致の認められる要件として「必要ト認ムルトキ」という極めて抽象的な要件を掲げるにとどめているが、引致要件としてこれで十分といえるかはなお検討する必要があるものと思われる。

なお、居住制限、引致に関しては法務省民事局参事官室編「倒産法制に関する改正検討課題――倒産法制に関する改正検討事項とその補足説明――」別冊ＮＢＬ四六号に特段の項目は設けられていない。また、法制審議会倒産法部会決定になる前掲中間試案別冊ＮＢＬ七四号二六頁は、破産者に対する監守を廃止する旨記載している。

（１）　BverfGE 2, 266, 275, ; Maunz / Dürig, GG Art. 11. Rdnr. 27.

（２）　Quack, Rpfleger 1975, 185. ＧＧ一一条一項一文および一一条参照。Maunz / Dürig GG Art. 11. Rdnr. 23.

（３）　Motive. S. 318 = Hahn, a. a. O., S. 290.
（４）　Adam, a. a. O., S. 196 ; Eickmann, Konkurs-und Vergleichsrecht, 2. Aufl. 1980, S. 44 ; Quack, Rpfleger 1975. 185 参照。
（５）　Münch / Kunig, GG 4. Aufl., 1992, Art. 11 Rdnr. 20.
（６）　Vgl. das Elfes-Urteil des BVerfG（BVerfGE 6, 32 ff.）参照。この判決は出国の自由（Ausreisefreiheit）は、ＧＧ１１条ではなく、同二条１項によるとする。反対するのは、Maunz / Dürig GG Art. 11, Rdnr. 104 ff.
（７）　Eickmann in Gottwald, Insolvenzrechts-Handbuch. 1990. § 31 Rdnr. 26. は同説。
（８）　2. Bericht der Kommission für Insolvenzrecht, RWS. 1986. S. 183 参照。
（９）　Leitsatz 9. 3. a. a. O.
（10）　Leitsatz 1. 3. 2., Abs. 4, Erster Bericht der Kommission für Insolvenzrecht, RWS, 185, S. 143 und Zweiter Bericht a. a. O. Fußn. 19, S. 184.
（11）　Die Überschrift zu § 111 des Entwurfs der Bundesregierung, BT-Drucksache 12 / 2443. もこの立場をとっている。
（12）　Begründung des Gesetzentwurfes der Bundesregierung. BT-Drucksache 12 / 2443, S. 142.
（13）　Gerhardt, a. a. O., 84.
（14）　Bleckmann / Eckhoff DVB 11988, 373 ff. ; Pieroth / Schlink, Grundrechte, Staatsrecht II, 8. Aufl., 1992. § 6 III 2 Rdn. 274 ; BGH NJW 1980, 2414, 2415 は反対と思われる。この見解によると、直接且つ事実上の侵害はＧＧ１１条１項の問題ではないとされている。
（15）　Jarass / Pieroth, GG 3. Aufl., Art. 11 Rdnr. 1. 参照。
（16）　BVerfGE 61, 126, 135 f. ; Pieroth / Schlink a. a. O., § 10 IV 2, Rdnr. 488.

4　結　語

以上において、私は、破産者における郵便制限および居住制限を、日本国憲法の通信の秘密（二一条三項）および居住移転の自由（二二条一項）との関係でドイツ法と比較しつつ検討した。わが国における新倒産立法においても配慮すべき点ではないかと考える。

なお、本章で紹介しなかったが、本章序説において提起した第三、第四の問題については後日検討したいと考えている。

第二編　小　論

第一章　強制執行における比例原則
――ドイツと比較して――

一　強制執行法は極めて技術的な法分野であって、憲法との直接の接点が動産や債権の差押制限を除けばあまり意識されることが少ないといってもよいかもしれない。

ところが一九七〇年代から、ドイツの連邦憲法裁判所は強制執行の分野においても、可成り積極的に憲法関連の決定を出すようになった。わが国の最高裁判所と性格を異にするドイツの連邦憲法裁判所は、通常事件の上告裁判所とは別に設けられた憲法裁判所であるだけに、憲法問題が積極的に持ち込まれるためであろう。さもなくば憲法裁判所は鼎の軽重を問われることになりかねないのであろう。

連邦憲法裁判所の判例中にみられる強制執行における比例原則の適用もその一環である。私は、本書第一編において強制執行における基本的人権（ドイツでは Grundrecht すなわち基本権）の問題を取り上げてきた。主としてドイツの学説・判例を紹介しつつ日本法の解釈、立法論に示唆を提供できれば望外の幸せと感じたからにほかならない。本書は主としてそれらの論稿をまとめたものである。

二　わが国の憲法学上比例原則に対する批判があり、比例原則が行政法学におけるほどには論じられていないことを承知している。しかしながらドイツでは、比例原則は、憲法学、行政法学等、公法学上当然自明の原理と考えられている。この原則が国家高権の行使の一種である強制執行法の領域においても適用されてくることが認められるべきであるとすることも一つの見識である。強制執行に比例原則の適用が認められるということは、ドイツの連邦憲法裁判所も夙に、且つしばしばその判例のなかで判示しているところである。学説のなかでは、執行においては比例原則の適用肯定説と否定説とが対立している。

肯定説からすれば執行の方法として、よりマイルドな方法が存しないために当該執行行為が必要である場合に限って当該執行を認めるにとどまるという原理（必要性の原則）にしたがって、少額債権については不動産執行ではなく動産執行または債権執行をまずもって選択せよとか、不動産について強制管理で債権の満足が容易に期待できる場合は強制競売ではなく強制管理を選択せよとかいう帰結がでてくる。執行の種類および対象財産の選択に関する債権者の自由（債権者の目的財産の選択権）の制限という形で顕れてくるのである。苛酷執行に関するドイツ民訴法七六五条ａの解釈適用についても比例原則の適用が問題になってくる。

ドイツ連邦憲法裁判所のBöhmer判事は、同裁判所一九七八年九月二七日の決定（BVerfGE 49,220 ff.）における意見のなかで執行対象財産に関する債権者の選択権の比例原則による制限が認められる旨説いている。この意見については、Jauernig（Zwangsvollstreckungs- und Konkursrecht, 20 Aufl., 1966, §1. X), Rimmelspacher（ZZP 97, 360), Gerhardt（ZZP 95, 467 ff., 485 f.), Stürner（ZZP 99, 305), Bauer / Stürner, Zwangsvollstreckungs-, Konkurs-, und Vergleichsrecht Bd. 1. 12. Aufl., 1995, Rdn. 7, 54；Münzberg（in：40 Jahre Bundesrepublik Deutschland 40 Jahre Rechtsentwicklung, 1990, 99 ff.）等の民訴学者から、強い批判を受けた。これら民訴学者の批判は、詳かくみれば多様であるが、極く概略的に要約すると以下のようなものである（この点については本書第一編第四章参照）。

すなわち、国家の執行機関によるとはいえ、所詮執行は債権者対債務者間の私法的法律関係の処理を目的とするものであって、行政におけるように、公共の利益の実現を目的とする権力関係を示すものではないのであるから、公法上の原則である比例原則を本来の公法関係とは性質の異なる執行に対しても適用するということは筋違いである。という主張である。

このような民訴学者側からの有力な批判にもかかわらず、連邦憲法裁判所は、その後も強制執行における比例原則を適用した決定を出して、今日にいたっているのである。この事実はわが国の執行法学においても重く受けとめる必要があるのではないか、と私は考えている。

比例原則は、このほかにも不動産競売の執行債権額と競売代金との関係についても適用されると考える余地がある（狭義の比例原則）。

三　ところで比例原則は広狭二義において用いられる概念であるが、狭義においては、執行行為によって債務者の受ける損害（Wieser は金銭債権執行において債権者の満足にあてられるべき金額を第一次損害―― Schäden Primär ――に対して執行によって債務者の蒙る損害を副次損害――Schäden Sekundär――と称している。この表現が適切であるか否かは、今ここで取り上げない）が債権者の受ける利益と比例的関係に立たなければならないことを指している（Wieser, Der Grundsatz der Verhältnismäßigkeit in der Zwangsvollstreckung-Gedanken zu der Frage, ob Vollstreckungsakte verhältnismäßig im engeren Sinn sein sollten. ZZP 98. Band, Heft 1. 1985. S. 50 ff. 特に S. 51)。

不動産競売における売却価額の問題において、比例原則がどのような形で顕れてくるかという点は執行における比例原則の一適用場面である。そして、この点に関する連邦憲法裁判所の諸判例やこれらをめぐって展開されるドイツの執行法学説が、わが国の民事執行における不動産の強制競売の売却許可について若干の参考になる点があるように思われるし、更にはわが国の執行法学になにがしかの影響をもたらしてもよいのではないか、と私は考えている。

ドイツのＺＶＧ八五条ａ一項は第一回競売期日にのみ適用される規定ではあるが、同項は不動産競売における当該不動産の最低売却価額を取引価額の半額（die Hälfte des Grundstückswertes）としている。この価額自体も比例原則の適用場面の一つが立法化されたものとみることができるといわれている。それでは、第一回期日における最低売却価額についてはこの規制をクリヤーしさえすれば、それだけで十分であるとみてよいのであろうか。同項の適用による制限以外に別の側面からの競落制限が課せられるということが考えられる。第二回期日以降同項の適用はないが、今第二回期日以降は別にして、話しの対象を第一回期日にしぼってみても、最高価競買申出価額が同項の最低売却価額をクリヤーして時価の半額に達していさえすれば、他の要件が具備していても、比例原則が働いて競落が許可されないことがあると解する余地があるのであろうか。

連邦憲法裁判所の判例によると、売却価額が比例原則からみて債務者に「過度に負担を与え、その結果負担の受忍が期待できない」（übermäßig belastend und deshalb umzumutbar）場合とか、「売却価額が立法者の目標を著しくこえている」（über das gesetzgeberische Ziel……erhebiich hinausgeht）場合とか、さらには、執行による債務者の利益領域への「干渉の重さとそれを正当化する理由の重大性および緊急性の総合的考量をしてもなお受忍の限度が維持されていること」（bel einer Gesamtabwägung zwischen der Schwere des Eingriffs und dem Gewicht und der Dringlichkeit der ihn rechtfertigenden Gründe die Grenze der Zumutbarkeit noch gewährt sein）というような極めて一般条項的表現を用いて、競落許可のための売却価額に、著しく抽象的ではあるが、一定の制約を設けているのである。

そこで、この連邦憲法裁判所の見解を具体例にそくして述べてみよう。連邦憲法裁判所の一九七八年九月二二日の決定（BVerfGE 49, 220 ff.）は、執行債権額八八マルク、競売の対象となった土地の価額四六、〇〇〇マルク、競売代金が二一、〇〇〇マルクという不動産競売事件に関するものである。この競売許可は、第一回期日であればＺＶＧ八五条ａに違反することになるが、第二回期日以降のケースであるのか、その他の事情があったのか、資料からは明らかではない。競落を認めることは、この少額債権をもって債務者に二五、〇〇〇マルクの損害を与えることになり、比例原則違反であるがゆえに許されないと判示している。これ等は、前記の著しく抽象的な基準をもってしても比例原則違反の典型的事例というべきなのであろう。また、例えば執行債権額が一、〇〇〇マルク、競売対象となった土地の時価が一〇〇、〇〇〇マルク、売却価額が五〇、〇〇〇マルクというケースを想定してみる。この場合は、執行によって債務者が受ける不利益が五〇、〇〇〇マルクとみると、債権額∧債務者の蒙る不利益、という式が成り立つが、この差が上記の抽象的基準にてらして著しいと考えれば、競落は比例性がなく不許になる可能性が出てくることになるのである。この場合、ＺＶＧ八五条ａの時価の半額という要件は満たしているので、同条との関係からすればこの競落は許可されてしかるべきなのではあるが、比例原則との関係から競落を不許とすべきであるということになるのである。

このような結果はおそらく民訴学者からは認めがたい、あるいは認めにくいところかもしれない。ドイツの民訴学者は主として連邦憲法裁判所の下す民事手続法関係の判例が、しばしば民事訴訟法学の立場からみて、賛成しがたく、そのことは同裁判所の裁判官のなかに民訴法学に詳しいものがいないことに由来するのではないかという感想をもっているという話を聞いたことがある。

もっともWieserの前掲論文の五五～五六頁はこのことを意識してか、執行によって債務者の蒙る副次損害を金額の額面どおりにではなく若干割り引いた額を基準にして比例原則の適用を考えてはどうかという見解に言及している。例えば前掲後者の事例でいえば、債務者の蒙る副次損害の金額は、五〇、〇〇〇マルクであるが、執行を招いたのは債務者の不履行に起因するのであるから、例えばその損害額を割り引いて三〇、〇〇〇マルクとして、これを基準に比例原則の適用を考えるというようなことになるのであろう。その場合、副次損害をどの程度割り引いた額として計算するかについては比較原則そのものがファジーな原則、あるいは一般条項的な原則であるだけに問題が残るところである。それだけに連邦憲法裁判所も既述のとおり極めて抽象的な表現をもってしかこの問題に答えを出していない。この一般条項を具体化するには、連邦憲法裁判所の下した執行における狭義比例原則に関する判例の分析が必要になる。私は今の処そこまで作業を進めているわけではない。この点は次の研究課題としたいと考えている。

このようにしてドイツの強制競売・強制管理法では八五条ａによって、不動産の第一回競売期日については時価の半額が最低売却価額として歯止めをかけているので、第一回期日については同条の規制がある。しかし、このことに加えて、更に比例原則による規制がかかることになる。規制が二重にかかることになるのである。ところが第二回期日については八五条ａの規制が外されるので、規制は狭義の比例原則のみによってかけていくことが必要になってくる。

いずれにしてもそもそも比例原則は、現在のところわが国の実務上明確な形で採用されているわけではないし、意識すらされていないといえようが、比例原則の適用はわが国の民事執行についても極めて重要な原理として一考を要するのではないかと思われる。

比較原理の適用は法治国家主義、平等原理、債務者の財産権の保障といった憲法に基礎をおく原理ではあるが、それについて明文の規定を欠く現状では、わが国の民事執行の実務にこれを援用することは裁判所としても為し難いところかもしれない。しかしながら、右の原則がドイツ公法学のうえでは永い歴史をもった伝統のある原理、法の一般原則であるということも考えてみる必要があるのではないか。また強制執行法学に比例原則を援用するか否かは別にしても、ドイツの執行法のなかで比例原則がどのような役割を果たしているかという点についての検討を怠ってはならないのではないかというのが私の率直な感想である。それはドイツの執行法学のなかで、今日みられるように盛んに比例原則が取り入れられ討論されていることに何の合理性もないとは言い切れないからである。

本章で挙げた事例は、いきなり執行における比例原則概念を持ち出してみても大方の理解が得られないと考えて、その理解を助けるために挙げた若干のものであるにすぎない。

第二章　不動産競売の最低売却価額と財産権の保障

私はかつて判例タイムズ誌に「憲法と民事執行法」と題する小論文を寄稿した（九六四号六六頁以下、本書序章として収録）。このテーマの一環として、ドイツでは、不動産の強制競売における最低売却価額とGG一四条の財産権（この場合、問題になるのは競売物件の所有者たる債務者の財産権）の保障との関係が問題とされている。わが国では、最低売却価額を決めるための具体的なポイントについては、後述をするように実務家側からの指摘はあるものの、その際特に憲法二九条の財産権の保障という視点が自覚的に意識されているとは言い難い。現状では実務家の豊かな憲法感覚に基づいて基準が提示され、これに基づいて右価額が決められているものと思う。

不動産競売における最低売却価額をいかに定めるか、その定め方の基準にはいくつかのポイントがある。しかし、それらの諸基準を用いて決めた最低売却価額が不当に低額である場合、それが債務者の財産権の不当な侵害にならないかという疑問が生じる。執行における債務者の財産権の保障というと奇異に聞こえるが、執行にあっても債務者の基本的人権である財産権の尊重という観点が不当に無視されてはならない。換言すれば、それは憲法二九条の財産権の保障を侵すことになるかどうかという憲法問題に発展することになる。

不動産不況という特殊状況の下で不動産競売の売却率を上げ不動産執行に機能性を持たせるためには、一般的にいって最低売却価額を低めに設定することが望まれるであろう。とはいってもそれが不当に低く設定されれば、前記の憲法問題が生じてくるため、裁判所は執行実務上は、かねてより適正な最低売却価額を設定するように心がけてきたものと思われる。

最低売却価額の設定にあたって、一方では債務者の財産権の保障を、そして他方では執行債権の実行と競売の機能性の維持を、という二つの、ある意味では相互に矛盾しかねない要請をどのように調和させることが必要なのであろうか。

特にバブル経済崩壊以後、世間一般に不動産の取引きが沈滞して、不動産競売による売却が落ち込み、最低売却価額の設定もバブル期のように高額というわけにはいかなくなってきていることは必然的な成り行きであるといえよう。

このようなバブル崩壊以降における不動産の最低売却価額の設定について、浅生重機「地価下落期における最低売却価額」金融法務事情一三一一号、同「地価下落期における最低売却価額」判例時報一四〇四号三頁以下、高木新二郎「バブル経済崩壊がもたらした民事執行についての諸問題」ジュリスト一〇三〇号三五頁以下、東京地裁民事執行実務研究会編著『不動産執行の理論と実務』一七九頁以下、原敏雄「評価及び最低売却価額の決定」『裁判実務大系(7)』一八九頁等が実務の現況を示したものとして参考になる。

たしかに、最低売却価額は正常な小売価格である正常価格による必要はなく、卸売価格を参考にしたり、複数の評価人から出される評価のうち最も低い価格等を参考にし、これに加えて様々な要素を勘案加味して決定してもよいとされている。否、むしろ最低売却価額決定の諸要素を勘案しなければならないとするならば、正常価格で決められること自体が不自然で適正さを欠くものであると言える場合が多いのであろう。競売に参加するのは一般ユーザーのみならず転売を目的とした真面目な不動産業者もいることを忘れてはならないし、バブル経済崩壊後の地価下落時、ないし不況時には不動産の取引きが沈滞し競売も活性的でないこと、最低売却価格は競争売買のスタートラインであるにすぎないこと等々、勘案すべき要素は数多いのである。

特にバブル経済崩壊後の地価下落期に公示価格や東京都の基準価格が正常価格を上回り、最低売却価額の決定についてもこれ等の修正を余儀なくされる事態に陥っていることは周知のとおりである。

公示価格や基準価格の修正の問題は、余談にわたるが、地代調停等にあってもしばしば問題になる。それは別にしても、これら価格の一〇％ないし三〇％減を正常価格とみて、さらに加えて、卸売価格であることや競争売却の最低価格であることを考慮して、それからさらに三〇％ないし四〇％を減じた価額を最低売却価額とするという修正がなされていることが指摘されている。この基準で計算すると、最も多く減額した最低売却価額は公示価格ないし基準地価格の半分を切ることも考えられうる。

このことから、所有者＝債務者は最低売却価額が低廉に過ぎることを理由に売却許可決定に対する執行抗告の提起も考えられる。そこに、債務者としては競売による自己の不動産の不当廉売が財産権の保障の侵害で憲法違反であるとの意識を持つことが認められる。この意識こそが、この種の執行抗告を提起する原因になっているものと思われるのである。

そして右のようにして決められた最低売却価額による期間入札によって買受申出人が得られず、続く特別売却でも売却できず、再度の期間入札に当たり、結局さらに最低売却価額を下げざるを得ないことになるのであるともいわれる。

ところでＺＰＯ八一七条ａ一項は動産競売の最低売却価額を当該動産の売却価額の半額としている。ドイツでは（ＺＶＧ）七四条ａおよび同八五条ａによって不動産競売における不当廉売の制限が規定されている。但し、ＺＶＧ七四条ａ四項、および同八五条ａ二項によると、第一回競売期日についてのみ右の制限を受けるものとされている。しかし不当廉売を第一回期日に限定するこの規定については、財産権の憲法上の保障を実現できないとの立場から、近時不適当である旨の主張が学説上提唱されている。そして、右の制限に違憲の疑いがあるとすれば、繰り返される競売期日になされる不当廉売については、苛酷執行の制限に関する規定であるＺＰＯ七六五条ａを適用して債務者を救済すべきであるとの見解も提唱されているようである。

動産執行に関するＺＰＯ八一七条ａに準じて不動産競売にあっても通常の取引価格の半額以下の競買申出に

あって競落許可は許されないのではないかという発想から、近時ＺＶＧ八五条ａ一項が規定されたことに注目しなければならない。同条は一九七九年二月一日の法改正（BGBl, IS. 127）によって追加的に規定された。一項は以下のように規定している。すなわち「このほか、売却条件により存続する権利の元本価値（Kapitalwert）を含めて、最高価申出価額が当該土地価額の半額に満たないとき、競落は許可しない」というのである。私はここに示された時価の半額という基準は日本でも債務者の財産権の保障を規定する憲法二九条との関係からも遵守されなければならないものと考える。そして、この種の憲法上の問題と関連する規律は法律に条文化されることが望ましいのではないかと考える。

このように考えてくると、取引価額の半額以下では売却が許可されないとすることによって、金銭債権の実行が困難になって債務者の保護に著しく欠けることになるとの批判が当然予想される。しかし、そうであるからといって、債権者の利益において債務者の財産を不当廉売してよいということにはならないであろう。民事執行法二〇条は民事執行手続について原則的に民事訴訟法の規定を準用している。新民事訴訟法は二条で信義則を規定している。したがって、信義則は民事執行手続にも適用される。これに準じて執行における信義則、権利濫用の禁止の原則から、延いては比例原則が適用されることになると考えるべきであろう。右に述べたところは、これら諸原則の執行における一適用場面と考えるべきである。強制執行手続においても比例原則の適用があることについては、近時ドイツの執行法学のなかでも意識的に主張されるようになった。民事執行は債権者の執行債権の行使であって執行による掴取は原則的に自由であるものの、その比例原則による例外的制約は受けるのであって、その自由は決して無制限のものではないのではないか。問題は比例原則による債権者の掴取の自由の制限の内容である。ここで参考になるのは、信義則に関するドイツ民法二四二条の原則の枠内で、権利侵害が軽微であるにもかかわらず、これと比較して不相当に（比例原則に照らして）過度の権利回復が無制限に許されるわけではないとして、権利回復についても実体法学者が比例原則の適用がある旨を説いている点である。ドイツではさらに加えて、執行は国の強制手段を利用するという点で、執行外の権利行使と比較して、比例原則の適用に関して、より強い制約を受けること、換言すれば比例原則がより厳密に適用されなければならないことが説かれているという点である。

比例原則は民事執行手続における基本権、特に債務者の基本権の保護を考察する場合、不可欠の重要な要素であることを改めて提唱しておきたいと考える。

第三編　翻訳

第一章　執行における憲法上の近時の諸問題〔Eberhard Schilken 著〕

債権者の自力救済を禁じている国家は、裁判所が確定した、あるいは法律の定める文書〔債務名義〕に記載された債権者の権利〔執行債権〕を強制的に実現するために、強制執行によって権利保護を行う。この司法上の保障は、債務者が債務を任意に履行しないときに、そして履行しないがゆえに、債務者の権利に対する国家の高権的干渉（Eingriff）によって行われる。主として債務者の一定の基本権は尊重すべきであるのみならず、公法に属する執行において他の憲法の規定および諸原則は特に尊重されなければならないものである。強制執行法は公法として就中合憲性のコントロールに服するものである。(1)

ドイツ訴訟法をめぐる過去の議論を支配し、且つ今日なお部分的に支配している若干の標語をとりあえず示しておこう。Rosenberg-Gaul-Schilken の教科書 Zwangsvollstreckungsrecht のうち、(2) §3「強制執行と憲法」に一九九六年中頃迄の当面の問題の概観が記述されているので、ここでは一九九九年一月一日施行された強制執行法第二次改正法（2. Zwangsvollstreckungsnovelle）による改正を視野に入れて近時の発展の内容について報告したい。

Ⅰ　若干の標語(3)（Stichwort）

執行債務者の基本権に関していえば、金銭債権執行においてＧＧ一四条による、基本法上の所有権の保障が適用される債務者のすべての財産権に対する攻撃が検討の対象になる。金銭債権執行については、債務者のこの基本権は債権者のそれに劣る。けだし債務名義に表示された請求権〔執行債権〕の実現を債権者はGG一四条に基づいて主張しうるからである。引渡執行（Herausgabevollstreckung）にあっては、同様の場合GG一四条のほかにGG一三条、すなわち住居の不可侵性の原則がしばしば援用される。GG一三条は、金銭債権執行にあたり債務者の住居が捜索されるときも問題になる。

作為不作為執行にあたり、更に、例えば財産開示手続において、GG二条〔一般的人格権に関する規定〕の一般的自由権が侵害されることがあり、強制拘留にあっては、GG一〇四条二項〔自由の剝奪に関する法的保障〕という特定の自由権の侵害がなされることがある。

執行制限を定める若干の規定は、特定の基本権に関係している。例えば、一定の差押〔不〕可能性に関する規定にあっては、GG六条〔婚姻、家族および非嫡子に関する規定〕によって婚姻や家族に関係し、あるいは全く一般的且つ基本的にGG一条二項の人間の尊厳の維持に関係している。

各種の基本権のほかにも、別の憲法上の諸原則が重要な役割を演じる。例えば、執行上の債務者保護に関連して、社会的国家原理（GG二〇条・二八条）があるし、あるいは、執行制限として援用されることがあり、且つ多くの議論がなされた比例原則――それは法治国家原理（GG二〇条三項）に由来するものであるが――がこれである。

更に加えて、債務者のほか第三者の基本権が執行によって干渉されることがありうることも指摘されなければならない。債務者の所持しない（schuldnerfremde）物が差押えられ且つ換価されるとき、第三者の所有権の保障が問題になるし、第三債務者がその意思がないのに債権執行において執行関係に引き込まれるとき、一般的に自由権が問題になる。加えて、さらに、明渡執行において、同居している債務者に対する金銭債権執行において住居の不可侵性という基本権が問題とされる。

II　強制執行法第二次改正法との関係における解決の試み、残された問題および新たに提起された問題

強制執行法第二次改正法は、特に債務名義の貫徹性（Durchsetzbarkeit）を債権者の有利に改正している。たしかにその場合、債務者の正当な利益もしかるべく尊重しようとする。(4) まさにその中心におかれているのは憲法の視点からすれば、住居基本権の問題である。

1　住居の捜索の新規定（ZPO七五八条a）

憲法的観点からみた改正法の最も大きなポイントは、同法に追加されたZPO七五八条aにみられる住居の捜索をめぐる新規定である。昔からあるZPO七五八条一項が、執行目的から見て必要であるとき、執行官が債務者の住居を捜索することができる権限を規定していることは明白である。そこで連邦憲法裁判所(5)は、一九七九年に同条の解釈をGG一三条二項と調和させて、遅滞の危険がない限り、捜索は裁判官の命令（Anordnung）を必要とする旨判示し、同条を補充したのである。この判断は連邦憲法裁判所法（BVerfGG）三一条一項により〔全国家機関に対して〕拘束力を有するものとされている。既述のように考えることによって、連邦憲法裁判所はGG一三条二項という基本法の規定を最大限に拡張して解釈したのである。しかもその場合、執行におけるこの債務者の基本権がGG一四条の債権者の基本権――有効な執行を求める権利をも保障するものであるが――を侵害するとの疑問をもつことはなかったのである。(6) 連邦憲法裁判所の裁判の拘束力という観点からみると、住居に対するこのような原則〔捜索命令を要するとの原則〕の強調を悲しむことは無益なことである。――過去二〇年間連邦憲法裁判所の裁判にしたがわざるをえなかった通常の執行実務を基礎に――立法者はこの拘束力をもって確定

された法律状態を尊重したのである。[7] その際に立法者は若干の特に重要な問題点、すなわち捜索命令の適用範囲〔金銭債権執行については必要、明渡執行については不要、動産の引渡執行については疑問あり等執行の種類をいう〕および射程距離〔債務者のほか例えば親族等の第三者が執行に関与せしめられる人の範囲〕並びに手続内容いかんという問題点の解明に論点を絞った。

（a）ＺＰＯ七五八条ａは、連邦憲法裁判所の裁判の趣旨を立法〔により明文化〕することによって、以下の点を明らかにしている。すなわち債務者の住居は債務者の同意がないとき、命令をもらうことが捜索の効果を危殆に陥らせるときを除いて（第二文）、裁判官の命令がある場合に限り捜索が許される（第一文）ということである。

立法者は「債務者の同意がないとき」という文言を附加することによって、債務者の同意があるとき捜索命令を必要としないことを明らかにしようとしたのである。それはこれまでも一般的見解であったし、[8] ＧＧ一三条一項の基本権の放棄の適法性と調和する見解である。より正確にいえば〔基本権自体は放棄できないので〕基本権の行使の放棄が表明されているのである。

しかしながら、この同意は、債務者不在のとき債務者以外の者、例えば家族に属する成年者によっても有効になされうるか否かの点に疑問を残し、且つ不明であった。[9] この問題はＺＰＯ七五八条ａの立法理由書によって明示的に〔右成年者も同意を与えうるものとして〕肯定されている。[10] そして、この見解は、結果的にみて疑いのあるときは、債務者が、その限りで保護された権利の行使を、これらの範囲の者に託したとの前提をとってよいことに帰着するが、この見解は当然のことながら疑問がないわけではないのである。[11] 事実これら推定された基本権〔の行使の〕放棄が認められるか否かはかなり疑問である。

ＧＧ一三条二項は連邦憲法裁判所の判例にしたがって、[12]〔捜索命令を得ることが〕「遅滞の危険をもたらす場合」裁判官の留保〔裁判官の命令にかからしめること〕の明示的制約を規定している〔すなわち右の命令を不要としている〕。捜索命令を予め得ることが捜索の効果を損なう危険があるときのみ存在するとされる「遅滞の危険がある」とき、明示的に裁判官の留保を制限している〔すなわち命令を不要としている〕のである。そこで立法者は連邦憲法裁判所の「危険概念」を条文に取り込んだのである。だがしかし、その詳細な内容は裁判に委ねたのである。(13)「危険概念」は、捜索のそれぞれの目的と関連すべきものであること、例えばＺＰＯ八〇八条による有体動産執行にあっては差押物の発見と関係があるし、ＺＰＯ八八三条による〔特定物〕の引渡執行にあっては、引き渡すべき物の発見と関係すべきものである。これら例外が適用される場合〔すなわち右の命令を不要とする場合〕があるか否かは疑わしい。(14)というのは、執行官がこれ迄ＧＧ一三条二項の意味における「遅滞の危険」のゆえに捜索命令なしに執行したことは稀であったし、且つこれを職務上の責任追及や法的救済〔異議等〕を提起されることを恐れて将来も控えめに行為するであろうと考えられるからである。

〔住居の捜索を規定する〕ＺＰＯ新七五八条ａ一項の条文は債務者の住居（Wohnung）をあげるにとどまる。他方、これと時を同じくして規定されたＡＯ二八七条四項という新規定は、租税債権の執行における同種の問題に関して明示的に債務者の住居のほか営業所（Geschäftsräume）について捜索命令を要件としているのである。そのことはこれ迄既に争われた問題、(15)すなわち、民事執行の枠内において債務者の営業所が裁判官の命令なしに捜索されうるか否かという問題を提起している。(16)ＺＰＯ七五八条ａの立法理由書は、判例が既に諸原則を確立したと思われるので、〔規定しなくても当然に含まれるので〕営業所を規定に取り込む必要のない具体的事例とみたことを明らかにしている。(17)事実、これ迄の立法状況の下で、通説は、ＧＧ一三条に関する連邦憲法裁判所のその他の判例からみて、営業所、作業場（Arbeitsräume）、事業場（Betriebsräume）〔営業所は商店のように一般人に開かれたところであるのに対して、後二者は例えば工場のように一般人に開かれていない〕もままＧＧ一三条二項に入ると理解している。そのことからはさらに住居概念の広い理解をもたらすと思われる。(18)換言すれば、債務者の考えている目的の枠内でのみ必要とされる空間の不可侵性（Unantastbarkeit）について有する債務者の保護が必要とされているのである。ＡＯ二八七条四項の明示的規定との関係でみると、立法者は、確実に発生してくる紛争を回避するために、ＺＰＯ七五八条ａ一項の適用領域を同様に親切に宣言するべきではなかったろうか。

（ｂ）　ＺＰＯ七五八条ａ二項は〔七五八条ａ二項は Titel auf Räumung oder Herausgabe von Räumen と書いている。厳密にいえば前者は住居等を空にすることであり、後者は占有を移転することである。〕、住居の明渡しの債務名義の執行にあたり、裁判官の捜索命令を必要としない旨規定する。この点は従来も判決たる債務名義については通説であった。[19] 判決以外の債務名義、例えば土地の強制競売において司法補助官によって発せられた競落許可については厳しく見解が対立しているところであり、[20] 不要説が優勢であるといってよいであろう。新規定の幅をもたせた文言の意味は今日明白である。立法理由書も、[21] ドイツ強制競売強制管理法（ＺＶＧ）九三条による競落許可について〔すべての〕債務名義の同価値性を指摘して捜索命令の不要性を明らかに認めている。[22]

かような法規律があっても勿論まだその合憲性が保障されたわけではない。立法理由書はその正当化のために以下のように述べている。[23] すなわち、〔住居の〕明渡しはＧＧ一三条二項の意味における「捜索」ではないし、債務名義は債務者に対して、その住居所持（Innehabung）権をまさに否定しているのであるというのである。そのことは正当であるかもしれないが、しかしだからといって住居の不可侵という基本権に対する干渉は、なお積極的に正当化されるわけではない。[24] 明渡債権者の基本権は――殊にしばしばそれは貸主の基本権である――住居所持者（Inhaber）の基本権と対立し、前者による後者の内在的制約を財産権の保障に関するＧＧ一四条から考えることができる。二つの基本権のかような対立関係が〔執行〕制限を導くことがある点は認められるのである。

私自身は強制執行における基本権侵害に関する一九九五年の Syros におけるシンポジウムにおいて、ＧＧ一三条三項――その後改正によってＧＧ一三条七項となる――に立ち返ることによってこの侵害を正当化することを試みたし、且つこの点を指摘することは許されるであろう。[25] 債権者の基本法上保護された利益のほか、執行債権者にその債務名義上の請求権の実現を可能にすることに関する公の利益も存することを考えるとき、本条〔ＧＧ一三条七項〕の意味における明渡しはＺＰＯ八八五条という条文に基づいて、公の安全及び秩序に対する緊急の危険を避けるためになされるものであるといえよう。

明渡しを既に原則的にＧＧ一三条一項の保護領域の制限によってあるいはＧＧ一三条七項の援用によって正当化しようとするならば、例えば上述の競落許可決定のような非裁判官による明渡名義の執行におけるように、〔裁判官の発する債務名義との〕相違もまた確定する必要はない。捜索の不存在という（適切な）考え方について議論〔明渡しは捜索概念に該当するか否かという議論〕するまでもなく基本権の干渉は同様に正当化される。

訴訟上の和解に基づく明渡しの執行にあっては、このような議論をする必要すらない。けだし、右和解によって、同時に債務者がＧＧ一三条一項の基本権の主張を放棄したとみることができるからである。[26] そのことは、新規定の立法理由書の述べるところである。[27] 基本権の内在的限界あるいはＧＧ一三条一項についての正当化はもはや必要ではない。

（ｃ）　ＺＰＯ九〇一条による開示保証手続における拘留命令の執行にあっても、ＺＰＯ七五八条ａ二項によって裁判官の捜索命令は不要である。それは従来の多数説[28]と一致している。そして、立法者はその根拠を以下のように述べている。すなわち、自然な見方からすれば、拘留命令の付与をもって、その自由剥奪的効果を伴った住居の私的領域への介入（Eindringen）を含む、執行手続における裁判官の判断が行われたというのである。

拘留命令の付与とその執行にあたり、疑いもなく第一に、個人の自由への干渉（Eingriff）が、問題になる。したがってＧＧ二条二項二文の基本権並びに自由剥奪に対する特別保護規定を伴ったＧＧ一〇四条一項及び二項のいわゆる司法基本権（Justizgrundrecht）への干渉が、問題になるのである。債務者に対する拘留命令の執行は必ずしも常にその住居において行われなければならないというわけではないのであるから、ＧＧ一三条の〔住居〕基本権への干渉が必然的に含まれるというわけではない。他面、住居における拘留は原則的な事例であり、且つ拘留命令は、明らかに債務者の捜索（Aufspüren）に対する裁判官の指図を含むものである。その限りで、立法者の以下のような考え方、すなわち、拘留命令は、債務者の自由領域（Freiheitssphäre）への極端な干渉であると同時に、ＧＧ一三条一項の基本権への目的をもった干渉をなすべき旨の裁判官による許可を含むという見解[30]が正当化される。

仮に人が憲法異議の危険を排除しようとするのであれば、与えるべき拘留命令の主文中（in das zu entwickelnde Haftbefehlsformular）に捜索命令を記載しておくことがよいのではないかと思われる。

（d）動産の引渡執行は――それは常にというわけではないが――原則として、住居の捜索を伴うのであるが、二項において例外として言及されなかった。そこで捜索とは債務者が自ら提供しようとしない物に目標を定めて追及することをいうのである[31]。立法者はこの動産引渡執行を、意識的に、裁判官の命令を必要とするという原則の例外としたのではない[32]。立法者は、この点について、一般的性質を有するものとしてではなく、引渡しの債務名義の種類や内容によって憲法上の疑問を提している。このような理由から、立法者は、明らかに、疑問の憲法上の解明を将来の課題として残したのである。事実上憲法の判断について見解は分かれるであろう[33]。〔動産の〕引渡執行のために、上述の意味における捜索を必要としないとすれば――例えば、住居中の知られた場所に置かれた家具――干渉は、明渡執行の場合と同様に、債務名義の種類とは関係なしに許される。すなわち、その根拠は債権者の所有権的基本権による〔債務者の〕住居基本権の一般的制限か、あるいはＧＧ一三条七項との関係においてか、この二者の、そのいずれかの理由で許されることになるのである。住居への立入りに対する債務者の抵抗がＺＰＯ八九二条により排除されるべきとき――ある賃借住居において新しい窓の取付け――ＺＰＯ八九〇条の受忍名義の執行もＺＰＯ八九〇条、ＧＧ一三条二項の意味における捜索に入らない。更にＧＧ一三条七項による執行、又は住居基本権の内在的制約（eine immanente Beschränkung）〔明規されない制限を指す〕内の執行は、裁判官の許可なしでも許される[34]。これに反して捜索がなされなければならないとするとき、債務名義の質も――殊にそれが裁判官の作成した名義か否か――重要ではないし、当該名義の「住居関係性」―（Wohnungsbezogenheit）〔引き渡すべき物が債務者の住居にあるか否かという点〕も重要ではなく、それゆえに、すべての生活経験によれば、引渡執行が債務者の住居においてのみなされうるか否かという問題も重要ではない。その場合むしろ、裁判官の捜索命令が必要であり、右命令を発するにあたり裁判官は連邦憲法裁判所の考え方にしたがって就中具体的事実状況を顧慮して処分の比例性（Verhältnissmäßigkeit）を検討すべきことになる。それゆえに債務者の住居の捜索の必要性が予期できないときにのみ、債権者は動産の引渡執行において捜索命令の申立てをしなくてよいとみるのが適切である。

（e）ＺＰＯ七五八条ａ三項は以下の問題点について規定している。すなわち、債務者以外の者が住居を占有していること、それゆえに就中すべての種類の共同居住（Wohngemeinschaft）につき住居の捜索によって生じる諸問題点を規定している。債務者が捜索に同意しているという事情、あるいは債務者に対して捜索命令が出されたか、あるいは不要であるという事情は、それ自体共同住居者の基本権に対し存在する干渉を常に正当化するものではない。この点で就中ＧＧ一三条一項が再び指摘されなければならないし、更にまたＧＧ二条一項の一般的な自由権もまた指摘されなければならない。従来の学説のなかでは、関係共同居住者に対する捜索命令の必要性は少数説[35]によって強調されたにとどまる。たしかにこの要件は、債権者の権利の実現を効果的に（nachhaltig）妨げることになるであろう。けだし、いかなる法律上の根拠によって債権者が債務名義のない共同居住者に対する裁判官の捜索命令を取得すべきなのかという点は、そもそも不明だからである[36]。必要なら債権者がまずもって債務者の共同占有権（Mitbesitzrecht）を差し押さえることができるとしても、つぎにこの差押えにもとづいて共同占有者に対して訴えを提起しなければならない――これは更に不確実な出口を伴う全く受忍しえない権利実現の遅滞をもたらす。けだし共同居住者が交替することもあるし、また債務者がその交替を操作しうるからである。立法者はしたがって従来の通説にしたがって[37]、ＺＰＯ七五八条ａ三項において捜索を受忍すべき旨の共同占有者の義務を規定した。同条文は憲法上の検討に耐えるべきものである[38]。共同居住者の住居基本権の内在的制限は債務者と住居共同体を組もうという共同居住者の意思に求められ、就中GG一四条に由来する債権者の基本権の中核に関係し、且つしかるがゆえに債権者の基本権が優先順位にあることになる。他方債務者に対する捜索は、共同居住者の住居基本権及び自由基本権に副次的に干渉している（am Rande berührt）に過ぎない。

立法者は何といってもZPO七五八条a三項二文において明示的に共同居住者に対して不当に苛酷な執行をしてはならない旨規定したことで、残っている疑問に配慮したのである。立法者の示した理由[39]は共同居住者の利益の完全無視がGG一三条にも且つGG一条・二条にも反することになるという点に求められる。すなわち基本的に受忍義務はあるにしても、共同居住者に固有の個人的事情が尊重される例外的事情があるときには捜索を中断しなければならないことが可能とされなければならないのである。執行官の執行に対して第三者はこの点に関してZPO七六六条の執行方法に関する異議を申し立てることができるが、裁判官の捜索命令に対しては、ZPO七九三条の即時抗告を申し立てることもできる[40]。勿論「不当な苛酷性」の概念は今後の実務を勘案し、より以上に詳細な詰めがなされなければならない[41]。

ZPO七五八条a三項はZPO七五八条a二項の事例について共同占有者の受忍義務を規定していない。したがって明渡執行と拘留命令の執行について右受忍義務を規定していない。

明渡執行に関してはそれは当然である。というのは、そこでは住居の捜索が行われるのではなく、その引渡しが行われるからである。別の非常に激しく争われている問題は、ZPO八八五条の明渡しの債務名義をもって共同占有者に対する執行をなしうるかという点である[42]。立法者は残念ながらこの問題についてもZPO八八五条の改正をしなかったのである。しかし、拘留命令の執行に関していえば、この点について共同居住者に受忍義務が立法されるべきであったといえよう。というのは、ある住居のなかで債務者を追跡するということは、捜索と全く同じことであるからである。他面、かかる場合に受忍義務に関する前述の諸理由が存在しているのであるから、これら適用法規のない事例について、ZPO七五八条a三項の類推適用をすることは正しいと思われる[43]。

2　夜間および日曜・祭日における執行の新制限

旧規定によると夜間および日曜・祭日における執行は、ZPO旧七六一条によって裁判官の許可が必要とされていた。第二次改正法のもともとの草案によると、同時に住居の捜索がなされるべきときを除いて、当該〔許可の〕申立てに関する判断の権限を有するものは司法補助官であるとされていた。その理由はGG一三条に反しないかぎり、裁判官の行為は憲法上要請されていないと説明されていたからである。この説明には賛成できる。事実、夜間および日曜・祭日執行は、通常の執行と比較して格別に債務者の基本権に干渉するというものではない(44)。

ドイツ連邦議会法律委員会はこのような考え方を取り入れ(45)、ZPO七六一条を裁判所の負担軽減のために全面削除した。それに代わって立法者は新規定ZPO七五八条a四項を設け、そこで住居への介入を伴う、および伴わない執行事件についての規定をおいている。夜間あるいは日曜および祭日執行が「住居以外のところで」なされる場合、当該執行は、同条によれば加重的要件を必要とすることなく執行官によってなされうる〔原則〕。執行が債務者及び共同占有者にとって不当に苛酷である場合、あるいは期待すべき効果が侵害と比較して不相当に小さい場合、例外的に、それは許されないことになる〔例外〕。執行官によるこれら要件の判断は、異議の申立てによりZPO七六六条の裁判官の審査（Überprüfung）に服する。

たしかに、「住居における」執行の例外〔七五八条a四項後段参照〕をいかに理解すべきかという点については問題がある。住居の捜索はZPO八〇八条による動産の執行の枠内でこれ〔住居における執行〕に含まれる、加えて特別な裁判官の許可を必要とする住居の内部におけるZPO九〇一条による拘留命令の執行も同様である。〔住居における〕夜間および日曜・祭日執行は、通常時における執行よりもより以上にGG一三条一項の基本権の侵害になるのであり、捜索命令または拘留命令よりもより以上に裁判官の許可を必要とするものである(46)。この新制度は、債務者の基本権によって必要とされた制定法上の保護規定すなわち不相当な執行干渉からの保護規定なのである。[47]

しかしながら明渡執行について後者〔ZPO七五八条a〕が適用されないことは当然である。明渡執行は――既述の通り、捜索とは解されえないのであるから、明渡執行はGG一三条二項の適用を受けるのではなく、GG一三条七項によって許される。したがって、夜間および日曜・祭日における明渡しに関する裁判官の命令は、憲法上必要とされない。むしろGGはその限りにおいて司法補助官の管轄〔旧規定では既述のように司法補助官の管轄とされた〕と同様執行官の管轄〔夜間および日曜・祭日執行を執行官の判断に委ねること〕を肯定する。[48]それにもかかわらず、明渡執行はこの規定における「住居に対する執行」とみられるというZPO七五八条aの解釈の根拠になるのは、――このような解釈は憲法上の要請を越えるものである。〔憲法はかかる解釈を要求していない〕――、住居における種類の異なる執行を区別せず且つその限りで明渡執行を含めてしまう文言が使われている点である。[49]立法者がたとえ明渡しの事例を考えていなかったとしても、もともとの草案の理由書には、GG一三条が侵害されないとすれば（そこではなお司法補助官とされているが、この司法補助官への）権限移譲について問題はないとされている。それゆえに、住居の不可侵性という基本権を侵害するときにのみ、それだけで裁判官の管轄が認められなければならないことは明らかである。そのことは、夜間および日曜・祭日の明渡執行において常に同様であり、その結果ZPO七五八条aはその限りでは〔住居基本権の侵害が関係する限りにおいて〕裁判官の判断を必要とするのである[50]〔夜間並びに日曜・祭日執行なるがゆえにではなく住居の捜索を必要とするかぎりで裁判官の判断を必要とする〕。

3　明渡執行に関する法律改正

第二次改正法はZPO八八五条による土地の明渡執行の直接の領域においても改正をしている。憲法上の観点からでてくる問題、すなわち共同居住者に対する明渡執行の適法性という、しばしば取り上げられた問題は――

前述のとおり――残念ながら〔改正法では〕規定されなかった。ここではＧＧ一三条のみならず、ＧＧ二〇条三項により債務名義が欠けていること、すなわち法治国家理論から生じる法律の留保（Vorbehalt des Gesetzes）のゆえに疑問が生じる。〔加えて〕ＧＧ一〇三条一項の法的審問請求権も関係してくる。けだし債権者・債務者間の明渡執行に第三者が関与しなかったからである〔第三者の法的審問請求権が侵害されることになる〕。私は Syros のシンポでこの問題を取り上げたのでここでは更に論じることはしない。(51)

立法者はＺＰＯ八八五条三項および四項によって遺留物の取扱いについて改正している。

（ａ）新ＺＰＯ八八五条三項二文は差押禁止物および換価代金が期待できない物は執行官が債務者の申立てにより〔債務者に〕直ちに引き渡さなければならない旨規定している。立法者はこの規定の導入にあたり、(52)ＺＰＯ八一一条〔差押禁止動産の規定〕によって差押えできない物に関して、ＧＧ二〇条・二八条の社会的国家原理が援用されるし、また換価しえない物については比例原則が援用されるとした。新規定は合理的であり且つ特別な問題を引き起こすものでもない。

（ｂ）その他の、債務者が費用の支払いをすることなく引渡しを求めた遺留物についてＺＰＯ新八八五条四項は執行官が直接売却をしその売得金を供託する旨規定している。換価し得ない物は四項二文によって、二ヶ月後に廃棄される。執行官事務処理規則（ＧＶＧＡ）一八〇条五項・六項にこれ迄も類似の規定があったが、他人の所有物のこの種の廃棄がＧＧ一四条との関係から法律上の基礎を必要とするのではないかという強い疑問(53)があった。ＧＧ一四条一項二文の意味における内容制限的規定がＺＰＯ新八八五条四項二文をもたらしたのである。したがって勿論換価不能な遺留物をもＧＧ一四条との関係でさしあたり債務者のために保管すべきなのである。立法理由書は、かかる保管義務を無価値物についても認めている。(54)

4　執行証書による執行の拡大

重要で且つ実務上の影響のある新規制をもたらすのはＺＰＯ七九四条一項五号である。債務者の執行受諾約款を伴う執行証書による執行についていうと、今後は、和解による解決に馴染むが、しかし意思表示の付与を内容としない請求権が執行できることになった。但し、住居に関する賃貸借の存続に関係する請求権はその限りではない。

最後の例外は、おそらくＧＧ一三条の住居基本権（Wohnungsgrundrecht）と間接的に関係があると考えられる。〔しかし〕住居基本権というのは、明渡請求権を公正証書に債務名義化することをそれ自体として〔そもそも〕禁ずるものではないであろう。〔この種の請求権について公正証書の作成は可能であっても〕新法によれば、これに適合しない方法で証書が作成されたとき、――例えば混合賃貸契約の事例で常に考えられるように〔事務所プラス住居の賃貸借〕――債務名義はいずれにせよ憲法違反を理由に無効になるのではなく、執行がＺＰＯ七九四条一項五号違反によって取り消されることになるのであろう[56]。

更に立法者はこの新規定において以下の見解を示している。すなわち、社会的国家原理（ＧＧ二〇条・二八条）に由来して必要とされた債務者保護は、明示的な執行受諾なる要件によって、および公証人の包括的な釈明義務及び教示義務（die umfassende Aufklärungs-und Belehrungspflichten des Notars）によって〝しかるべき方法によって確定された〟ものであるとの見解[57]をとっているのである。それが現実にそうであるか否かは、例えば大量取引〔定型化された同一内容の取引〕における（bei Massengeschäften）例えば綜合建築業者の契約（Bauträgerverträgen）にみられるように、事実としての力関係および経済的利益に関して、公証人職が十分な注意を払っているか〔公証人による契約内容の十分な教示〕疑問な点もある。立法理由が以下のように指摘しているのは正しい。すなわち、この種の契約では、買主もまたその請求権について執行しうる債務名義を、したがって、――ＧＧ三条の適用において――武器平等（Waffengleichheit）を取得することができるであろう。[58]

5　債務者保護（Vollstreckungsschutz）規定の改正

既に述べた執行債務者保護に関してであるが、ＺＰＯ八一一条二項において規定された、所有権留保売主の利益になる差押可能性の拡大は、原則として正当と考えられる。すなわち、所有権留保売主は将来所有権留保によって担保された債権をもって債務者の手元にある物に対し、それらがＺＰＯ八一一条一項一・四・五の各号により執行禁止とされていても執行ができるようになったのである。社会的国家における〔債務者〕保護思想はこれを否定するものではない。けだし売主は元来引渡しの訴えを提起することができるからである。すなわち、ＧＧ一四条によって保護された債権者の権利は手続が簡易化され促進されるがゆえにこのような方法をもって効果的に保護される。[59]

立法者はＺＰＯ七六五条ａの執行制限の異議の領域においても改正を行ったのである。[60]基本法の立場からみると、明渡執行に対する右申立ての時間的制限（eine zeitliche Antragssperre）の導入は注目に値する。新三項は執行制限の申立てが確定された明渡期限の遅くとも二週間前になされなければならないことを規定している。但し申立てが債務者の非有責的な事由により遅滞したとき（bei schuldlose Verhinderung）又は事後的に成立したときには例外が認められる。そのことは、債権者債務者双方の基本権を顧慮して相当と思われる取扱いであろう。すなわち、明渡期日が債務者に対し二週間の制限（Zweiwochensperre）以前にすでに通知されていることを前提とする。その限りで状況上なるほど確定時の明示をなされてはいないが、しかし、学説の一部にはＧＧ一九条四項の法的救済の保障（Rechtsweggarantie）を援用して一週間の期間を最小限である旨強調している。[61]

6　管轄を執行官へ移管すること

第二次改正法は、執行手続における一連の管轄をこれ迄執行裁判所すなわち司法補助官の管轄から執行官へと移管したのである。第一に、全開示手続がドイツ連邦議会の法律委員会において執行官に委ねられたことを指摘すべきである。[62] はじめはこのことは、執行法体系へのあまりにも広範な介入として拒絶された。しかし、このこと〔全開示手続の執行官への移管〕は十分な理由をもって主張されたのである。しかも全管轄を執行官に移すことについては憲法上の疑義が生じるであろうと考えられることはなかった。債務者が十分な理由をもって宣誓に代わる保証をなすべき義務を期日において争うとき、必要とされた債務者の法的審問（GG一〇三条一項）は、新規定によって、特に異議（Widerspruche）（ZPO九〇〇条四項）の可能性が存続することによって十分に保障された。ZPO新規定九〇九条二項は発令後三年が経過したとき拘留命令の執行が許されない（unstatthaft）旨を規定している。かかる時間的制限は、改正前存在しなかったが、しかし判例学説により、一部は憲法上の理由から、特に比例原則から肯定されたのである。[64] 立法者はこの見解を援用してGG一四条において保護された債権者の利益とGG二条二項及びGG一〇四条一項から生じる債務者の自由権を抽象的に考慮して、三年間を相当なものと考えたのである。[65] 新規定は、この点は別にしても評価されなければならない。けだし、新規定は、自由の剥奪という基本権に関する領域において耐え難いような従来の統一なき実務を終了せしめたからである。旧法上存在していたHaftordnung〔ZPO旧九〇一条――裁判としての拘留命令――〕と拘留の命令（Haftbefehl）〔ZPO旧九〇八条――拘留命令に付する執行文――〕という区分をなくした点も評価される。裁判官によりGG一〇四条一項の当然の遵守の下に、ZPO九〇一条によって、直ちに債務者に対する拘留命令が付与されるのである。執行の機能性、したがって債権者の権利の実現性のために、ZPO九〇一条三文の規定――その執行前に拘留命令の送達を必要としない旨規定する――もまた評価される。それによって、債務者が拘留を回避する危険も減るからである。学説上この上手な解決（schneidige Lösung）に対しては一部で疑義が提されている。(66) というのは、法治国家の観点からみると、自由剥奪の処分に対して許される法的救済がそれによって利用できなくなるからである。それにもかかわらず、債務者としては債権者の債権を履行することによって、あるいは開示の表示をなすことによって拘留命令の付与を避けることができるのである。この点に関連して一方では拘留命令の付与と送達、他方ではその執行との間で法的救済の期間（Rechtsmittelfrist）が再度入りこむ余地がなくなることは決して比例原則に反するとはいえないものと思われる。(67)

因みに管轄を執行官へ移すことに伴う法務委員会の期待が充たされたか否かは、将来の問題であるということになる。この点について法務委員会は高い執行の機能性を約束した。けだし――動産執行は執行官に、開示手続は司法補助官へという――従来の二重構造は債権者の不利に時間的遅延をもたらし、さらには、債務者に不必要な負担をもたらすことになるからである。(68) 双方の不利益が将来回避されうるならば、法制度が〔債権者債務者〕双方の権利を事実上強化することになる。

他の重要な管轄の移転は、差押物の換価の領域において行われた。強制競売によるのとは異なる換価――例えば任意売却（durch freihändigen Verkauf）又は債権者への移付（Zuweisung an den Gläubiger）――は執行裁判所（司法補助官）から執行官の管轄へ移されたのである。ここでも執行官の経験の活用そして、執行官の実体に適った権限（Sachkompetenz）並びに従来予定された裁判手続から来る遅滞の回避によって債権者の権利の機能的実現がなされることになった。(69) ＧＧ一〇三条一項により必要とされる法的審問の保障のために、執行官は申立ての相手方に対し、予定された換価について通知しなければならないし、換価は同意がなくても少なくとも二週間後にこれをなすことが許される。そこで、申立ての相手方――それは原則として執行債務者であるが――の権利は方法異議の提起により保障されることになる。

7　開示手続の要件に関する改正

最後に第二次改正法による改正のうち開示手続の要件の改正について述べておきたい。けだし、そこでは新たにGG一三条による住居の不可侵性が中心的議論の対象となったからである。ドイツの立法者は、ZPO八〇七条一項において、差押えの不奏功（一号）と奏功の見込みの欠缺（二号）という原因に二つの更なる原因――この二つの原因から、将来債務者に対する開示手続が行われることになる――を〔宣誓に代わる保証の要件として〕追加したのである。

債務者が捜索を拒否したこと（三号）又は執行官が〔執行を二週間以前に〕告知（Ankündigung）した後、その責めに帰することなく〔債務者に住居において〕繰り返して会えない（四号）ことがそれにあたる。この改正提案に対してはBornの一九九二年四月の〔ドイツ〕民訴法学会においてすでに私は批判的見解を表明した。[70] 殊にGaulのように別の学者はこの批判を正当としている。[71] この点に関連して私はここに議論の繰り返しをいとわず簡単に要約しておきたい。

立法理由は以下のごとく述べている。すなわち、GG一三条に保障された住居の不可侵性は、債務者を単に住居の占有者として保護するものの、（その他の）執行処分に対して保護するものではないというのである。この説明は適切であるが、しかし、そのことによって、強い不快感（Unbehagen）すなわち――基本的には債務者にその行使が開示手続の端緒になる――捜索拒否権を認める連邦憲法裁判所の判例を妨害することになるという不快感を解消することにはならない。したがって開示手続により生じる、より以上に重大な威嚇的干渉を回避するために基本権の主張を放棄させようとする強い圧力が成立することになる。そこで債務者は、なるほど拘留による威嚇を以てする債務者のその自由権（GG二条二項二文・一〇四条二項）に対する干渉に対して、開示の表示をすることによって対抗することができる。しかし債務者表への記載という重大で且つ信用侵害的な対価は残ることになる。そのことによって開示手続は事案解明手続というそれ本来の機能に役立つのではなく、債務弁済（Schuldbereinigung）と、むしろ基本権放棄への圧力としての古風な意味しかもたないことになる。Gaulはそれを[72]適切にも〝制度濫用〟（Institutemißbrauch）と表現している。そしてむしろ連邦憲法裁判所がＺＰＯ八〇七条一項三号の新規定を、さらには四号をも大目に見るであろうか否か、〔その判断が〕待たれている。立法者は、新規定は捜索命令の数を減少させるであろうとの期待を率直に宣言しているが[73]、いずれにしても新規定を以て疑わしい方法で圧力がかけられることは明らかになる。その場合、債務者による基本権の度重なる濫用が嘆かれ、ＧＧ一四条および法治国家原理から債権者に効果的権利保護の保障請求権が帰属することが正当にも指摘されているにしても〔上記の圧力がかけられていることは明らかである〕。

申し分のない解決は執行における捜索のためにＧＧ一三条を改正するか、あるいは執行の申立てをなすにあたって前もって発せられた捜索決定を認めるかのいずれかであろう。

Ⅲ　結　語

私は、総括的にいえば執行において基本法が持つ意味は常に現時のものとして存在しているということができる。第二次改正法は若干の問題を解決したが、しかし、その際に新たな問題を生ぜしめたし、且つ更にはそれ以外の他の問題には言及もしていない。未解決の問題の例として私は〔本稿において〕共同居住者に対する明渡執行に若干言及した。私がなお指摘しうる他の問題はＺＰＯ七三九条の配偶者に不利益になる占有擬制（Gewehrsamsfiktion）がＧＧ三条一項およびＧＧ六条と調和するか、あるいは逆に、右擬制の内縁生活共同体（nichteheliche Lebensgemeinschaften）への拡大――それは改正者が当初考えていたことであるが――、比例原則との関連においてＺＰＯ七六五条ａの執行制限〔債務者保護〕の根本的改正、土地競売における比例原則の適用等である。今回の議論の中心は、明らかに住居の不可侵性をめぐる基本権であってこの点こそが私の講演の中心になったのである。

(1) *Gaul*, Festschrift für Stelmachowski, 1991, S. 237.

(2) *Rosenberg / Gaul / Schilken*, Zwangsvollstreckungsrecht, 11. Aufl. 1997.

(3) Zum Folgenden s. *Rosenberg / Gaul / Schilken*, § 31.

(4) BT-Drucksache 13 / 341, S. 1 und 13 / 9088, S. 1 ; *Schilken*, InVo 1998, 304.

(5) BVerfGE 51, 97.

(6) Kritisch deshalb *Rosenberg / Gaul / Schilken*, § 26 IV 3.

(7) BT-Drucksache 13 / 341, S. 15. S. dazu *Goebel*, KTS 1995, 143 ; *ders.*, DGVZ 1998, 161 ; *Rosenberg / Gaul / Schilken*, § 26 IV 3 und 4 ; *Schilken*, Rpfleger 1994, 138, 140 f. ; *ders.*, InVo 1998, 304.

(8) Vgl. BVerfGE 32, 54, 75 f. ; *Rosenberg / Gaul / Schilken*, § 26 IV 3e m. w. N. ; s. auch *Evers*, DGVZ 1999, 65.

(9) S. dazu *Goebel*, KTS 1995, 143, 172 ; *Rosenberg / Gaul / Schilken*, § 26 IV 3e m. w. N.

(10) BT-Drucksache 13 / 341, S. 16 ; *Zöller / Stöber*, Zivilprozeßordnung, 21. Aufl. 1999, § 758a Rn. 11.

(11) Kritisch *Goebel*, KTS 1995, 143, 172 ; *Musielak / Lackmann*, Zivilprozeßordnung, 1999, § 758a Rn. 4.

(12) BVerfGE 51, 97, 111.

(13) BT-Drucksache 13 / 341, S. 16.

(14) S. dazu *Musielak / Lackmann*, § 758a Rn. 9 ; *Rosenberg / Gaul / Schilken*, § 26 IV 3c ; *Schuschke / Walker*, Vollstreckung und Vorläufiger Rechtsschutz, Band I Zwangsvollstreckung, 2. Aufl. 1997, § 758 Rn. 4 ; *Thomas / Putzo*, Zivilprozeßordnung, 22. Aufl. 1999, § 758 Rn. 11 ; *Zöller / Stöber*, § 758a Rn. 2.

(15) S. nur *Rosenberg / Gaul / Schilken*, § 26 IV 3e m. w. N.

(16) So *Behr*, JurBüro Sonderheft 1998, 5 ; vgl. auch *Münzberg*, DGVZ 1999, 177, 178 = Fetschrift für Schütze, 1999, S.

569.

(17) BT-Drucksache 13 / 341, S. 15.

(18) Ebenso *Musielak / Lackmann*, § 758a Rn. 3 ; *Schilken*, InVo 1998, 304, 305 ; *Zöller / Stöber*, § 758a Rn. 4.

(19) S. nur *Rosenberg / Gaul / Schilken*, § 26 IV 3a m. w. N. - A. A. namentlich *Baur / Stürner*, Zwangsvollstreckungs-, Konkurs- und Vergleichsrecht, Band 1, 12. Aufl. 1995, Rn. 39. 9 und 8. 21 (auch zum neuen Recht).

(20) S. dazu nur *Rosenberg / Gaul / Schilken*, § 26 IV 3a m. w. N. ; *Schilken*, DikIntern 1996, 99, 107 f. ; eingehend auch *Goebel*, KTS 1995, 143, 185 ff. ; *Schultes*, DGVZ 1998, 177, 182 ff.

(21) BT-Drucksache 13 / 341, S. 16.

(22) Ebenso jetzt *Münzberg*, DGVZ 1999, 177, 178 ; *Musielak / Lackmann*, § 758a Rn. 3 ; *Zöller / Stöber*, § 758a Rn. 33 ; s. ferner die Nachweise in Fn. 20.

(23) BT-Drucksache 13 / 341, S. 16 ; ebenso *Musielak / Lackmann*, § 758a Rn. 3 ; *Zöller / Stöber*, § 758a Rn. 33.

(24) Zum Folgenden *Schilken*, DikIntern 1996, 99, 102 ff. ; *ders*., InVo 1998, 304, 305 ; *Schultes*, DGVZ 1998, 177, 182 ff.

(25) *Schilken*, DikIntern 1996, 9, 102 ff.

(26) *Schilken*, InVo 1998, 304, 306 ; *Schultes*, DGVZ 1998, 177, 185.

(27) BT-Drucksache 13 / 341, S. 16.

(28) S. nur *Rosenberg / Gaul / Schilken*, § 26 IV 3a m. w. N. ; ausführlich *Goebel*, KTS 1995, 143, 163 ff.

(29) BT-Drucksache 13 / 341, S. 16 f.

(30) *Schilken*, InVo 1998, 304, 306 ; *Zöller / Stöber*, § 758a Rn. 33 ; kritisch *Goebel*, KTS 1995, 143, 163 ff.

(31) *Rosenberg / Gaul / Schilken*, § 26 IV 3b.

(32) BT-Drucksache 13 / 341, S. 17.

(33) *Schilken*, InVo 1998, 304, 306. Schlechthin für die Notwendigkeit eines Durchsuchungsbeschlusses nach neuem Recht hingegen *Musielak / Lackmann*, § 758a Rn. 2 ; wohl auch *Zöller / Stöber*, § 758a Rn. 6.

(34) S. schon zum bisherigen Recht *Münch Kommentar ZPO / Schilken*, 1992, § 892 Rn. 3 und *Rosenberg / Gaul /*

Schilken, § 26 IV 3a m. w. N., aber streitig.

(35) S. etwa *Guntau*, DGVZ 1982, 17, 22 f. ; *Pawlowski*, NJW 1981, 670.

(36) *Rosenberg / Gaul / Schilken*, § 26 IV 3g ; *Schilken*, InVo 1998, 304, 306 ; ebenso BT-Drucksache 13 / 341, S. 17. Anders z. B. *Münzberg*, DGVZ 1999, 177, 178 ff.

(37) S. nur *Rosenberg / Gaul / Schilken*, § 26 IV 3g m. w. N.

(38) Zum Folgenden *Schilken*, InVo 1998, 304, 306. Kritsch jedoch *Münzberg*, Festschrift für Lüke, 1997, S. 525 ff., S. 536 ff. ; *ders*., DGVZ 1999, 177, 178 ff. ; *Stein / Jonas / Münzberg*, Zivilprozeßordnung, 21. Aufl. 1994, § 758 Rn. 26.

(39) BT-Drucksache 13 / 341, S. 18.

(40) *Schilken*, InVo 1998, 304, 307 ; *Schuschke / Walker*, § 758 Rn. 8 ; vgl. auch *Musielak / Lackmann*, § 758a Rn. 16.

(41) S. dazu *Baumbach / Lauterbach / Albers / Hartmann*, Zivilprozeßordnung, 58. Aufl. 2000, § 758a Rn. 13 ; *Goebel*, KTS 1995, 143, 157 ff. ; *Musielak / Lackmann*, § 758a Rn. 5 ; *Zöller / Stöber*, § 758a Rn. 34.

(42) S. dazu aus neuerer Zeit insbes. *Becker-Eberhard*, FamRZ 1994, 1296 ; *Schilken*, Beiträge zum Zivilprozßrecht V, herausgegeben von W. Buchegger, 1995, S. 141 ff. ; *Schuschke*, NZM 1998, 58 ff., jeweils m. w. N.

(43) *Schilken*, InVo 1998, 304, 307.

(44) BT-Drucksache 13 / 341, S. 18.

(45) BT-Drucksache 13 / 9088, S. 23.

(46) S. nur *Schultes*, DGVZ 1998, 177, 187 ; ebenso *Baumbach / Lauterbach / Albers / Hartmann*, § 758a Rn. 17 ; *Hornung*, Rpfleger 1998, 387 ; *Musielak / Lackmann*, § 758a Rn. 22 ; *Thomas / Putzo*, § 758a Rn. 27. -A. A. (keine besondere Anforderung erforderlich) *Funke*, NJW 1998, 1029, 1030 ; *Münzberg*, DGVZ 1999, 177, 180 ; *Steder*, RpflStud 1998, 36 ; *Zöller / Stöber*, § 758a Rn. 35.

(47) *Schultes*, DGVZ 1998, 177, 187.

(48) *Schilken*, Gerichtsverfassungsrecht, 2. Aufl. 1994, Rn. 71 ; *Schultes*, DGVZ 1998, 177, 187 f.

(49) BT-Drucksache 13 / 341, S. 18.

(50) *Schilken*, InVo 1998, 304, 307 ; *Schultes*, DGVZ 1998, 177, 187 f.

(51) S. die Nachweise oben Fn. 42.

(52) BT-Drucksache 13 / 341, S. 39.

(53) S. dazu *Schultes*, DGVZ 1999, 1, 5 f.

(54) BT-Drucksache 13 / 341, S. 40. S. dazu und zu weiteren Einzelheiten *Schultes*, DGVZ 1999, 1, 3 ff.

(55) S. dazu *Schilken*, InVo 1998, 304, 308 ff. ; *Schultes*, DGVZ 1998, 177 ff.

(56) Ausführlich *Schultes*, DGVZ 1998, 177 ff.

(57) BT-Drucksache 13 / 341, S. 20.

(58) Vgl. *Schilken*, InVo 1998, 304, 308.

(59) Vgl. BT-Drucksache 13 / 341, S. 24 ff. ; *Funke*, NJW 1998, 1029, 1031 ; *Goebel*, KTS 1995, 143, 150 f., 174 ff. ; *Seip*, DGVZ 1998, 1, 4. Zu Einzelfragen der neuen Regelung s. *Münzberg*, DGVZ 1998, 81 ff.

(60) S. dazu eingehend *Schultes*, DGVZ 1999, 1 ff.

(61) S. etwa *Jesse*, DGVZ 1993, 85 f. ; *Schultes*, DGVZ 1999, 1, 2.

(62) BT-Drucksache 13 / 9088, S. 22.

(63) Ausführlich zur neuen Regelung *Gilleßen / Polizius*, DGVZ 1998, 97 ff. ; *Schilken*, DGVZ 1998, 145 ff. ; *ders.*, InVo 1998, 304, 310 f.

(64) S. etwa *Grein*, DGVZ 1982, 49, 51 ; weitere Nachweise in BT-Drucksache 13 / 341, S. 51.

(65) BT-Drucksache 13 / 341, S. 51 f.

(66) S. dazu *Behr*, JurBüro 1998, 231, 234 ; m. w. N. ; *Goebel*, KTS 1995, 143, 180 ff ; *Steder*, Rpfleger 1998, 409, 418.

(67) Vgl. BT-Drucksache 13 / 341, S. 48 ; *Schilken*, InVo 1998, 304, 311.

(68) BT-Drucksache 13 / 9088, S. 22.

(69) BT-Drucksache 13 / 341, S. 30 f. ; zustimmend auch *Münzberg*, (Fn. 38) S. 525 ff., S. 549 f. ; *Schilken*, Rpfleger 1994, 138, 144 f. S. zu § 825 ZPO n. F. ferner *Gilleßen / Coenen*, DGVZ 1998, 167, 169.

(70)　*Schilken*, ZZP (1992), 426, 428 f. und schon DGVZ 1991, 97.

(71)　ZZP 106 (1995), 3, 36 ff.; abl. auch *Goebel*, KTS 1995, 143, 177. Zustimmend hingegen *Münzberg*, (Fn. 38) S. 525 ff., S. 543 f. und jetzt *Behr*, JurBüro 1998, 231 f.

(72)　ZZP 106 (1995), 3, 37.

(73)　BT-Drucksache 13 / 341, S. 22.

付記　1

本章は手続法研究所の招聘、並びに早稲田大学・ボン大学の交流協定により、ボン大学法学部 Eberhard Schilken 教授が来日され、平成一二年三月二二日慶應義塾大学において行ったセミナーの報告原稿である。

同教授は、三月一六日龍谷大学において „Zur Ermitteleung ausländischen Rechts nach der deutshcen Zivilprozeßordnung“ と題するセミナーを開催された。また早稲田大学において、三月一八日 „Die Rolle des Richters im deutschen Zivilprozeß“ と題するセミナーを開催された。いずれも民事訴訟法学の核心的問題に関するテーマでわが国の民事訴訟法学に裨益するところが大きかった。

本章の翻訳は私が担当したが、セミナーの通訳は横浜市大三上威彦教授、明海大学河村好彦助教授にお願いした。なお、本文中、加筆すると理解しやすい箇所に〔　〕を付して言葉を補足した。

来日並びにセミナーの開催につき同教授にここに謝意を表するものである。

付記　2

セミナーにおいて以下の討議がなされた。

1　II 1に関連して

質問　動産執行において目的動産が住居内の特定の場所にあることが明白であって、特に捜索の必要がないと思われるとき、債務者の住所に立ち入るについて裁判所の命令が必要か。

答　この点について、立法者は意識的に規定をおかなかった。私見によれば、目的物の存在場所が知られているときは、捜索が行われるわけではないから、捜索命令は不要であると考える。

2　Ⅱ１ｄに関連して

質問　ＺＰＯ七五八条ａは強制執行の総則規定であるが、動産執行および特定動産の引渡執行以外にも適用される余地があるか。

答　ＺＰＯ七五八条ａは総則規定として、住居の捜索を必要とするすべての執行に適用される。たしかに同条にあっては債務者の動産に対する金銭債権執行および動産の引渡執行への適用が問題になることが殆どである。というのは他の種類の執行にあっては、通常捜索はなされないからである。

3　Ⅱ１ａについて

質問　ＺＰＯ七五八条ａの適用にあたり、債務者不在のとき債務者の家族のうちの成年者の同意をもって債務者の同意に代えるということは条文に明記がない。立法理由書をもってそのように解することができるか。

答　立法理由書では家族による同意の効力は事実上認められている。立法者は、なぜこの問題を条文に規定しなかったのかは立法理由書からは残念ながら明らかではない。いずれにしても、結果的にはこの点について見解の対立はないが、いかなる見解が出てくるかは将来の問題である。

なお、この点に関する石川私見は、本来かような解釈は法律事項であると考える。

4　Ⅱ１ａに関して

質問　ＧＧ一三条二項は「遅滞の危険がある場合」(bei Gefahr Verzuge) という文言を用いているが、ＺＰＯ七五八条ａは「命令を求めることが捜索の奏功を脅かすおそれがあるとき」(wenn die Einhaltung der Anordnung den Erfolg der Dur-chsuchung gefährden würde) としている。前者より後者が広い概念か。

答　この問題はⅡ１ａで取り扱った。立法者は、ＺＰＯ七五八条ａのなかで、〝遅滞の危険〟(Gefahr im Verzuge, ＧＧ一三条二項) なる概念を以て文言上明らかにしているのに関連して連邦憲法裁判所が「命令を受けると捜索の結果が危殆に瀕するとき」として説明した通りである。それゆえに二つの概念は一致する。ＺＰＯ七五八条ａの文言は、ＧＧ一三条二項の文言より若干正確性に欠けるので、実務上は当然のことながら、より以上に具体化されなければならない。

5

質問　ＺＰＯ七五八条ａ二項の〝Titel auf Räumung od. Herausgabe von Räumen〟の相違について

答　両者の相違は、ＺＰＯ八八五条一項における相違と同じである。不動産の引渡し（Herausgabe）と明渡し（Räumung）は異なる。たしかに実務上殆どの場合両者は合体している（例えば債務者はある住居の明渡しと引渡しの判決を受ける）。しかし正確にいえば、両者は異なる。すなわち、明渡しにあってはすべての物（及び人）を住居から排除することであり、引渡しは住居に対する直接の占有を得させることである。

6　Ⅱ1ａについて

質問　ＺＰＯ七五八条ａ三項の共同居住者（der Mitgewahrsaminhaber an der Wohnung des Schuldners）の受忍義務の根拠を上記占有者の意思に求めることは無理ではないか。共同居住者は共同居住についてそこまでの意思をもつか。

答　立法者はＺＰＯ七五八条ａ三項の新規定を設けるにあたり、共同居住者のこの種の受忍義務を前提としている。これは新規定以前の通説を採用したものである。しかし事実その当否には疑問があるし、反対説もある。例えばMünzbergは新規定三項は違憲の疑いありとしている。

7　Ⅱ2について

質問　ＺＰＯ七五八条ａ四項によると、夜間および日曜・祭日における住居における執行行為（Vollstreckungshandlung……in Wohnungen）については裁判所の許可を必要とするとされているが、ここでいう執行行為とは具体的に何を指すのか。

答　残念ながら条文上は〝住居における……執行行為〟が何を指すのか明確になっていない。特に質問にあるように、ここに夜間における明渡執行も含まれるのかという問題については条文上明らかではない。この場合、捜索がなされるというわけではないから、憲法上はＧＧ一三条二項による裁判官の許可は絶対的に必要であるとはされていない。したがって、質問は次のようなものになると解される。すなわち、立法者がＺＰＯ七五八条ａ四項において、法律上（einfachgesetzlich）この種の裁判官の命令を規定したか否かという問題になる。条文の文言や立法理由書からみると裁判官の命令を必要とすると解することは困難である。私はこの問題が提起されるであろうことを疑わない。夜間および日曜・祭日における明渡執行について、これに関する裁判官の命令が必要か否かの問題に関してこれ迄のところ学説上の見解は表明されていない。

付記 3

関連する拙稿に以下のものがある。

石川＝出口編訳『憲法と民事手続法』
特に Arens, Vollkommer 論文を参照されたい。

石川明「ドイツ強制執行法における基本権の保護―その素描―」本書第一編第一章Toward Comparative Law in the 21st Century（中央大学比較法研究所・一九九八年三月）

石川明『ドイツ強制執行法の改正』

（信山社・一九九八年三月）、特に第一編を参照されたい。

石川明「憲法と民事執行法」本書序章

判例タイムズ九六四号（判例タイムズ社・一九九八年四月）

石川明「不動産競売の最低売却価額と財産権の保障」本書第二編第二章

判例タイムズ九七六号（判例タイムズ社・一九九八年九月）

石川明「ドイツ倒産法と破産者の郵便制限」

判例タイムズ九七九号（判例タイムズ社・一九九八年一〇月）

石川明「強制執行と憲法上の財産権の保障」本書第一編第二章

『民事紛争をめぐる法的問題』（信山社・一九九九年四月）

石川明「ドイツ民訴法七六五条の苛酷執行条文について」本書第一編第三章

法学研究七二巻一一号（慶應義塾大学法学研究会・一九九九年一一月）

石川明「憲法改正の実体験」拙著『民事手続法の諸問題』一〇三頁以下
判例タイムズ一〇一一号（判例タイムズ社・一九九九年一二月）
石川明「強制執行における比例原則―ドイツと比較して―」本書第二編第一章
判例タイムズ一〇二一号（判例タイムズ社・二〇〇〇年四月）
石川明「強制執行と比例原則―序論的考察―」本書第二編第四章
平成法政研究四巻二号（二〇〇〇年三月）
石川明「住居の不可侵性と住居明渡執行―ドイツ民訴法の場合―」本書第二編第九章
清和法学研究六巻二号（一九九九年一二月）
石川明「ボン基本法の基本権と強制執行法の交錯―ゲルハルト・リュケ教授の論文を読んで―」本書第二編第一〇章
法学研究七三巻六号（慶應義塾大学法学研究会・二〇〇〇年六月）
本章に関連する翻訳として以下のものがある。
ハンス・フリートヘルム・ガウル著　河村好彦訳「強制執行における基本権侵害に関する問題について」
法学研究第七一巻八号（慶應義塾大学法学研究会・一九九八年八月）

付記　4

Eberhard Schilken 教授のプロフィール
（なお、プロフィールの資料は同教授から提供されたものである。）

1　経　歴

一九四五年二月　　ドイツ Offenbach に出生
一九六九年一月　　Köln において司法試験第一次試験合格
一九六九年三月　　司法修習生
一九六九年四月　　Bonn 大学民事訴訟法研究所補助助手

一九七三年四月　司法試験第二次試験合格
一九七三年七月　Bonn 大学助手
一九七五年四月　Bonn 大学より法学博士号取得
一九八一年七月　Bonn 大学　法・国家学部において民法・民事訴訟法の教官資格（venia legendi）取得
一九八一年一〇月　Köln 大学　Ｃ３教授
一九八二年六月　Osnabrück 大学　Ｃ４教授
一九九〇年四月　Osnabrück 大学　手続法研究所所長
一九九三年九月　Bonn 大学　民法・民事訴訟法担当教授
一九九三年一〇月　Bonn 大学　Ｃ４教授、民事訴訟法研究所所長
一九九七年冬学期～一九九八年夏学期　Bonn 大学　法学部長
なお、この間にも Passau 大学、Köln 大学、Wien 大学などからの招聘を辞退している。

2　著者としては以下のものがある。

Ⅰ. Buchveröffentlichungen

-Die Befriedigungsverfügung
Zulässigkeit und Stellung im System des einstweiligen Rechtsschutzes. Bd. 43 der Schriften zum Prozeßrecht, 1976 (Dissertation)

-Wissenszurechnung im Zivilrecht
Eine Untersuchung zum Anwendungsbereich des § 166 BGB innerhalb und außerhalb der Stellvertretung. Bd. 98 der Schriften zum deutschen und europäischen Zivil-, Handels- und Prozeßrecht, 1983（Habilitationsschrift）

-Rosenberg/Gaul/Schilken
Zwangsvollstreckungsrecht, 10. Aufl. 1987
　Schilken: 2. Buch　Die Durchführung der Zwangsvollstreckung　§§ 47-73

3. Buch　Der einstweilige Rechtsschutz　§§ 74-80
-Zwangsvollstreckungsrecht, 11. Aufl. 1996
-Veränderungen der Passivlegitimation im Zivilprozeß
Studien zur prozessualen Bedeutung der Rechtsnachfolge auf Beklagtenseite außerhalb des Parteiwechsels.
Bd. 11 der Osnabrücker Rechtswissenschaftlichen Abhandlungen, 1987
-Gerichtsverfassungsrecht
Reihe Academia iuris, Lehrbücher der Rechtswissenschaft, 1990
-Gerichtsverfassungsrecht, 2. Aufl. 1994
Zivilprozeßrecht
-Reihe Academia iuris, Lehrbücher der Rechtswissenschaft, 1992
-Zivilprozeßrecht, 2. Aufl. 1995
-Zivilprozeßrecht, 3. Aufl. 2000 im Druck, erscheint im April 2000
-Münchener Kommentar zur Zivilprozeßordnung
hrsg. von Lüke und Walchshöfer, 1992:
1) §§ 59-63　Streitgenossenschaft
2) §§ 64-77　Beteiligung Dritter am Rechtsstreit
3) §§ 803-806a　Zwangsvollstreckung in das bewegliche Vermögen Allgemeine Vorschriften
4) §§ 808-827　Zwangsvollstreckung in körperliche Sachen
5) §§ 883-898　Zwangsvollstreckung zur Erwirkung der Herausgabe von Sachen und zur Erwirkung von Handlungen und Unterlassungen
-2. Aufl. 2000 im Druck, erscheint im Sommer 2000
-J. von Staudingers Kommentar zum Bürgerlichen Gesetzbuch mit Einführungsgesetz und Nebengesetzen

1）Stellvertretungsrecht（§§ 164-181 BGB）, 13. Bearbeitung 1995
2）Erbscheinsrecht（§§ 2353-2370 BGB）, 13. Bearbeitung 1996
II. Aufsätze und Buchbeiträge
Zur Zwangsvollstreckung nach § 888 Abs. 1 ZPO bei notwendiger Mitwirkung Dritter JR 1976, 320
Zum Handlungsspielraum der Parteien beim prozessualen Anerkenntnis, ZZP, 90（1977）, 157
Die Bedeutung des 〝Taschengeldparagraphen〟 bei längerfristigen Leistungen, FamRZ 1978, 642
Grundlagen des Beweissicherungsverfahrens, ZZP 92（1979）, 238
Wechselbeziehungen zwischen Vollstreckungsrecht und materiellem Recht bei Zug-um-Zug-Leistungen, AcP, 181（1981）, 45
Die Abgrenzung von Grund-und Betragsverfahren, ZZP 95（1982）, 45
Zur Bedeutung der 〝Anhängigkeit〟 im Zivilprozeß, JR 1984, 446
-Gerichtsverfassung, Gerichte, Richter, Lexikon des Rechts 18/130（1985）, S. 1 ff.
= Lexikon des Rechts, Zivilverfahrensrecht, hrsg. v. Lüke und Prütting, 1989, S. 90
-Gerichtsverfassung, Gerichte, Richter, 2. Aufl. 1995, S. 95
-Gesetzlicher Richter und Geschäftsverteilung, Lexikon des Rechts 18/140（1985）, 1-12,
= Lexikon des Rechts, Zivilverfahrensrecht, 1989, S. 107
-Gesetzlicher Richter und Geschäftsverteilung, 2. Aufl. 1995, S. 116
-Rechtliches Gehör, Lexikon des Rechts 18/290（1985）, S. 1-7
= Lexikon des Rechts, Zivilverfahrensrecht, 1989, S. 229
-Rechtliches Gehör, 2. Aufl. 1995, S. 254
-Verfassungsrecht und Zivilprozeß, Lexikon des Rechts 18/240（1985）, S. 1-11
= Lexikon des Rechts, Zivilverfahrensrecht, 1989, S. 363
-Verfassungsrecht und Zivilprozeß, 2. Aufl. 1995, S. 401

-Verfahrensrechtliche Probleme nach dem AGB-Gesetz
Eine Untersuchung zu §§ 19, 21 AGBG
in: Recht der Wirtschaft Bd. 1 der Osnabrücker Rechtswissenschaftlichen Abhandlungen, 1985, S. 99
Zur Pfändung von Sachen im Gewahrsam Dritter, DGVZ 1986, 145
Brockhaus-Enzyklopädie, 19. Aufl. 1987 ff. und permanent Bearbeitung sämtlicher Stichwörter zum Zivilprozeßrecht und Gerichtsverfassungsrecht
Abstrakter und konkreter Vertrauensschutz im Rahmen des § 15 HGB, AcP 187 (1987), 1
Probleme der Herausgabevollstreckung, DGVZ 1988, 49
Ansprüche auf Auskunft und Vorlegung von Sachen im materiellen Recht und im Verfahren, Jura 1988, 535
Reform der Zwangsvollstreckung
Rechtswissenschaftliche Vorträge und Berichte des Fachbereichs Rechtswissenschaften der Universität Osnabrück, Bd. 4, 1988, S. 307
Die Bewilligung von Teilzahlungen bei der Haftvollstreckung, DGVZ 1989, 33
Zur Bedeutung des § 822 BGB, JR 1989, 363
-Auf dem Weg zum einheitlichen Zivilprozeß
Zur Bedeutung des oldenburgischen Gesetzes betreffend den bürgerlichen Prozeß vom 2. November 1857
in: Festschrift 175 Jahre Oberlandesgericht Oldenburg, 1989, S. 159
Der Gerichtsvollzieher als Vermittler Zwischen Gläubiger und Schuldner bei der Realisierung titulierter Geldforderungen, DGVZ 1989, 161
Grundfragen der vorläufigen Vollstreckbarkeit, JuS 1990, 641
Zur Abnahme der Offenbarungsversicherung durch den Gerichtsvollzieher nach Haftanordnung, DGVZ 1990, 97
Reform der Zwangsvollstreckung

in: Vorträge zur Rechtsentwicklung der achtziger Jahre, Bd. 27 der Osnabrücker Rechtswissenshaftlichen Abhandlungen, 1991, S. 307, (überarbeitete und aktualisierte Fassung des o. a. Vortrages)
Der praktische Fall-Zwangsvollstreckungsrecht: Die 〝verlängerte Vollstreckungsgegenklage〟 JuS 1991, 50
Miterbenklage nach rechtskräftigem Unterliegen eines einzelnen Miterben, NJW 1991, 281
Die Beurteilung notwendiger Kosten der Zwangsvollstreckung nach Verrechnung von Teilzahlungen, DGVZ 1991, 1
Gedanken zu Anwendungsbereich und Reform des § 807 ZPO, DGVZ 1991, 97
Vollstreckung zivilrechtlicher Entscheidungen-Konflikt zwischen Gläubiger-und Schuldnerinteressen
-Tagungsberichte der Evangelischen Akademie Bad Boll (mit dem Bund deutscher Rechtspfleger), 1992, 25/92, S. 30
Zur Erstattungsfähigkeit nutzlos aufgewandter Räumungskosten, DGVZ 1993, 1
Vereinfachung und Beschleunigung der Zwangsvollstreckung, Rpfleger 1994, 138
Der Gerichtsvollzieher auf dem Weg in das 21. Jahrhundert, DGVZ 1995, 133
Überlegungen zu einer Reform des Zustellungsrechts, DGVZ 1995, 161
-Die Räumungsvollstreckung gegen Personenmehrheiten
in: Beiträge zum Zivilprozeßrecht V, 1995, hrsg. v. W. Buchegger, S. 141
-Beweis
in: Fachlexikon der sozialen Arbeit, 3. Aufl. 1993, S. 164
-4. Aufl. 1997, S. 153
Unverletzlichkeit der Wohnung und Räumungsvollstreckung, DikIntern 1996, 99
Abwägung im Verfahrensrecht, insbesondere im Zivilprozeßrecht, in: Abwägung im Recht, hrsg. v. Erbguth u. a., 1996, S. 55
Die Vorschläge der Kommission für ein europäisches Zivilprozeßgesetzbuch einstweiliger und summarischer Rechtsschutz und Vollstreckung, ZZP 109 (1996), 315
Die Angleichung der Zwangsvollstreckung in der EG, InVo 1996, 255

Zum Umfang der Pfändung und Überweisung von Geldforderungen, in: Verfahrensrecht am Ausgang des 20. Jahrhunderts, Festschrift für Gerhard Lüke, 1997, S. 701

Die Geltendmachung des Erfüllungseinwandes bei der Handlungs-und Unterlassungsvollstreckung, in: Festschrift für Hans Friedhelm Gaul, 1997, S. 667

Verzicht auf Zustellung und Wartefrist in vollstreckbaren Urkunden, DGVZ 1997, S. 81

Zur Zuständigkeit des Gerichtsvollziehers für die Ladung des Schuldners im Offenbarungsversicherungsverfahren nach § 900 ZPO n. F., DGVZ 1998, 129

Die Einziehung von Teilbeträgen durch den Gerichtsvollzieher gemäß §§ 806 b, 813 a, 900 Abs. 3 ZPO n. F., DGVZ 1998, 145

Schwerpunkte der 2. Zwangsvollstreckungsnovelle, InVo 1998, 304

III. Besprechungen, Urteilsanmerkungen, sonstige Veröffentlichungen

Diskussionsbericht zum Vortrag Picker vor der Zivilrechtslehrervereinigung 1983 in Stuttgart, AcP 183（1983）, 521

Besprechung von Stefan *Smid*, Zur Dogmatik der Klage auf Schutz des 〝räumlich-gegenständlichen Bereichs〟 der Ehe, 1983, AcP 184（1984）, 608

Besprechung von Kurt *Schellhammer*, Zivilprozeß, 1982, DVBl 1983, 721

Besprechung von *Zeller/Stöber*, Zwangsversteigerungsgesetz, 12. Aufl. 1987, DVBl 1987, 1280

Besprechung von *Zöller*, Zivilprozeßordnung, 15. Aufl. 1987, DVBl 1988, 64

Besprechung von *Meyer/Höver*, Gesetz über die Entschädigung von Zeugen und Sachverständigen, 16. Aufl. 1987, DVBl 1988, 119

Besprechung von Ilias N. *Iliakopoulos*, Die Grenzen der Befriedigungsverfügung im deutschen und griechischen Recht, 1983, ZZP 101（1988）, 20

Besprechung von Stelios *Koussoulis*, Beiträge zur modernen Rechtskraftlehre, 1986, ZZP 101（1988）, 94

Besprechung von Manfred *Winter*, Vollzug der Zivilhaft, 1987, ZZP 102（1989）, 503

Besprechung von Monika *Fahland*, Das Bürgerliche Recht in der Verwaltung, 1988, DVBl 1990, 271

Besprechung von Stefan *Smid*, Rechtsprechung-Zur Unterscheidung von Rechtsfürsorge und Prozeß, 1990, DVBl 1990, 1124

Besprechung von Eberhard *Wieser*, Der Grundsatz der Verhältnismäßigkeit in der Zwangsvollstreckung, 1989, DVBl 1990, 1191

Besprechung von Peter *Hartmann*, Kostengesetze, 23. Aufl. 1989, DVBl 1991, 507

Besprechung von Arno *Wettlaufer*, Die Vollstreckung aus verwaltungs-, sozial-und finanzrechtlichen Titeln zugunsten der öffentlichen Hand, 1989, ZZP 104（1991）, 377

Besprechung von Christoph *Herz*, Die gerichtliche Zuständigkeitsbestimmung-Voraussetzungen und Verfahren, 1990, DVBl 1991, 1218

Besprechung von *Wurm/Zartmann/Wagner*, Rechtsformularbuch, 12. Aufl. 1989, DWiR 1991, 43

Besprechung von Ewald *Kininger*, Einstweilige Verfügungen zur Sicherung von Rechtsverhältnissen, 1991, FamRZ 1992, 641

Besprechung von *Zöller*, Zivilprozeßordnung, 17. Aufl. 1991, DVBl 1992, 929

Besprechung von Rolf L. *Jox*, Die Bindung an Gerichtsentscheidungen über präjudizielle Rechtsverhältnisse, 1991, DVBl 1992, 1177

Besprechung von *Zöller*, Zivilprozeßordnung, 16. Aufl. 1990, DVBl 1992, 1326

Anmerkung zum Urteil des Bundesarbeitsgerichts-8 AZR 146/84-vom 10. 3. 1987（gemeinsam mit M. Lieb）, EzA § 611 BGB-Beschäftigungspflicht-Nr. 28

Anmerkung zum Urteil des Bundesarbeitsgerichts-6 AZR 410/87-vom 13. 1. 1988, EzA § 64 ArbGG 1979 Nr. 22

Anmerkung zum Urteil des Landesarbeitsgerichts München-5 Sa 292/88-vom 9. 11. 1988, LAGE § 63 HGB Nr. 8

Anmerkung zum Urteil des Bundesgerichtshofes-IVb ZR 26/88-vom 5. 4. 1989, ZZP 103（1990）, 209

Kurzkommentar zum Urteil des Bundesgerichtshofes-IVb ZR 26/88-vom 5. 4. 1989, EWiR 1989, 825

Anmerkung zum Urteil des Bundesgerichtshofes-VIII ZR 26/88-vom 21. 12. 1988, JR 1990, 458
Anmerkung zum Urteil des Bundesarbeitsgerichts-4 AZR 56/90-vom 16. 5. 1990, EzA § 840 ZPO Nr. 3
Kurzkommentar zum Urteil des Landesarbeitsgerichts Köln-10（9）Sa 480/90-vom 16. 8. 1990, EWiR 1991, 355
Kurzkommentar zum Urteil des Oberlandesgerichts Köln-7U 104/90-vom 15. 11. 1990, EWiR 1991, 993
Anmerkung zum Urteil des Bundesgerichtshofes-III ZR 53/90-vom 28. 2. 1991, ZZP 105（1992）, 83
Anmerkung zum Urteil des Bundesarbeitsgerichts-7 ABR 72/90-vom 28. 8. 1991, EzA § 113 BetrVG 1972 Nr. 21
Anmerkung zum Urteil des Bundesgerichtshofes-VI ZR 241/90-vom 2. 4. 1991, JR 1992, 281
Anmerkung zur Entscheidung des BAG vom 9. 4. 1991, SAE 1993, 302
Anmerkung zur Entscheidung des LG Arnsberg vom. 4. 2. 1993, FamRZ 1993, 1227
Anmerkung zur Entscheidung des BGH vom 7. 7. 1993, ZZP 107（1994）, 524
Besprechung von: Stefan Vogg, Einstweiliger Rechtsschutz und vorläufige Vollstreckbarkeit, 1991, ZZP 106（1993）, 421
Besprechung von: Michael App, Verwaltungsvollstreckungsrecht, 2. Aufl. 1992, DVBl 1993, 516
Besprechung von: Dirk Heckmann, Der Sofortvollzug staatlicher Geldforderungen, 1992, ZZP 107（1994）, 136
Besprechung von: Rudolf Kissel, Gerichtsverfassungsgesetz, 2. Aufl. 1994, NJW 1994, 2340
Besprechung von: Udo Hintzen, Taktik in der Zwangsvollstrekung（II）, 2. Aufl. 1994, Rpfleger 1994, 434
Besprechung von: Dassler/Schiffhauer/Gerhardt/Muth, Gesetz über die Zwangsversteigerung und Zwangsverwaltung, 12. Aufl. 1991, DVBl 1994, 129
Besprechung von: Jens Meyer-Ladewig, Sozialgerichtsgesetz, 4. Aufl. 1991, DVBl 1994, 299
Besprechung von: Blankenberg/Leipold/Wollschläger, Neue Methoden im Zivilverfahren, 1991, DVBl 1994, 439
Besprechung von: Werner Bienwald, Betreuungsrecht, 1992, DVBl 1994, 601
Besprechung von: Susanne Sticker, Das Zusammenwirken von Art. 24 EuGVÜ und §§ 916 ff. ZPO, 1992, DVBl 1995, 1031
Besprechung von: Udo Hintzen, Taktik in der Zwangsvollstreckung（III）, 2. Aufl. 1994, Rpfleger 1995, 388

Anmerkung zur Entscheidung des BAG vom 10. 12. 1996-5 AZB 20/96-, EzA ArbGG 1979 § 2 Nr. 37

Anmerkung zum Urteil des BGH vom 5. 12. 1996-VII ZR 108/95-, LM § 209 BGB Nr. 86

Besprechung von: Carl Wolfgang Hergenröder, Zivilprozessuale Grundlagen der Rechtsfortbildung, ZZP 110（1997）, 230

Besprechung von: Oliver Scharpenack, Der Widerrufsvergleich im Zivilprozeß , DVBl 1997, 1297

Besprechung von: Udo Hintzen, Taktik in der Zwangsvollstreckung（II）, Rpfleger 1997, 43

Besprechung von: Schuschke/Walker, Vollstreckung und vorläufiger Rechtsschutz, Band I: Zwangsvollstreckung, 2. Aufl. 1997, Rpfleger 1998, 43

第二章　ドイツ民訴法における作為・不作為執行の今日的諸問題

〔Eberhard Schilken 著〕

金銭債権執行は、差押物を換価した債権者に、金銭給付により満足をもたらすものとされている。このような金銭債権の重要性は、金銭債権が我々の経済体制の中心にあり、したがって、これに対応して民事法上の請求権の中心にあることに基づいている。

これらの場合、債権者は執行における換価代金の債権者に対する支払いによるその一般的財産的利益の充足によって満足をうけることになる。ローマ法にはもっぱらこのような金銭執行のみが存在していた。(1)したがって、請求権が非金銭的給付である場合でも純金銭的制裁（Geldkondemnation）の原則が支配していた。しかし、更なる歴史的発展は、請求権が（作為・不作為・特定物の引渡し等）非金銭的給付を内容とするところでは、どこでも実体的制裁（Sachkondemnation）〔作為・不作為・受忍請求権の本来的給付内容の実現〕を許すようになった。(2) したがって、非金銭請求権、殆どの場合いわゆる個別的給付請求権（Individualleistungsansprüche）(3)〔作為・不作為・受忍の内容はそれぞれの請求権によって異なるという点で個別的という。以下同じ〕の直接的貫徹性を規定し、ＺＰＯ八九三条と並んで途を開いている「利益の給付（die Leistung des Interesses）」への――したがって金銭賠償――移行という選択肢に加えて、ドイツ執行法がＺＰＯ八八三～八九八条において規定していることは、なるほど当然のこととはいえないまでも原則として利益適合的（interessengerecht）(4) なのである〔作為・不作為・受忍請求権の本来的給付内容を実現することが債権者の利益に適うという意味〕。ＺＰＯ八八三条以下の規定の構造は、この個別的給付請求権〔個別の意味は上記のとおり〕の領域において、現実執行（Realexecution）――それは自然執行（Naturalexecution）ともいわれるが――の原則が単なる金銭的制裁（Geldkondemnation）にとって代わるものとして標準的であるべき旨を明らかにしている。すなわち、立法理由中に既に宣言されていることは[5]、執行の目標としては現実の履行〔作為・不作為・受忍請求権の本来的給付内容の履行〕が求められているのであって、金銭による補償（Geldentschädigung）は例外にとどまるという――債権者により実体法のしかるべき要件の下にではあるが選択しうる例外――点である。特定物の引渡執行（ZPO八八三～八八六条）と並んで、ZPO八八七条以下による作為・不作為（受忍を含めて）の実行を求める執行は個別〔個別の意味は上記のとおり〕執行の重要な領域である。厳密にいうと、当然のことながら、特定物の引渡しも債務者の一定の行為すなわち引渡し（Herausgabe）あるいは執行機関による特定物の取上げの受忍を求めるものである。執行の目的物は債務者から力をもって単純に取り上げられるのであるが、その目的物の有体性のゆえに、その限りで立法者は、それ本来の強制的実現というより単純な方法を規定することができたのである。ZPO八八七条三項はこのことを明示的に規定している。すなわち、同条の作為執行に関する諸規定は特定物の引渡執行には適用されてはならないことを命じているのである。

これに対して、その他の作為を行う執行は不作為を強いる執行と同様に、そう簡単に実現しうるものではない。そこでは、むしろ原則として、債務者が作為・不作為の実行の決断をなすという点で、自らの意思を曲げさせるという債務者の意思に対する強制が必要である。直接身体的強制を加えることはいずれにしても今日の執行法上の理解からすれば許されないから、この種の請求権の実現にあたり、債務者を一定の法的不利益をもって威嚇し、場合によっては、当該不利益を課すことが必要となり、その結果、債務者に作為・不作為の実行をより小さな負担（Übel）として実行させることになるのである[6]。

立法者は、必要な場合他者によって代替しうるような債務者の作為については、より適切な手段の選択について苦労することはない。この場合ZPO八八七条は債務者の費用をもって代替的作為をなす権限を債権者に与えることを規定している（ZPO八八七条一項）。債務者にこのために申立てにより費用の前払いを求めることができる（ZPO八八七条二項）。債務者がなすべき作為が意思表示の付与であるという特別な場合について、立法者は執行をトリック（Trick）により簡易なものとしている。すなわち、当該意思表示はZPO八九四条一項一文によって、それを宣言する判決の確定力の発生と同時に、表示されたものとするのである。不代替的作為（ZPO八八八条）および不作為（ZPO八九〇条）にあっては、これに反して、意思決定の最高人格性（Höchstpersönlichkeit）のゆえに、かように単純な方法をとれないために、ここでは立法者は、もっぱら債務者の意思決定への影響に重点を置かなければならなかったのである。ZPO八八八条は、不代替的作為について、強制金（Zwangsgeld）および強制拘留（Zwangshaft）に処すること、またZPO八九〇条は、不作為について秩序金（Ordnungsgeld）および秩序拘留（Ordnungshaft）に処することを規定している。不作為については、なおそれに適合した定め、すなわちここでは執行処分であるが、これは違反行為によってはじめて始まりうるのであり、それゆえに、勿論戒告（Androhung）はなされうるが直接に予防的（präventiv）にはなされえない（ZPO八九〇条二項）。これに対し、受忍が含まれる事件では――それゆえ作為の実施に対し抵抗を許さないという事件では――ZPO八九二条により債務者の抵抗（Widerstand）は、原則として必要があれば力をもって排除され、それによって受忍が実現されうるという特殊性がある。

このようにドイツ法上は全体的にみて、作為・不作為義務の強制的実現につき多様な制度があり、その取扱いについて法律上多くの問題をかかえている。以下の論述のなかで、私は、現在ドイツの判例・学説において特に議論されている現実問題を取り上げようと思う。私はその際にZPOの構造にしたがい、代替的作為（後出Ⅰ）および不代替的作為（後出Ⅱ）さらには不作為執行の問題（後出Ⅲ）、最後に意思表示の付与を行うための執行における特殊性を論じるものである（後出Ⅳ）。

Ⅰ　債権者の代替的作為の実行のためにＺＰＯ八八七条によりなされる執行

ＺＰＯ八八七条一項において、法律は、債務者の代替的作為それ自体を以下のように規定している。すなわち「第三者によりその実行がなされうる」と。そのような事例であるか否かは、一方では債権者の側から、他方では債務者の側からという二つの観点から定まる。(7) 作為（Handlung）の経済的意味は債権者の観点からみると、債務者が自らそれをなすことを必要とするものであってはならないし、逆に作為は債務者の観点からも第三者によってなされうるものでなければならない。しかしその場合、義務づけられた給付の結果の実現に関する債権者の利益が重要なのであるから、第三者による代替的実行が債務者自身の行為よりも債務者にとりより高価であることは、当該行為の代替性を否定するものではない。(8) 債務者はこのより高いコストを義務ある行為がその以前に自ら適時になすべきことを決断することによって簡単に免れることになる。そのほか、かような解決は、――例えば、ＢＧＢ六三三条二項による請負契約における製造上の欠陥（Herstellungsmangel）の排除におけるように――重要な領域で一定の要件の下に債権者の依頼した第三者によって代替的実行が予定されているときは、実体民法に従うものである。したがってドイツの判例は、債権者の優先する利益を尊重して、個別的事例を判断している点、そして疑いのある場合には、直接強制が欠けているがゆえに、〔代替執行という〕債務者により負担の少ない執行をＺＰＯ八八七条により選択している点は正当である。

１　代替的作為と不代替的作為の区別に関する具体例

この区別の具体的事例として、代替的作為の下に、請負契約又は雇用契約上のメカニックな労務提供のすべてが入る。例えば実際には別の職人による代替的実行の方法によって行われうる建物の建築、収去、修理作業がこれである。

労務の給付（Arbeitsleistungen）又はより高度な役務の提供（Leistung höherer Dienste）が義務の内容である場合、一部で以下の見解が主張されている。すなわち、それらはZPO八八八条の意味における不代替的作為にあたり(9)、その理由はそれらが厳格に各人的な（persönlich）ものであり、執行が被用者又は役務提供者の人格を侵害するからであるとされる。この種の〔義務を内容とする〕判決(10)——特に仮処分も——ZPO八八八条三項によりそもそも執行可能ではない、と説く。通説がこの見解を否定するのは正当であり、通説は具体的事例について債務の内容である作為の執行可能性を検討している。事実、一般的に執行を禁止することは法の認めるところではない。というのは、ZPO八八八条三項は、役務および労働の給付（Dienst- und Arbeitsleistung）につき、一項の強制執行のみを排除するが、しかしかかる種類のすべての役務および労働の給付が不代替的であるとはいっていない。BGB六一三条一文によれば、たしかに役務提供義務者はその役務を疑あるとき自ら行わなければならないとされる。しかしながらこの点から役務及び労務の給付の一般的高人格性を導くことはできないし、いわんや執行禁止を導くこともできないし、更にいえば——既述の通り——ZPO八八七〜八八八条に関するかぎり債務者の利益を確かに尊重すべきであるが、しかし債権者の利益も重要である場合にそうである〔執行禁止を導くべきではない〕。ZPO八八七条の代替的実行による執行は（GG二条における）債務者の人格権に対する回避しえない侵害をも意味するものではない。けだし、この場合——強制金あるいはいわんや強制拘留におけるように——債務者の行為の自由を侵害するものではなく、単に費用の支払いを求めるにすぎないものだからである。

ZPO八八七条が情報提供（Auskunftserteilung）及び計算の提出（Rechnungslegung）の事件に適用されるか否かも今日的事例として争われている。たしかにこの種の義務の履行は、債務者自身の協力なしには原則として不可能であるから、その原則的事例は強制金又は強制拘留によってのみ実現可能なZPO八八八条の意味における不代替的行為なのである(11)。〔上記の事例でも〕例外的に債務者自身の協力が必要とされない場合に、ZPO八八七条の意味における代替的行為がなされうるのである。帳簿の抄本（Buchauszug）の交付（例えば帳簿の鑑定人による代替的交付という方法による（im Wege der Ersatzvornahme zum Beispiel durch einer Buchsachverständigen）[12]）、貸借対照表の作成（Erstellung einer Bilanz）[13]、あるいは手数料計算書の作成（Provisions-abrechnung）[14]（例えば会計士あるいはその他の鑑定人によるそれ）がそれである。しかし、この点は常に個別事例毎に判断すべきものと考えるのが正しい。その判断にあたって基準となるのは、債務者の補助が不要か否かという点である。極く最近あった別の事例としては、住居所有共同体の管理人の年間計算書（Jahresabrechnung des Ver-walters einer Wohnungseigentümergemeinschaft）の作成がある。それは、半分以上代替的行為であるが[15]、しかし部分的には不代替的行為であると[16]される。それは事業年度内に発生した支出（die im Geschäftsjahre angefallenen Kosten）について必要とされるべき書類に基づいて、管理人以外の鑑定人でもなしうる作業なのである。したがって、ＺＰＯ八八七条による代替行為が可能な作業なのである。与えられた計算の正当性の保証を命じる判決をいかに執行すべきかという問題は、——ＺＰＯ八八八条（Verurteilung auf Versicherung der Richtigkeit einer er-halten Rechnung）による——厳格にこの点と区別されなければならない。

最後に近時議論されている点として、すなわちＺＰＯ八九四条の特別規定（意思表示の擬制——後述Ⅳ参照）が、「敗訴判決（Verurteilung）」〔意思表示の付与を命じる判決〕の存しないがゆえに適用されないときに、ＺＰＯ八八七条が意思表示の付与に適用されるか否かという問題がある[17]。特に、一方当事者に、例えば譲渡（Übereignung）の意思表示の付与の義務を負わせる訴訟上の和解が考えられる。私の弟子の一人[18]はあらゆる観点を詳細に評価したうえで以下の結論に達した。すなわち、通説[19]は現行法の構造上ＺＰＯ八八七条の援用を否定し、債権者はＺＰＯ八八八条によるものとする——そして私はこの見解を正当とみるが——旨立証したのである。すなわち、ＺＰＯ八八七条は第三者が債務者のためあるいは債務者に対して効果を伴って意思表示をなすべき代理権—— Vertretungsmacht（ＢＧＢ一六四条）——の発生のための法的基礎を含むものではないのである。

2　履行した旨の異議（Erfüllungseinwand）の主張

ＺＰＯ八八七条による執行は明文の規定によると、債務者が代替的作為を実行する義務を履行しないことを要件とする。したがって債権者は、執行の申立てをなすにあたり、作為義務の不履行を主張しなければならない[20]。他方当然のことながら履行〔を実行したこと〕は、一般的立証規定によれば権利消滅的事実として債務者が証明しなければならないことになる。

かかる履行した旨の異議を債務者は、ＺＰＯ七六七条の請求異議の訴えを以て、当然主張することができる[21]。債務者がＺＰＯ八九一条によって必要とされる執行申立てについての審訊の枠内で履行した旨の異議を述べることによってＺＰＯ八八七条の執行の不許が明らかになるということも可能である[22]。激しく争われているのは、債務者の提出になる履行した旨の異議は、ＺＰＯ八八七条による執行手続のなかで既に、受訴裁判所の面前で審理すべきか否かという点である。この問題は、ＺＰＯ八八八条の不代替的作為義務の執行についても、更には、またＺＰＯ八九〇条による不作為義務の執行についても同様に争われているのである[23]。第一審受訴裁判所（Instanzgericht）の見解は、この点について分かれており、上級地方裁判所のなかでさえ、部によって見解を異にしている。連邦通常裁判所の裁判は、ＺＰＯ五六七条四項により抗告が許されないために期待できない。私は最近私の先生 Gaul 教授記念論文集の論文のなかで、この点を詳細に取り扱ったので[24]、私はここで、極く簡単に以下の点を記述するにとどめたい。すなわち、ＺＰＯ八八七・八八八および八九〇条の文言及び沿革からみて受訴裁判所における執行手続の対立構造および更には、訴訟経済の観点は、履行した旨の異議を執行手続のなかですでに無制限に審理するための根拠になるということである。

3　実行すべき作為の特定表示と費用の予納

債権者が執行の申立てにおいて――裁判所がそれを認容すべき決定のなかで――代替的実行行為を正確に記述

しなければならないか、あるいは、債務の内容である作為の結果の表示をもって十分とするのか、[25]という点が争われている。就中、ＺＰＯ八八七条二項による費用の予納——十分な助言を受けた債権者はこの申立てを常になすとされている——との関係で、代替的実行行為の個別化をすでに要求することを求める。[26]すなわち、具体的に表示された行為と関連させてのみ、受訴裁判所は代替的実行の予見される費用をある程度正確に算定することができるのである。

債務者が求められた費用予納額に異議を申し立てたいとき、この異議は、連邦通常裁判所の近時の正当な裁判[27]によれば、執行手続の枠内で主張すべきであるし、必要なときは、ＺＰＯ七九三条の即時抗告によって主張すべきことになる。

Ⅱ　ＺＰＯ八八八条による債務者の不代替的作為の実行のための執行

なすべき行為がＺＰＯ八八八条の意味における不代替的作為の実行である場合において、さしあたり立法者が一九九九年の第二次強制執行法改正法の枠内で、これまでに論争のあった問題、[28]すなわちＺＰＯ八八八条一項の強制手段の戒告が必要か否かという問題を解決したことを指摘しておかなければならない。ＺＰＯ八八八条二項の改正規定によると、強制手段の戒告は許されないのである。立法者によりこの明確な規定をもって、事前の戒告は「明らかに排除され」たのであり、[29]その結果、事前の戒告は新法によれば、不適法とみられることになる。[30]これに対し、債務者が例えば計算の提出（Rechnungslegung）にあたり、相当な期間を必要とする場合には、作為実行の期間設定は有意義でありうるし、適法である。[31]

ＺＰＯ八八八条の適用領域に関する具体的諸問題は、——ＺＰＯ八八七条の適用範囲および履行した旨の異議という既述の問題を別にすれば、——就中なすべき作為が不可能である旨の異議、ＺＰＯ八八八条三項の適用あるいは類推による執行の排除――この排除は考えうるものである――に関するものであり、更には、このほかZPO八九四条の意思表示の執行との区別等である。

1　ZPO八九四条との区別の問題

意思表示の付与の義務があるが、それを命じる判決がなく、ZPO八九四条の適用がなされない場合（なお後出Ⅳをみよ）、ZPO八八八条による執行のみが許されることはすでに指摘したとおりである。そのことは、そこですでに言及した訴訟上の和解の事例において問題になる――そこでは義務づけられた意思表示、例えば譲渡（Übereignung）が、ZPO八八八条による困難な執行方法を避けるために、より適切にすでに〔和解のなかで〕直接になされるのであるが――。しかし意思表示においてこの種の仮処分が許されると一般に考えられている限り、仮処分においてもまたそうである。[32] この種の仮処分については確定力（Bestandkraft）が欠けているために一部で主張されているZPO八九四条の適用可能性を否定すべきであるし、[33] その代わりにZPO八八八条に帰るべきなのである。[34]

次に特に争われている問題は、虚偽に名誉を侵害すべき主張（Behauptung）の撤回につき存する債務名義のある請求権の強制執行である。[35] この点については、一説によると、ZPO八九四条の準用が主張され、[36] 他説は、ZPO八八七条による判決の単なる公開（die bloße Veröffentlichung des Urteils）を説き、[37] 通説は、[38] ZPO八八八条一項を援用する。撤回（Widerruf）は表示された主張の内容的真実性に対する内容的態度決定を含むものではなく、判決に基づいて距離をおくこと（Distanzierung）にすぎないのであるから、債権者は、ZPO八八七条による判決の単なる公開を実行させるのではなく、債務者にZPO八八八条による不代替的撤回作為の執行を受けさせうる。ZPO八九四条の類推適用は〔類推適用に〕必要とされる法の欠缺がない〔ので許されない〕。債務者の積極的作為なしにする撤回の単なる擬制は、債権者の正当な利益を十分に尊重しないことになるといえよう。[39]

２　不代替的作為の実行の不可能性

実務上重要な論争問題（Streitkomplex）は、ＺＰＯ八八八条に関して、債務者が不代替的作為をそもそもなすべき状況に（今なお）なければならないという点から生じてくる。[40] 同条はこの要件を作為はもっぱら債務者の意思にかかるものでなければならないという形で明記しているのである。[41] したがって、いずれにしてもＺＰＯ八八八条による執行は債務者の作為が第三者の協力にかかり、且つ第三者の協力が排除されていることがすでに確定しているときには不可能である。この問題は近時の判例において、就中、特に供給者（Lieferanten）と取引先（Kunden）に依存している取引営業（Geschäftsbetrieb）の実施義務との関連で議論されている。[42] 第三者の協力が確保されているときは、ＺＰＯ八八八条によって執行がなされうる。更にいえば、いずれにしても債務者は、第三者の協力をうるべく自らに帰属する事実上及び法律上の可能性のすべてを尽くさなければならない。[43]

しかしながら債務者による作為の実行の不可能性が債務者自身に由来することもありうる。作為の客観的不可能性という全状況（sämtliche Situation）がこれに含まれる。しかし、継続的個人的（eine dauernde und subjektive Situation）〔subjektiv とは債務者の個人的事情をいう〕不可能性もこれに含まれる。[44] それ自体ＺＰＯ八八八条について、執行すべき情報提供義務も重要な実務上の適用事例である。しかしながら不可能性はもっぱら債務者個人による給付にあたり、その実行に特別な能力の適用を必要とし、したがって彼の意思のみにかかるものではないことから生じることがありうる。すなわち、ことに請負契約の範囲で特に芸術的又は学問的給付が問題になる[45]場合がそれである。この種の場合、債務者に故意過失（Vertereten müssen- Verschulden-）〔ＢＧＢ二七六条一項一文参照〕は無用とみるのが正しく、〔故意・過失は〕ＺＰＯ八九三条との関連でＢＧＢ二八〇条および同三二五条の損害賠償請求権の枠内ではじめて意義を有するものである。[46] したがって、ＺＰＯ八八八条の範囲で重大な主観的〔個人的〕不可能性（beachtliche subjektive Unmöglichkeit）は債務者が不代替的作為の実行について必要な費用を払えないことからも生じる〔故意・過失は問題にならない〕。その場合、当然のことながら考えうる措置、例えば与信を受ける（Kreditaufnahme）あるいは、債権者による予納金の受領（Annahme eines Vorschusses des Gläubigers）がなされなければならない。[47]

履行した旨の異議について既に述べたのと同様に、不可能を理由とする異議もまたZPO七六七条の請求異議の訴えによるのみならず、ZPO八八八条による執行手続の範囲内でも主張しうるとするのが正しい。[48]

最後に言及するが、不代替的作為の実行の可能性あるいは不可能性に関する証明責任の分配が問われる。債務者が作為義務の履行を請求されたときは、債務者は実体法上原始的不能にあっては権利障害的異議を、事後的不能にあっては権利消滅的異議を立証しなければならない。しかしながらZPO八八八条は、作為の可能性を債務者の意思にもっぱら依存させるという既述のメルクマールを執行の要件にまで高めたのであるから、執行に関する今日の通説は債権者の証明責任から出発する[49]（「作為が専ら債務者の意思に依存する」というのは、作為の原則的可能性を意味するので、執行手続内ではそれを要件とする以上債権者が執行の可能性につき証明責任を負う）。債権者はたしかに、殆どの場合債務者の領域に存する不可能性を理由付ける事実について正確な認識をもっていないのであるから、債務者がZPO八八八条による手続において不可能性に関して特別な説明責任（主張責任）を負うとすることは合理的である。[50]すなわち、債務者こそが債務としての作為の実行の不可能性のよって来る事実を理由付ける、且つ債権者に対して跡づけるように説明しなければならないのである。

3　ZPO八八八条三項による強制執行の排除

ZPO八八七条における制限との関係で既に説明したZPO八八八条三項（前掲I 1をみよ）は、一定の例外的事例、特に（高度の種類の）不代替的労務提供について執行を排除している。この背景にある法的見解は、かかる場合、強制執行は、役務提供義務者の人格権に対して不当な侵害になるという点である。[51]過去においてこの法的見解は、折にふれて判例によりZPO八八八条三項の類推適用のために援用された。例えば宗教的作為

（eine religiöse Handlung）の実行義務[52]、更にはＢＧＢ二三〇三条によって規定された遺留分請求権（Pflichtteilsanspruch）は別にして、相続契約を締結する義務[53]がこれである。ＺＰＯ八八八条三項の類推適用をめぐる具体的争いは、子供に対し父とみられるべき人に関する情報を与えるべき旨の母に対する子供の請求権がＺＰＯ八八八条によって執行できるか否かという問題である。一部の見解によると、かかる情報請求権の執行は、ＺＰＯ八八八条三項の類推適用により否定されている。そしてその理由は、それを認めることが、ＧＧ二条一項によって保護されている母親の一般的人格権、特にそのプライバシー（Intimsphäre）の尊重を求める権利に対する不適法な侵害にあたる点に求められている[54]。この点についてＧＧ二条並びにＧＧ六条五項の双方によって保護された子の権利、すなわち血縁上の父を知る権利と母親の人格権との間で憲法上要求される衡量は判決手続においてなされなければならないとの議論がなされているのは正当である[55]。そこでは基本権の配慮は子の利益においてなされ、母親はしかるがゆえに情報を与えるべき旨の判決を受けるのであって、この判決がＺＰＯ八八八条三項を類推して執行を排除することによって無為に帰せられることは許されないのである。

Ⅲ　ＺＰＯ八九〇条による不作為および受忍の強制執行

ＺＰＯ八九〇条に関するある行為の受忍の強制にあたり、債務者の抵抗が力（Gewalt）によって排除されるという最も効果的で直接的な履行強制が行われなければならないことは冒頭で指摘したとおりである[56]。これに対してここで詳細に検討された純粋な不作為執行において、法律は、単なる間接的強制の方法を選択した。すなわち債務者が違反後にはじめて事前に戒告されていた秩序措置――秩序金（Ordnungsgeld）あるいは秩序拘禁（Ordnungshaft）――の一つを命じられるのである。

1　作為執行と不作為執行の区別

古くからあるがしかし常に具体的な争点は、作為命令と不作為命令の区別、すなわち、一方ではZPO八八七条・八八八条による執行、他方ではZPO八九〇条による執行の区別の問題である。[57] この点の論争が、特に重要なのは侵害の原因（die Quelle der Beeinträchtigung）――例えば公害状態――が既に存在し、その侵害の拡大の恐れがあるような場合である。このような場合、債権者は実体法上、排除の債務名義（Beseitigungstitel）（BGB一〇〇四条一項一文参照）を得ることができるし、不作為の債務名義（BGB一〇〇四条一項二文参照）を得ることもできる。内容的に対応する二つの債務名義が存するとき、ZPO八八七条以下による排除と、ZPO八九〇条による不作為執行ができる。しかし見解が対立するのは、不作為名義のみがある場合の執行の方法である。判例通説は以下のように説いている。すなわち、債権者はこの場合ZPO八九〇条によって〔間接強制の〕執行をなすべきであって、同条の執行と並んで、あるいはそれに代わってZPO八八七条以下によって執行しうるものではないとしており、これは正当である。[58] 種類を異にするが内容的に対応する債務名義化された訴訟上の複数請求に与えられる（ankumüpfen）複数の執行方法は恣意的に混合しうるものではないし、この手続段階において債権者に選択権を認める余地はない。そのような余地を認める実務上の必要もない。第一に既述のとおり債権者は、上記の場合、付加的に排除名義をえることができるし、第二に、不作為義務は、単なる不作為（Nichtstun）のみならず、それに先だって生ぜしめられた違反状態[59]（Störnngszustand）の排除という作為の実行をも含む――さもなくば不作為命令が履行されない――ことがあるのである。そのことは、かような場合、不作為名義に基づいて、当然ZPO八九〇条の方法によって、違反の原因（Störungsquelle）の排除も強制されうることを意味している。

2　不作為命令の特定性

不作為命令は、判決手続に適用される諸原則にしたがって、すでに、それぞれの債務名義のなかで（ZPO二五三条二項二号参照）特定され且つ一義的に表示されている。しかしながら、その場合判決理由は、解釈のために援用されうる。この点に関しては、いわゆる「中核理論」（Kerntheorie）が形成されており、維持されている。同理論によると、債務名義に表示された不作為命令は、不作為義務の中核（Kern）を侵害するすべての違反を内に含むことになるのである。[60] たしかに判例は繰返して正確な限界づけ（Abgrenzung）をしているが、中核理論について、債務者に濫用的な回避を可能にすることなく、特定性の要件を計算した実質に適った解決が発見されることが広く認められている。

3　秩序処分（Ordnungsmaßnahme）の法的性質とその帰結

秩序処分の法的性質については古典的論争が今日まで続いている。[61] 既になされた違反行為にそれが課せられるのであるから、秩序手段（Ordnungsmittel）〔秩序金あるいは秩序拘留〕の報復的性質（ein repressiver Charakter）が前面に出る。しかしあるいはなされうるかもしれない事後の違反行為との関係では抑止的要素（ein Element der Prävention）をも含むといわなければならない。しかし予防的効果（Beugeeffekt）は第一にZＰＯ八九〇条二項による秩序手段という不可欠の戒告において示されているのである。[62] そこでその限りにおいて今日なお通説である見解、[63] すなわちZＰＯ八九〇条の秩序拘留は、刑事罰又は秩序罰と同様に行刑規律によって執行すべきであるとの刑法的考察方法との明確な区別が当然に成り立つのである。いずれにせよ、義務の内容たる不作為が強制されるべきことになるのであるから、強制執行法への組込み（Einordnung）は、ZＰＯ八八八条一項三文が強制拘留について明示的に規定しているのと同様に秩序拘留をZＰＯ九〇四条以下の民訴法上の拘禁規定によって債権者の費用によってなさしめることの根拠になる。[64] 他面ZＰＯ八九〇条の秩序処分の第一次的抑止的性質は債務者個人の責任（故意・過失）を必要とする。[65][66]

それと関連する具体的でなお未解決の問題は、不作為命令に債務者が繰り返し違反する場合の判断である。債務者の同種の違反行為が繰り返されたとき、これ迄、多くの場合一箇の秩序処分による包括的「処罰」(eine zusammenfassende Bestrafung) が行われた。刑法上展開された法概念である、いわゆる継続的関係 (Forsetzungszusammenhang)[67] に類似したものである。しかしながら、一九九四年連邦通常裁判所の刑事大法廷 (der grosse Strafsenat) は、刑法上この法概念を否定し、その結果、ZPO八九〇条による執行について複数の同種の違反が継続的違反行為の状態にあるとき、一つの制裁のみを以て包括的に対応することが許されるか否かが争われることになった。[68] ZPO八九〇条の秩序手段の報復的且つ予防的な法的性質を顧慮して、回数、違反程度、責任形式 (Verschuldensform) を考慮しての全体像 (Gesamtschau) が制裁を受けるべきであろう。違反を繰り返したとき、当初より継続全体を考えることによって、債務者が優遇されることがあってはならない。そうでないと頑固な債務者に有利になり、執行の目的すなわち、不作為命令の目的、すなわち不作為命令の継続的貫徹は否定されることになる。

以下の疑問に答えることも秩序処分の法的性質と関係している。すなわち、不作為名義が違反行為のあった後に取り消されたか、あるいは将来に向けて効力を失った場合に、ZPO八九〇条の秩序手段がなお存続せしめられうるかという問題である。[69] 名義の遡って (ex tunc) の取消しと将来へ (ex nunc) の取消しを区別する今日なお通説である見解に従うのが正しい。執行名義が遡及的に排除されるとすれば、〔秩序手段を〕課すことも、すでに課せられた秩序手段の執行も排除されなければならない。けだし、それらは執行の目的に適合しないからである。すなわち、報復 (Repression) も予防 (Prävention) も、債務名義の遡及的取消しによって、その基礎を失うことになるのである。これに反して例えば本案の終結宣言等により将来に向けて債務名義が失効する場合、それ以前の違反行為のゆえに秩序手段を課すること、およびその執行は可能にとどまる。けだし、債権者について過去につき成立すべきであるが、しかし債務者により失わせしめられた満足に関して、護られるべき (vorrangig) 報復的効果は続いているからである。[70]

Ⅳ　ＺＰＯ八九四条による意思表示の付与を得るための執行

債務者が意思表示の付与を命じる判決を受けたとき、ＺＰＯ八九四条一項一文によるこの意思表示は、当該判決につき確定力が発生したときに当該意思表示はなされたものとされる。ここでいう意思表示には、それが実体法的性質をもつか手続法的性質をもつかは別にしてすべての種類の法律行為上の表示（rechtsgeschäftliche Erklärungen）が含まれる。(71) これに対して撤回の表示（Widerrufserklärung）は、――既述のとおり（前出Ⅱ1）――ここに含まれない。ＺＰＯ八九四条は、意思表示のすべての判決ではなく終局的且つ形式的に確定した判決を対象としているので、(72) 判決のほか確定決定（rechtskräftige Beschlüsse）も含むが、訴訟上の和解や仮処分はこの擬制的効果をもたない。同じ問題は、すでに前掲箇所（Ⅰ1およびⅡ1）において、これらの場合に関連する一般的作為執行との関係において取り扱われた。たとえそれが意思表示の付与の義務を含むものであっても、執行証書もまたＺＰＯ八九四条の擬制的効果をもちえない。(73) 強制執行法改正第二次法によるＺＰＯ七九四条一項五号の新規定はそれを明示的に排除している。したがってそこではＺＰＯ八八八条の執行がなされることになる。

他面、ＺＰＯ八九四条の特別規定はその適用領域の枠内でＺＰＯ八八七条・八八八条による執行を排除する。(74) 特にそのことは――ここではこれ以上取り扱わないＺＰＯ八九五条の土地法に関する特殊事例を別にすれば――債務名義に示された意思表示にあっては、例えばＺＰＯ八八七条・八八八条による仮執行の可能性はなく、確定力の発生が待たれなければならないということから明らかである。(75)

V　結　語

私はこの原稿の中でZPOによる作為・不作為執行における各種の問題の一部について取り扱うことができたにすぎない。しかし読者に最も重要で最も具体的な問題について、概略的な情報提供をすることができたことは確かである。

(1) S. nur *Rosenberg / Gaul / Schilken*, Zwangsvollstreckungsrecht, 11. Aufl. 1997, § 9 IV 2 mit weiteren Nachweisen.
(2) Dazu näher *Nehlsen-von Stryk*, AcP 193 (1993), 529, 537 ff. ; *Rütten*, Festschrift für Gernhuber, 1993, S. 939, S. 941 ff.
(3) S. nur *A. Blomeyer*, Zivilprozeßrecht, Vollstreckungsverfahren, 1975, Vor § 88 I ; *Bruns / Peters*, Zwangsvollstreckungsrecht, 3. Aufl. 1987, § 42 II.
(4) Zum Begriff s. *Dietrich*, Die Individualvollstreckung, 1976. S. 10 f.
(5) In *Hahn*, Die gesammten Materialien zu den Reichs-Justizgesetzen, 2. Band : Die gesammten Materialien zur Civilprozeßordnung, 1. und 2. Abtheilung 1880, S. 465.
(6) *Rosenberg / Gaul / Schilken*, § 71 vor I, § 73 vor I.
(7) Münch Kommentar ZPO / *Schilken*, 3. Aufl. 2001, § 887 RdNr. 5 ; *Rosenberg / Gaul / Schilken*, § 71 I 1, jeweils mit weiteren Nachweisen.
(8) S. bereits RGZ 55, 57, 59 ; Münch Kommentar ZPO / *Schilken*, § 887 RdNr. 5 mit witeren Nachweisen.
(9) So seit langem überwiegend die arbeitsgerichtliche Rechtsprechung, s. etwa LAG Düsseldorf BB 1958, 82 ; OLG Frankfurt BB 1961, 678 ; LAG Baden-Württemberg AP Nr. 5 zu § 611 BGB ; zustimmend *Wenzel*, JZ 1962, 590.
(10) S. nur *G. Lüke*, Festschrift für Ernst Wolf, 1985, S. 461 ff. ; MünchKommentar ZPO / *Schilken*, § 887 RdNr. 7 ;

Stein / Jonas / Brehm, ZPO, 21. Aufl. 1995, § 888 RdNr. 39 ff. mit zahlreichen Nachweisen.

(11) Münch Kommentar ZPO / *Schilken*, § 887 RdNr. 7 und § 888 RdNr. 4 ; *Rosenberg / Gaul / Schilken*, § 71 I 1 und 2, jeweils mit umfangreichen Nachweisen zur Rechtsprechung, aus neuerer Zeit zum Beispiel OLG Frankfurt NJW-RR 1992, 171 und InVo 1997, 274 ; OLG München NJW-RR 1992, 704 ; OLG Zweibrücken DGVZ 1998, 9 und InVo 1999, 29; OLG Bremen JZ 2000, 314 mit zustimmender Anmerkung von *Walker*.

(12) S. aus jüngster Zeit etwa OLG Koblenz NJW-RR 1994, 358 ; OLG Köln JurBüro 1995, 550 und MDR 1995, 1064 ; OLG Hamm InVo 1999, 32 ; OLG Nürnberg InVo 1999, 287.

(13) S. zum Beispiel OLG Hamm NJW-RR 1994, 489 ; OLG Zweibrücken DGVZ 1998, 9.

(14) S. etwa OLG Köln NJW-RR 1996, 100 ; OLG Zweibrücken InVo 1999, 29.

(15) S. zuletzt OLG Düsseldorf NJW-RR 1999, 1029 mit zahlreichen Nachweisen.

(16) So zuletzt OLG Köln InVo 1999, 29 mit umfangreichen Nachweisen.

(17) Für eine zumindest analoge Anwendung des § 887 dZPO zuletzt *Gerhardt*, 50 Jahre Bundesgerichtshof, Festgabe aus der Wissenschaft, 2000, Band III, S. 463 ff., S. 487 f. mit weiteren Nachweisen.

(18) *Grau*, Die Bedeutung der §§ 894, 895 ZPO für die Vollstreckung von Willenserklärungen, 2001, S. 87 ff.

(19) S. nur Münch Kommentar ZPO / *Schilken*, § 887 RdNr. 6 mit umfangreichen Nachweisen ; weitere Nachweise bei *Grau* (Fußnote 18).

(20) S. nur Münch Kommentar ZPO / *Schilken*, § 887 RdNr. 8 mit weiteren Nachweisen.

(21) BGH NJW 1993, 1394, 1395 mit weiteren Nachweisen, ständige Rechtsprechung ; MünchKommentar ZPO / *Schmidt*, § 767 RdNr. 11 ; Münch Kommentar ZPO / *Schilken*, § 887 RdNr. 8 ; *Rosenberg / Gaul / Schilken*, § 71 II vor 1.

(22) Allgemeine Meinung, s. etwa OLG Bamberg FamRZ 1993, 581 ; OLG Nürnberg NJW-RR 1995, 63 ; Münch Kommentar ZPO / *Schilken*, § 887 RdNr. 8 mit weiteren Nachweisen.

(23) S. dazu ausführlich *Gerhardt* (Fußnote 17), S. 468 ff. ; *Schilken*, Festschrift für Gaul, 1997, S. 667 ff. mit umfangreichen Nachweisen.

(24) A. a. O. (Fußnote 23).

(25) S. dazu zuletzt *Gerhardt* (Fußnote 17), S. 466 ff.; Münch Kommentar ZPO / *Schilken*, § 887 RdNr. 11, jeweils mit umfangreichen Nachweisen.

(26) So zutreffend *Gerhardt* (Fußnote 17), S. 468.

(27) BGH NJW 1993, 1394; zustimmend *Gerhardt* (Fußnote 17), S. 471; *Walker*, JZ 1994, 990, 999.

(28) S. *Rosenberg / Gaul / Schilken*, § 71 II 2 mit weiteren Nachweisen.

(29) Bundestags-Drucksache 13 / 341, S. 41.

(30) Zutreffend *Musielak / Lackmann*, ZPO, 2. Aufl. 2001, § 888 RdNr. 14; *Zöller / Stöber*, ZPO, 22. Aufl. 2001, RdNr. 16.

(31) Bundestags-Drucksache 13 / 341, S. 41; Münch Kommentar ZPO / *Schilken*, § 888 RdNr. 16 mit weiteren Nachweisen.

(32) S. dazu Münch Kommentar ZPO / *Schilken*, § 894 RdNr. 8 mit weiteren Nachweisen; *Schilken*, Die Befriedigungsverfügung, 1976, S. 152 ff.

(33) So zuletzt noch OLG Köln InVo 1996, 153, 155 mit weiteren Nachweisen.

(34) Ausführlich und überzeugend *Grau* (Fußnote 18), S. 534 ff.

(35) S. dazu zuletzt *Gerhardt* (Fußnote 17), S. 485 ff.; Münch Kommentar, ZPO / *Schilken*, § 888 RdNr. 5, jeweils mit zahl-reichen Nachweisen.

(36) So in neuerer Zeit noch OLG Hamm OLGZ 1992, 64, 66 ff.; *Baur / Stürner*, Zwangsvollstreckungs-, Konkurs-und Vergleichsrecht, Band I, 12. Aufl. 1995, RdNr. 41. 4; *Zöller / Stöber*, § 894 RdNr. 2.

(37) Zuletzt *Stein / Jonas / Brehm*, § 888 RdNr. 5 f.

(38) S. zunächst die Nachweise in Fußnote 35; ferner zuletzt OLG Zweibrücken NJW 1991, 304; OLG Köln MDR 1992, 184; OLG Frankfurt JurBüro 1993, 749 und MDR 1998, 986; *Jauernig*, Zwangsvollstreckungs- und Insolvenzrecht, 21. Aufl. 1999, § 27 III 1 sowie die restliche Lehrbuch- und Kommentarliteratur.

(39) So überzeugend bereits *Ritter*, ZZP 84 (1971), 163, 173 f. De lege ferenda ist der Vorschlag von *Leipold*, ZZP 84 (1971), 150 überlegenswert, in solchen Fällen statt des vollstreckbaren Widerrufsurteils ein Feststellungsurteil entsprechend § 256 dZPO mit Bekanntmachungsbefugnis des Gläubigers vorzusehen.

(40) S. dazu zuletzt *Gerhardt* (Fußnote 17), S. 471 f.

(41) Dazu und zum Folgenden ausführlich Münch Kommentar ZPO / *Schilken*, § 888 RdNr. 7 f.

(42) S. etwa OLG Celle NJW-RR 1996, 585 ; OLG Düsseldorf InVo 1997, 245 ; OLG Naumburg NJW-RR 1998, 873 ; vgl. auch OLG Zweibrücken NJW-RR 1998, 1767.

(43) Vgl. Zuletzt etwa KG InVo 1998, 108, 110 ; OLG Zweibrücken NJW-RR 1998, 1767 ; ausführlich bereits *Schilken*, JR 1976, 320, 321.

(44) S. etwa OLG Frankfurt NJW-RR 1992, 171, 172 ; OLG Köln JurBüro 1994, 613 und InVo 1999, 219 ; OLG Hamm InVo 1998, 54 ; OLG Celle MDR 1998, 923 ; Münch Kommentar ZPO / *Schilken*, § 888 RdNr. 7 mit weiteren Nachweisen.

(45) Münch Kommentar ZPO / *Schilken*, § 888 RdNr. 7 mit Nachweisen. Der gelegentlich vertretenen entsprechenden Anwendung des § 888 Abs. 3 dZPO zur Begründung des Vollstreckungsausschlusses bedarf es in solchen Fällen deshalb nicht.

(46) S. Münch Kommentar ZPO / *Schilken*, § 888 RdNr. 7 mit weiteren Nachweisen, auch zur im Schrifttum vertretenen Gegenansicht.

(47) Münch Kommentar ZPO / *Schilken*, § 888 RdNr. 7 mit zahlreichen Nachweisen.

(48) S. aus neuerer Zeit OLG Hamm WuM 1996, 568, 569 ; OLG Düsseldorf FamRZ 1997, 830 ; OLG Hamm FamRZ 1997, 1094, 1095 ; OLG Celle MDR 1998, 923, 924 ; *Gerhardt* (Fußnote 17), S. 471 f. ; Münch Kommentar ZPO / *Schilken*, § 888 RdNr. 7, jeweils mit weiteren Nachweisen.

(49) In der Rechtsprechung zuletzt OLG Stuttgart OLGZ 1990, 354, 355 ; OLG Köln InVo 1996, 107 ; s. ferner *Gerhardt* (Fußnote 17), S. 472 ; Münch Kommentar ZPO / *Schilken*, § 888 RdNr. 8 mit weiteren Nachweisen.

(50) S. etwa OLG Köln Hamm NJW-RR 1988, 1087, 1088 ; OLG Köln InVo 1996, 107 ; zum Schrifttum s. die Nachweise in

Fußnote 49 sowie bereits *Schilken*, JR 1976, 320, 322.

(51) Münch Kommentar ZPO / *Schilken*, § 888 RdNr. 10 ; *Stein / Jonas / Brehm*, § 888 RdNr. 41 ; *Walker*, JZ 2000, 316.

(52) OLG Köln MDR 1973, 768 unter Berufung auf Art. 4 GG (Freiheit des religiösen Bekenntnisses).

(53) OLG Frankfurt Rpfleger 1980, 117 unter Berufung auf Art. 14 GG (Schutz der Testierfreiheit).

(54) So LG Münster NJW 1999, 3787 mit weiteren Nachweisen.

(55) OLG Bremen JZ 2000, 314 mit zustimmender Anmerkung von *Walker* ; Münch Kommentar ZPO / *Schilken*, § 888 RdNr. 10 Fußnote 55 ; *Zöller / Stöber*, § 888 RdNr. 17.

(56) *Gerhardt* (Fußnote 17), S. 473.

(57) S. dazu *Gerhardt* (Fußnote 17), S. 475 ff. ; Münch Kommentar ZPO / *Schilken*, § 890 RdNr. 3 f. ; *Stein / Jonas / Brehm*, § 890 RdNr. 5 f., jeweils mit umfangreichen Nachweisen.

(58) S. etwa BGHZ 120, 73, 76 f. ; OLG Köln MDR 1995, 95 ; *Gerhardt* und *Schilken* (Fußnote 57) mit zahlreichen weiteren Nachweisen. - Anders insbesondere *Brehm* (Fußnote 57) und bereits ZZP 89 (1976), 192.

(59) BGH a. a. O. (Fußnote 58) ; *Rosenberg / Gaul / Schilken*, § 73 I.

(60) RGZ 147, 27, 31 ; BGHZ 5, 189, 193 ; 126, 287, 296 und ständige Rechtsprechung ; *Gerhardt* (Fußnote 17), S. 477 f. ; Münch Kommentar, ZPO / *Schilken*, § 890 RdNr. 7, jeweils mit zahlreichen weiteren Nachweisen.

(61) S. dazu übersichtlich *Gerhardt* (Fußnote 17), S. 478 ff.

(62) S. nur Münch Kommentar, ZPO / *Schilken*, § 888 RdNr. 21 ; *Rosenberg / Gaul / Schilken*, § 73 III, jeweils mit umfangrei-chen Nachweisen.

(63) S. etwa *Jauernig*, § 27 IV ; *Stein / Jonas / Brehm*, § 890 RdNr. 3 mit weiteren Nachweisen.

(64) OLG München Rpfleger 1988, 540 ; Münch Kommentar, ZPO / *Schilken*, § 890 RdNr. 24 ; *Rosenberg / Gaul / Schilken*, § 73 II, 4 ; jetzt auch *Gerhardt* (Fußnote 17), S. 480.

(65) Heute ganz herrschende Meinung, s. etwa BverfGE 58, 159, 162 f. ; BGH NJW 1994, 45, 46 ; BayObLG NJW-RR 1995, 1040 ; *Gerhardt* (Fußnote 17), S. 480 f. ; Münch Kommentar ZPO / *Schilken*, § 890 RdNr. 9 mit zahlreichen

Nachweisen.

(66) S. dazu ausführlich *Gerhardt* (Fußnote 17), S. 481 ff. mit umfangreichen Nachweisen.

(67) BGH NJW 1994, 1663.

(68) Bejahend zum Beispiel OLG Frankfurt NJW 1995, 2567 ; OLG Celle NJW-RR 1996, 902, 903 ; KG InVo 1997, 110 und 1998, 166 ; *Gerhardt* (Fußnote 17), S. 481 ff. mit weiteren Nachweisen. - Verneinend OLG Nürnberg NJW-RR 1999, 723 ; OLG Oldenburg WRP 1996, 169 ; Münch Kommentar ZPO / *Schilken*, § 890 RdNr. 11 mit weiteren Nachweisen.

(69) S. dazu Münch Kommentar ZPO / *Schilken*, § 890 RdNr. 15 mit umfangreichen Nachweisen.

(70) S. aus neuerer Zeit etwa OLG Nürnberg WRP 1996, 79 ; KG InVo 1999, 91 ; OLG Koblenz InVo 1999, 123.

(71) *Gerhardt* (Fußnote 17), S. 484 ; Münch Kommentar ZPO / *Schilken*, § 894 RdNr. 3 mit Nachweisen.

(72) *Grau* (Fußnote 18), S. 397 ff., S. 499 ff.

(73) Münch Kommentar ZPO / *Schilken*, § 894 RdNr. 10.

(74) *Gerhardt* (Fußnote 17), S. 484 f. ; Münch Kommentar ZPO / *Schilken*, § 894 RdNr. 1.

(75) *Grau* (Fußnote 18), S. 461 ff.

〔質疑〕　報告終了後以下の質疑があった。ここに収録しておく。

一　質問者(1)

問一　たとえば既判力のない訴訟上の和解で一方当事者に意思表示をなす義務を課したとき、その履行はＺＰＯ八九四条によるのではなくＺＰＯ八八八条によるべきであるとする通説に賛成であるか。

答　通説に賛成である。ＺＰＯ八九四条は明らかに確定力のある判決を対象としている。訴訟上の和解には確定力がない。したがってＺＰＯ八八八条によってのみ執行ができる。ＺＰＯ八八七条の代替的作為は当該作為〔意思表示〕について代理権をもつ代理人はそれをなしうることになる（ＢＧＢ一六四条参照）。さに非ざる通常の場合有能な弁護士は訴訟上の和解の和解条項としてかかる意思表示の作為義務ではなく、意思表示があったことを定める。

問二　名誉侵害行為の撤回に関してＺＰＯ八八八条を適用しようとする。この点は理解できる。これに対してＺＰＯ八九四条適用の余地はないか。あるいはＺＰＯ八八七条適用の余地はないか。

答　不真実且名誉毀損的行為の撤回にあたり、ＺＰＯ八九四条は適用されない。けだしＺＰＯ八九四条の意味の意思表示は問題になっていないからである。ＺＰＯ八八七条の適用は問題にならない。債権者の撤回請求権は名誉侵害者自身によってのみ満足せしめられるものだからである。ＺＰＯ八八八条の適用が通説であるが異論がないわけではない。

問三　Schilken 教授は不代替的作為の実行の可否に関する証明責任の分配について通説に従うと理解してよいか。

答　Schilken 見解はおそらくドイツの通説といえよう。債権者は代替的作為の実行の可能性について証明責任を負う。これに対して債務者は不可能の原因たる事実の主張責任（Behauptungslast）を負う。というのは、債務者は通常不可能の原因たる事実を債権者以上に承知しているからである。しかし債権者は不可能でないことの証明責任を負うと考えるべきである。

問六　意思表示の付与を命じる判決の執行についてＺＰＯ八八八条を適用して執行する可能性も考えられないか。

答　ＺＰＯ八九四条は意思表示の付与すなわち代替的作為を命じる判決の執行に関する特別規定である。それはＺＰＯ八八八条の特別規定である。

二　質問者⑵

問一　作為の代替性の有無について、債権者が第三者の作為をもって満足するのであれば、代替性ありとしてよいのではないか。

答　賛成である。作為の代替性については就中債権者の利益を基準とする。この点について、報告でも、私も、債権者にとって第三者による実行をもって満足できるのであれば作為は代替的であると説明している。

問二　代替的作為義務の場合は代替執行、不代替的作為義務の場合は間接強制というのが通説であるが、代替的作為義務についても間接強制が許されるという見解もある。この見解についてどう考えられるか。

答　この見解に賛成である。それ自体代替的であり、ＺＰＯ八八七条による代替的実行によって執行すべき作為にあっては、原則としてＺＰＯ八八八条による執行である強制金または強制拘留すなわち間接強制によることもできる。――日本の民執法一七二条とは異なり――ＺＰＯ八八七条による執行またはＺＰＯ八八八条による執行を選択することができる。例えば OLG Köln BB 1981, 393 ; MünchKommentar ZPO / Schilken, § 885 RdNr. 5 がある。しかしかような考え方は争われている。

三　質問者⑶

問一　ドイツでは間接強制金は国庫に帰属するが、フランスのアストラントは債権者に帰属する（日本の間接強制金も同様）。フランス法の立場には必ずしも反対されないというお答えであったが、フランスでは、債権者が不当に利するのを回避できるから、アストラントを国庫に帰属させる方がよいとする有力な主張がある。この点も踏まえたうえで、間接強制金の帰属に関し、ドイツ法の立場とフランスの立場と、いずれがよいとお考えか。（また、関連して、とくに伺いたい点として）間接強制金が国庫に帰属する場合と、債権者に帰属する場合とでは、間接強制の実効性に違いが生じるとお考えになるか（Storme 試案では、間接強制金が債権者に帰属する場合の方が、実効性が高まると考えられているようであるが、どうお考えになるか）。

答　アストラントおよび質問者⑶の質問に対して、私は Storme 委員会の草案に関する講演のなかで詳細に私見を述べた。私はドイツ民訴雑誌―ＺＺＰ―一〇九号（一九九六年）掲載の私の論文の中の該当箇所である三三四頁以下、特に三三五～三三六頁を参照されたい。私見は就中三三五頁の下欄および三三六頁の説明から明らかになる。総体的にいうと、アストラントは不代替的作為の執行にあっては（そしてその場合に限って！）なるほど論ずべき価値があると思うが、しかし、アストラントが執行をより効果的にするか否かは疑問に思う。質問者⑵にはこの点に関して Remien, Rechts-verwirklichung durch Zwangsgeld, 1992 および Treibmann, Die Vollstreckung von Handlungen und Unterlassungen im europäischen Zivilrechtsverkehr, 1994 の詳細な説明を読むことを薦める。

問二　ドイツ法は、一つの債務（請求権）について一つの執行方法しか認めず、執行方法の選択を許さないことを前提としているが、（法文がそのように定めていることは別として）その実質的な根拠をどのようにお考えか（債権者による執行方法の選択を認めた場合に生じる不都合は、具体的には如何なるものとお考えになるか）。〔以下は後に文書により付加された質問〕講演の質疑応答の際に、例外的に、代替的作為と不代替的作為の区別が極めて困難な場合には、債権者が代替執行と間接強制を選択することが許される、と回答されたように記憶している。仮りにそのようなお考えであれば一層、執行方法の選択を一般的に認めることは、法文上はともかく、実質的には差し支えがないということになるまいか。

答　ドイツ執行法において執行方法の選択ができない点については複数の理由がある。主たる理由は、ボン基本法にまで遡る。というのは、所有権の侵害を防ぎ、債務者の人格を護るために厳格に定められた法律上の授権が必要とされ、その枠内で執行が行われなければならないとされるからである。ドイツ民訴法の立法者はここで以下の選択をしたのである。すなわち、代替的作為については代替的実行（Ersatzvornahme）、不代替的作為についてはこれに対して強制金あるいは強制拘留による間接強制を課することにしたのである。

立法者がこれとは別の立法をすること、たとえば代替的作為についても場合によっては選択的に間接強制をも許すということも考えられる。私が既にこの研究会で述べたように、更には質問者⑴の質問に対する答えの中でも述べたように代替的作為と不代替的作為との区別が困難である場合、通説は現行法の下でおいてさえ、ＺＰＯ八八七条とＺＰＯ八八八条を選択することを認めているのである。

問三　ドイツの間接強制は、金銭（罰金）の場合と拘留の場合があるが、拘留については、人格尊重の理念に反するとお考えにならないか。罰金の場合については、どうか。なお、執行方法（間接強制）として拘留を認めることについては、人格尊重の理念に反する虞があるとする学説が、ドイツにも存在するようであるが、罰金についてはそのような学説が存在するか。また、拘留は実効性があるということであったが、罰金の実効性はどうか。

答　強制拘留は当然のことながら、ＧＧ一〇四条による債務者の自由権的基本権と衝突する。しかしながら、同条によれば自由の制限はＺＰＯ八八八条のごとき手続法に基づいて、裁判官の裁判によって許される。国家の認めた債務名義――それによって債権者がＧＧ一四条に保障された権利を与えられる――の実現がなされるのであるから、強制拘留を否定する十分な疑問も存しない。たしかに、強制手段の選択にあたって、比例性原則が尊重されなければならず、そのため通常の場合、第一に強制金による執行を試みるべきであることは認める。

強制金が基本法違反ではないかとの見解はドイツではみられない。強制金を課すことは当然のことながら、債務者の所有権的基本権を侵すことになるが、国家の認めた債務名義に表示された債権者の請求権の実現のために実行されるものであるから、したがって正当化されるものである。債務者は更に威嚇的強制拘留においてもそうであるのと同様に、自らの義務である不代替的作為を実行し、したがって自発的に債権者の請求権に対し履行を行えば、全く簡単に干渉（Eingriff）を避けることができることを付言しておこう。

強制金制度の実効性について、私は統計のような確かな資料をもっていない。私のみるかぎり、勿論、実務側――例えばＺＰＯ八八八条による執行には実効性がないと主張する弁護士側――からの書かれた資料はない。債務者に支払能力がなければ当然のことながら強制金は機能しない。

問四　間接強制としての拘留の期間及び罰金の金額は、どのように決定されるのか（決定する基準となるものはあるか。因みに、フランスでは、アストラントの金額を決定する基準として、判例は、債務者の帰責事由の程度（gravité de la faute）及び資力を挙げ、損害賠償額を決定の基準とすることを否定する。なお、法文上は「仮定的アストラントの金額は、命令を宛てられた者の態度及びその者が命令を履行するのに遭遇した困難を考慮して金額が確定される（Loi du 9 juillet 1991, art. 36, al. 1,《Le montant de l'astreinte provisoire est liquidé en tenant compte du comportement de celui à qui l'injonction a été adressée et des difficultés qu'il a rencontrées pour l'exécuter》」と定められている)。

答　各強制金はＺＰＯ八八八条一項二文によれば五万ドイツマルクを超えてはならないとされ、強制拘留は同項三文およびＺＰＯ九一三条によると六ヶ月の期間を超えてはならないとされている。しかしながらこれら二つの強制方法は債務者がそれでもなお履行しないときは、その執行後に改めてこれを課することが許される。

強制金の額の裁量については、例として、NJW-RR 1992, Heft 11 S. 704 のミュンヘン上級地方裁判所の決定およびMDR 2000 S. 229 のカールスルーエ上級地方裁判所の決定を参照されたい。

問五　子に父の情報を与えるべき旨の、母に対する子の請求権の執行に関して、ＺＰＯ八八八条三項の類推適用を否定すべしとされている（報告原稿Ⅱ３）が、ＺＰＯ八八八条三項の類推適用について、一般的に、消極的な立場をとっておられるのか（判決は許されるが執行は許されないというケースは、できるだけ認めるべきではないというお考えか）。

問六　日本の従来の通説は、不作為義務について、違反行為がない限り、不履行が問題にならないから、間接強制を命じることができないと解している。御報告でも、同趣旨の説明があった（報告原稿の序の部分「執行処分は違反行為によってはじめて始まりうるのであり、それ故に、直接に予防的にはなされえないのであり……」）が、同時に、ＺＰＯ八九〇条二項による、刑の戒告は、不作為義務の違反がなくとも行いうることに言及されている（「……勿論戒告はなされうる……（ＺＰＯ八九〇条二項）」）。この刑の戒告の法的性質については、どのようにお考えか。

（問五、問六については解答がなかった。）

四　質問者(4)

問　不作為命令の特定に関するKerntheorieには、訴訟物の特定、執行対象の特定などにおいて、不明確な点があるのではないか。この点を、判例・学説はいかにして克服しているのか。Kerntheorieの適用範囲は、不正競争防止法の領域に限られるのか。

ドイツにおけるImmission関連訴訟では、判決手続においては、具体的防止措置に関して詳細に特定する必要はないとされているが（BGH 1993. 2. 5. JR 1994. 61）、執行手続においては、具体的な防止措置を特定する必要があるのか。債権者側が特定するのが困難な場合は、執行が不可能であるのか。Immission関連訴訟において、作為執行を命じた判例においては、近年、執行段階における、具体的防止措置の特定性に関して、緩和している判例が目立つが（OLG Hamm 一九八二年九月七日決定 MDR 1983, 850 ; OLG Hamm 一九八三年九月二三日決定 OLG 1984, 184 ; NJW 1985, 274 ; OLG Hamm 一九八四年三月二一日決定 MDR 1984, 591 ; BauR 1984, 547 ; OLG Stuttgart 一九八五年一二月四日決定 BauR 1986, 490 ; OLG Köln 一九九〇年五月二日 決定 NJW-RR 1990, 1087 ; OLG Düsseldorf 一九七五年一二月三日決定 OLGZ 1976, 376 ; OLG Düsseldorf 一九八七年六月一九日決定 NJW-RR 1992, 768）、ＺＰＯ八八七条とＺＰＯ八八八条のどちらの条項によって執行するのが適切であるか。また、ＺＰＯ八九〇条による不作為執行の際にも特定を緩和する判例がでているのか。

答　一、中核理論の正当性は事実今日にいたるまで争われている。けだし債務名義の特定性という憲法上の要請と矛盾するからである。近時P. Backmeierの博士論文 "Das Minus beim unterlassungsrechtlichen Globalantrag", 2000 が出版され、本書は中核理論を強く批判している。しかし、いずれにしても判例は中核理論を堅持しており、就中不作為の「中核」なる概念をもって、給付判決の本質的限界が十分に画されること、更には執行に要求される実効性もまた憲法上の要請であることが中核理論の根拠となっている。さもなくば、禁止された行為を若干変えさえすれば債務者は不作為命令を無為なものになしうるからである。それはもちろん妥協的解決である。

二、中核理論の適用領域は第一に競争法（Wettbewerbsrecht）の領域である。たとえば、判例によれば中核理論はイミッション法（Immissionsrecht）の領域（たとえば BGHZ 67, 251；121, 248）において、更には氏名権（Namensrecht）の領域（たとえば BGHZ 124, 173, 175）においても適用される。

三、イミッション法の領域において排除請求権の執行にあたりＺＰＯ八八七条の枠内で排除措置を具体的に示さなければならないか否かという点は激しく争われている（本章Ⅱ**3**参照）。またたしかに判例上も対立がある。質問者⑷の挙げた諸判例もそのことを示している。しかしおそらく多数説と思われる見解によると債権者はその中立てのなかで代替的措置を正確に個別化しなければならないとされる（この点に関する詳細な説明は、注25および26の Gerhardt 四六六頁以下参照）。それを理由づけるものとして、そのようにしてのみＺＰＯ八八七条二項による費用の予納につき代替的措置の費用が算定されうるという事情がある。かような具体的な特定がそもそもなされうるときおよびその限りにおいてのみそれが成り立ちうるのである。

四、三で説明したように排除請求権は基本的にはＺＰＯ八八七条によって執行される。債務者のみが排除をなしうる場合にはＺＰＯ八八八条が適用される。

五、不作為執行における特定性の要請の緩和（Lockerung）は、Schilken 教授が取扱った中核理論――判例では認められているものの、学説上は見解が対立している――（本章Ⅲ**2**）が説明している。

〔後記〕

１　原文の訳のみでは意味が理解しにくいところには〔　〕による説明を加えた。

２　本章は、二〇〇一年五月一八日、慶應義塾大学において、手続法研究所の主催により開催されたボン大学法学部 Eberhard Schilken 教授のセミナーの報告原稿の翻訳である。Schilken 教授のプロフィールは法学研究七三巻九号（二〇〇〇年）九八頁以下（本書第三編第一章末尾）に掲載されているので参照されたい。短い滞日期間であるにもかかわらず、このセミナーを開催された同教授に深い感謝の意を表するものである。原題は“Aktuelle Probleme der Handlungs- und Unterlassungsvollstreckung nach der dZPO”である。

3　本章にいわゆる「中核理論」（Kerntheorie）」については、以下の文献を参照されたい。
（1）上村明広「差止請求訴訟の訴訟物に関する一試論」岡山大学法学会雑誌二八巻三・四号（一九七八年）三三五頁、同「差止請求訴訟の機能」新堂幸司編『講座民事訴訟⑵』（弘文堂、一九八四年）二七三頁
（2）野村秀敏「債権名義における不作為命令の対象の特定（1～4）」判タ五五九号一一頁・五六〇号一五頁・五六二号二〇頁・五六五号三〇頁
（3）差止請求に関する最近時の文献としては、金炳学「生活妨害における抽象的差止請求に関する訴訟物の特定と執行方法について⑴⑵⑶」早大大学院法研論集九九号（二〇〇一年九月）二五六頁以下・同一〇〇号（二〇〇一年一二月）四三二頁以下・同一〇一号（二〇〇二年三月）四三六頁以下がある。文献については同論文の引用を参照されたい。

4　本文中に引用されているドイツ民事訴訟法（ＺＰＯ）の条文は以下のとおりである。
　八八七条　代替的作為義務の執行
　八八八条　不代替的作為義務の執行
　八九〇条　不作為義務・受忍義務の執行
　八九四号　意思表示義務の執行

Nachwort

Im Anschluss an „Studien über das deutsche Zwangsvollstreckungsrecht“ (Seibundô Verlag, 1977) und „Refom des deutschen Zwangsvollstreckungsrechts” (Shinzansha Verlag 1998) stellt das vorliegende Buch mein nunmehr drittes Werk zum deutschen Zwangsvollstreckungsrecht dar.

Bislang haftete dem Zwangsvollstreckungsrecht der Ruf einer äußerst technischen Rechtsmaterie an. Indem sich die Zwangsvollstreckung jedoch auf Seiten des Gläubigers auf die zu vollstreckende Forderung und auf Seiten des Schuldners auf das den Gegenstand der Vollstreckung bildende Vermögen bezieht, betrifft sie Vermögensrechte. welche in Art. 29 der japanischen Verfassung als allgemeines Menschenrecht verbürgt sind. Des weiteren kann eine unbillig harte Vollstreckung, die in Art. 13 der japanischen Verfassung garantierte Menschenwürde des Schuldners verletzen. Typische Beispiele in diesem Zusammenhang sind die Probleme, die bei der zwangsweisen Räumung von Wohnraum entstehen. Ferner steht die Befugnis des Gerichtsvollziehers. bei der Vollstreckung in das bewegliche Vermögen die Wohnung des Schuldners zu betreten und dort nach vollstreckbarem Vermögen zu fahnden, in Konflikt mit dem Grundrecht des Schuldners auf Unverletzlichkeit seiner Wohnung. Die genannten Beispiele stellen jedoch nur einen kleinen Ausschnitt der Fälle dar, in denen die Zwangsvollstreckung Grundrechte berührt.

Der Frage, auf welche Weise bei der Zwangsvollstreckung die allgemeinen Menschenrechte der Betroffenen geschützt werden, gilt seit je her mein großes Interesse.

Die einzelnen Kapitel der erste Auflage sind auf der Grundlage von Aufsätzen entstanden, die von deutschen Wissenschaftlern zu einem-entsprechend dem Titel dieses Buches-globalen Thema ihres Interesses verfasst wurden. Dem Le-

ser wird auffallen. dass mehrfach ähnliche Themen oder gar dieselben Fragestellungen aufgegriffen worden sind. Zwar habe ich erwogen, solche Wiederholungen zu beseitigen. mich jedoch aus dem folgenden Grund gegen eine solche Korrektur entschieden : Die Tatsache. dass bestimmte Themen mehrfach erörtert werden, zeigt, für wie bedeutsam sie von den deutschen Zivilprozessrechtswissenschaftlem angesehen werden. In diesem Sinne lässt sich aus der Häufigkeit des Wiederauftauchens bestimmter Problemkreise deren Bedeutsamkeit ablesen.

1999 gab mir die Asahi Universität Gelegenheit zu einem Auslandsaufenthalt. Mit Unterstützung der Alexander von Humboldt-Stiftung konnte ich mich im Sommer drei Monate lang bei Professor Helmut Rüßmann an der Rechts-und Wirtschaftswissenschaftlichen Fakultät der Universität des Saarlandes mit den Themen dieses Buches beschäftigen. Die Ergebnisse dieses Forschungsaufenthaltes sind nunmehr in dem vorliegenden Buch zusammengefasst.

In diesem Zusammenhang gilt der Universität des Saarlandes sowie Professor Rüßmann, welcher meine unzähligen Fragen stets geduldig und umfassend beantwortete, und mir außerdem bei der Materialsuche behilflich war, mein herzlichster Dank.

Im Jahre 1977 habe ich mich zu Forschungszwecken am Institut für Verfahrensrecht der Universität zu Köln aufgehalten, das damals von dem inzwischen leider verstorbenen Professor Gottfried Baumgärtel geleitet wurde. Später ermöglichten es mir Wiedereinladungen der Alexander von Humboldt-Stiftung immer wieder. hauptsächlich an der Universität zu Köln und der Universität des Saarlandes zu forschen. Während dieser Aufenthalte beschäftigte ich mich schwerpunktmäßig mit der Rechtsvergleichung des deutschen und japanischen Zwangsvollstreckungsrechts. Der Alexander von Humboldt-Stiftung möchte ich an dieser Stelle meinen ganz besonderen Dank aussprechen.

Bei der Herausgabe dieses Buches erhielt ich Unterstutzung von Herrn Yoshihiko Kawamuro (Associate Professor an der Meikai Universität), Herrn Takehiko Kasahara (Associate Professor an der Toin Yokohama Universität) und Herrn Shinichi Kusaka (Dozent an der Heisei Kokusai Universität) sowie Herrn Takahiro Suyuki (Dozent and der Tohoku Bunkagakuen Universität), die mir bei der Zusammenstellung der Literatur behilflich waren. Ihnen gilt mein Dank ebenso wie der Asahi Universität, die die Publikation finanziell gefördert hat. Schließlich möchte ich dem Shinzansha Verlag sowie Herrn Sakon Watanabe für ihre Zustimmung zur Herausgabe dieses Buches danken.

September 2002

Yokohama

Prof. em. Dr. Dr. h. c. mult.

Akira Ishikawa

＜著者紹介＞

石川　明（いしかわ・あきら）

1931年　東京に生まれる
1954年　慶應義塾大学法学部卒業
1956年　同大学法学部助手
1961年　同大学法学部助教授
1966年　法学博士（慶應義塾大学）
1967年　同大学法学部教授
1985年　名誉法学博士（ドイツ・ケルン大学）
1988年　名誉法学博士（ドイツ・ザールラント大学）
1994年　慶應義塾大学名誉教授
同　年　朝日大学大学院教授

〔主要著作〕

訴訟上の和解の研究，慶應義塾大学法学研究会（1966年）
ドイツ強制執行法研究，成文堂（1977年）
強制執行法研究，酒井書店（1977年）
民事調停と裁判上の和解，一粒社（1979年）
民事法の諸問題，一粒社（1987年）
調停法学のすすめ，信山社出版（1999年）

ドイツ強制執行法と基本権

2003年（平成15年）2月25日　初版第1刷発行

著　者　石　川　　明

発行者　今　井　　貴
　　　　渡　辺　左　近

発行所　信山社出版株式会社

〒113-0033　東京都文京区本郷6-2-9-102
電　話　03（3818）1019
FAX　03（3818）0344

Printed in Japan.

印刷・製本／松澤印刷・大三製本

ISBN 4-7972-2248-4　C3332